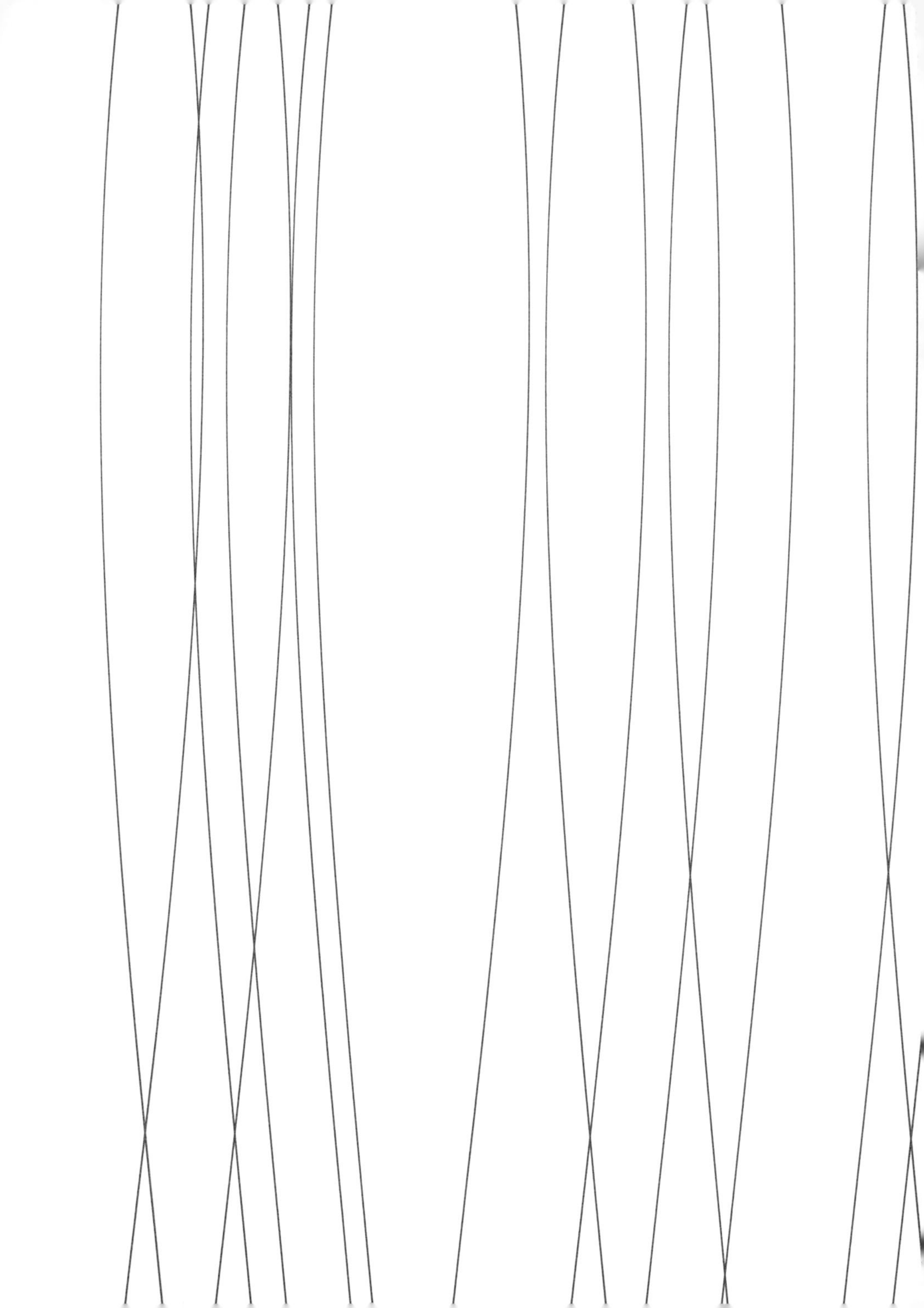

黃金之葉

行進於知識的密林裡，
途徑如此幽微。
我們尋覓一些參天古木，作爲指標，
我們也收集一些或隱或現的黃金之葉，引爲快樂。

黃金之葉
31

Net and Books 網路與書

思考與歷險：邱吉爾人生散文集

Thoughts and Adventures

作者：溫斯頓・邱吉爾（Winston Churchill）
譯者：林芸懋
責任編輯：沈子銓
封面設計：簡廷昇
內文排版：宸遠彩藝

出版者：英屬蓋曼群島商網路與書股份有限公司台灣分公司
發行：大塊文化出版股份有限公司
台北市105022南京東路四段25號11樓
www.locuspublishing.com
TEL：(02)8712-3898　FAX：(02)8712-3897
讀者服務專線：0800-006689
郵撥帳號：18955675　戶名：大塊文化出版股份有限公司
法律顧問：董安丹律師、顧慕堯律師

總經銷：大和書報圖書股份有限公司
地址：新北市24890新莊區五工五路2號
TEL：(02)8990-2588　FAX：(02)2290-1658

初版一刷：2024年4月
定價：新台幣500元
ISBN：978-626-7063-65-1

思考與歷險：邱吉爾人生散文集

THOUGHTS AND ADVENTURES

WINSTON CHURCHILL

溫斯頓・邱吉爾 — 著
林芸懋 — 譯

推薦序

錢復（財團法人蔣經國國際學術交流基金會董事長）

邱吉爾於英國廣播公司（BBC）二〇〇二年舉辦的「最偉大的一百名英國人」（100 Greatest Britons）中被投票選為首位，他的確是二十世紀一位重要的人物。他出身貴族世家，但青少年時秉性頑劣，不得父母和教師的喜愛，因此十八歲時投筆從戎。軍校畢業後，他前往全球英國殖民地服役並為國內媒體撰寫報導，逐漸受人注意，因此返回英國代表保守黨（Conservative Party），參選一八九九年眾議員選舉，落選後去南非，參加二次的波耳戰爭（Second Boer War），不幸被俘。他獨自設法越獄，返回英國撰寫了二部關於波耳戰爭的書籍（*The Boer War*），並於一九〇〇年當選眾議院議員，開始他的政治生涯。他在三十年間曾擔任五個部會的正副首長，但都因施政不當而被迫離職。

談到邱吉爾不能不提到在二次大戰期間，他對中國所施加的種種惡行。當時中印緬戰區最高統帥是蔣委員長，但是美國援華的物資到了印度，邱氏即下令交由英軍使用，不轉運來華。一九四三年十一月羅斯福（Franklin D. Roosevelt）、蔣中正、邱吉爾在開羅會商，談日本投降以後如何處理它所占領的土地，我方主張日本所占領的香港應歸還我國，邱吉爾堅持反對，這就顯示了此人是唯利是圖的資本主義者，並不是一位真正的政治家。

本書《思考與歷險：邱吉爾人生散文集》出版於一九三二年，是他從政不利，把過去撰寫的專文和發表的演說集合成冊。這本書過去從未經人譯為中文，主要原因是書內每篇文章各自獨立，而且一半以上的文章大概只有專研英國歷史、政治、經濟的學者專家才能全文讀完。但是邱氏的二次大戰回憶錄（*The Second World War*）則很早譯為中文由文星書局出版，原著並榮獲一九五二年的諾貝爾文學獎。所以邱氏不僅是一位「政治家」也是一位文學家，他對英國文字的造詣值得人們欽佩。

本書第一章是〈第二次抉擇〉，邱氏在政壇迭受挫折後了解「反省」的重要，自己說的話寫的文稿有對、有錯，經過反省後，對於對的就要繼續，對於錯的則要避免。所謂第二次的抉擇也是他一九四〇至一九四五年、一九五一至一九五五年兩任總理，諸事如意的原因。第二章〈政治立場的一致性〉指出政治人物的意見表達常隨時間的轉變而有所不同，不可能始終如一，一位領導者縱使心內的想法是如此，但是處理公共事務時必須站在不同角度提出意見。第十三章〈和克里蒙梭共度的一天〉寫的是一九一八年三月底英總理勞合·喬治（Lloyd George）命軍需部長邱吉爾去巴黎會見法國「老虎總理」克里蒙梭（Georges Clemenceau）。他們一見面克氏就帶他去前線視察，冒著槍林彈雨，觀察德軍占領地區逐日縮小，此時克氏已七十四歲但充滿精力，對戰區每一部分都要親自觀察，整整十二個小時。作為一個職業外交人員我對第十六章〈英愛條約〉特別注意。因為英國和愛爾蘭是世仇，愛爾蘭的「新芬黨」（Sinn Féin）是以殘暴聞名，積極爭取愛爾蘭的獨立，但是英軍常駐愛爾蘭，壓制任何意圖脫離英國的舉動，英愛雙方也透過談判設法解決這項僵局，但是都未能成功。英國於一九一四年通過了《愛爾蘭自治法》（Government of Ireland Act 1914）但是要到歐戰結束才生效。邱氏並未參加最後的談判，但有幾次談判是在邱府舉行。邱氏利用這個機會近距離觀察愛爾蘭的二位談判者，一位是領導人格里菲斯（Arthur Joseph Griffith），另一位是他的副手柯林斯（Michael Collins）。兩位個性完全不同，前者溫和具有誠信，後者粗暴，隨時可推翻已談妥的結論。邱氏花了不少功夫在後者身上，終於使《英愛條約》（Anglo-Irish Treaty）得以完成。第二十章〈今後五十年〉，邱氏認為歷史的演進是人類希望持續改善生活，因此未來的五十年最重要的是科學，時到如今他的預言仍有價值。

目錄

TABLE OF CONTENTS

作者序

讀著這一頁頁文章，讓我比以往都更加深刻地意識到，和我年歲相仿，如今將步入耳順之年的這一代，曾經歷過與正在經歷的事件和環境是多麼複雜。首先是「有序的狀態」，我們看見記憶這個「暗箱」投射出的影像明亮卻受限，色彩豐富而充滿動感，但規模如此微小，以至於像西德尼街（Sidney Street）這種瑣事也成了冒險與感官體驗的亮點。接著是無可比擬的戰爭悲劇，現在充斥著混亂、不確定和危險，光明和黑暗的力量或許勢均力敵，撒旦和天使長米迦勒或許正在猶疑地審視自己的軍隊，而就我們所知，整個世界正朝十字路口邁進，那兒可能會通往我在〈我們是否應該集體自殺？〉和〈今後五十年〉中試圖勾勒的兩種人間煉獄——這是歷史上最重要且關鍵的時代之一。

許多文章都以較輕鬆的角度談論嚴肅的議題，但若因此將上述兩篇文章所勾勒出的夢魘，視為饒富趣味的臆測，將我當成業餘的預言者，如卡珊德拉（Cassandra）[01]般不予信任，我將深感遺憾。因為我實在是滿懷誠懇提出警告：若文明社會無法自我約束，以科學技術之鑰開啟了罪惡與奴役之城的大門，那麼這些夢魘將會輕易成真。

然而與此同時，我們仍有幸擁有生之喜悅，並且為了向其中某些特別深得我心的事物致謝，我為這本書寫下美好的結局。

人們說世界老了：我相信；但是我們仍應如赤子般面對人世。[02]

溫斯頓・邱吉爾 於查特韋爾莊園

一九三二年九月

01 卡珊德拉為希臘神話中的特洛伊公主，也是太陽神兼預言之神阿波羅的祭司，因阿波羅而獲得預言能力，其後卻又因故觸怒阿波羅，使其預言無人相信。（未標示原註、編註之註解皆為譯註。）

02 出自尚・德・拉封丹（Jean de La Fontaine）的《拉封丹寓言》（*Fables de La Fontaine*）。

第一章

第二次機會

A Second Choice

如果我必須在相同的環境下再活過一次，那麼毫無疑問，我仍將升起同樣的困惑和遲疑；那麼毫無疑問，我對事情輕重緩急的判斷、深深啟發我的人事物、讓我不停向前邁進的動力，以及個人的局限，都將毫無二致。而如果上述種種都和相同的外在事實有所關聯，那麼我又怎麼可能不再經歷一次一模一樣的人生？當然，如果外在條件有所變化，如果在那未知的時間之流中，流淌著意外和機遇，那麼我也應會隨之改變。但那樣一來，我就算不上是重新活過一次，而是在另一個架構與歷史都和我們的世界大相逕庭的世界中，過上另一種人生。

例如，如果我在蒙地卡羅的賭場中，秉持著一貫的樂觀，如往常那般，將錢全押在輪盤的紅色上，那旋轉著的象牙小球也落入了紅色凹槽，而不是像這種狀況下時常發生的結果一樣，掉進黑色的槽中，那我也許就能大賺一筆。如果我在二十年前，把這筆贏來的彩金拿去投資土地，買下芝加哥湖岸的地產，並且從此不去蒙地卡羅，也許我就會成為億萬富翁。但從另一個角度來看，如果我受這次好運鼓動，決定繼續賭博，我可能會成為賭桌的常客，現在也許就會成為傍晚出現在歐洲賭場與所謂娛樂勝地中的一抹憂傷暗影。這兒顯然有兩道過程起了作用：第一道過程主導這顆象牙小球將落入何處，第二道過程則主導我對此事的反應。如果這兩道過程不停變化，它們對彼此產生的影響就會太過錯綜複雜，連一窺可能發生的結果都沒辦法！因此，讓我們假設所有事件的進程、所有發生的怪事、所有發生的意外，都完全如同我們現在所知的模樣，唯一的變化，就是我擁有第二次機會。

但現在我必須問一個重要的問題：我是否具備「現在擁有的一切知識」，了解已然發生的事情，以幫助我做出新的選擇？還是說，我的身體、性格、知識和信念，這些將在下一次人生中引導我的事物，都不比我現有的要好？如果答案是後者，那麼我們的論證很快就會進入死局。無論何時，若相同的選擇與相同的環境再度重複，而我還是同樣的自己，我絕對會採取相同的行動。舉例來說，如果我是會擲硬幣來決定該不該旅行、買房子、打官司或是從政的人，而硬幣也像上一次人生時反面朝上，那我一定會如上次那般行事。

因此，如果我真能擁有另一個選擇，能重新活過一次，那麼我一定得擁有「先見之明」。我一定得將現在我所知曉的一切，即世界的全貌與局勢，以及我在其中扮演的角色，一起帶回那個新的起點。這樣一來，我就會知道該往哪個方向走，又該避開哪些事物；這樣一來，我就會以十足的把握選擇未來的道路。我在生意上都應當無往不利。因此，擁有先見之明的我，理應能夠引導他人，甚至能引導全人類離開他們沉溺其中的愚昧，離開奴役他們的錯誤，也離開他們落入的無盡苦難。

但先等一下。我所得到的機會，僅允許我做出一個不同的選擇：重新活過一次，而且我會將目前為止所知曉的一切，一併帶回抉擇的時刻。然而，一旦我做出新的選擇，我所知道的世界歷史，以及我個人的人生閱歷，都會隨之過時，更確切地說，那些現實將永遠不會發生。當然，如果我只把這種「先見之明」用在無關緊要的小事上，就不會對因果之流產生可見的影響，但仍會立刻讓我周遭的環境變得不同。

舉例而言，我可以在第二次人生的一開始，就利用「先見之明」，投注將會奪得德比大賽（Derby）冠軍的那匹馬，這並不會改變世界的整體經濟情況。但我的「先見之明」，卻無法告訴我下一屆的德比大賽冠軍。我確實知道在這次人生中，奪得下一屆冠軍的賽馬叫什麼名字，但現在發生了一件新的事。我贏了一大筆巨款，讓好幾位重要的賽馬賭注登記人無法履約，其中一位最富有的客戶，因這場突如其來的虧損而破產，在絕望之中投湖自盡，而他正是明年將贏下德比大賽冠軍的馬匹主人。由於他不幸提前死亡，他的馬便失去了參賽資格。在我們滑稽的規則下，這匹馬無法參賽，而一年後，帶著「先見之明」前往葉森馬場的我，發現自己竟成了最一無所知的人。我的心中滿是雜亂的思緒，其他馬匹在上次人生中的表現全都攪和在一起，讓我在這已被我的「先見之明」改變的新世界中，對將要發生的事情做出最愚蠢的猜測。因此，我們可以說，如果我們有機會重頭活一次，幫助我們做出重要決定的「先見之明」，也只會發揮一次效力。之後我將面對的，便是如同毛線球般不停分岐的種種事件，而這對我周遭環境的影響也會日益加深。

如果上述以個人瑣事為例的想法能夠成立，讓我們想像一下，若將這種「先見之明」用於重大或關鍵的議題，我們的第二次選擇將是多麼強力且具有決定性。我在南非參加波耳戰爭時，乘坐的裝甲列車受波耳人伏擊而出軌，我不得不試著在敵火下清理鐵軌，也被迫不停進出引擎室——那是我們唯一的動力源。我因而解下了礙事的毛瑟手槍。若非如此，四十分鐘後我就會舉起手槍，往約二十公尺外那個騎著馬要我投降，名叫波塔（Louis Botha）的人[01]開個兩、三槍。那是一八九九年十一月十五日。如果我在那天殺了他，南非的走向肯定會和現在不同，也幾乎不可能比現在更好。因為這位波塔先生之後將會成為波耳人的總司令，再之後則會成為南非總理。若非他的權力與精力，於第一次世界大戰初期爆發的南非叛亂，可能無法在萌芽之初就成功遏止。那樣一來，當時正橫越印度洋的澳紐軍團船隊，就會從開羅改道前往好望角。所有讓船隊在可倫坡[02]轉向的準備工作都已經完成，他們將不會去守衛蘇伊士運河，而會和波耳叛軍作戰。因為這一連串事件的影響，澳洲與南非的立場都會發生深刻的改變。再者，如果澳紐軍團無法在一九一四年年底前進駐埃及，那麼在隔年春天攻打土耳其加里波利半島時，我們就沒

01 路易斯・波塔，南非政治家，曾參與第二次波耳戰爭，並在一次伏擊中俘虜了邱吉爾，後來成為南非聯邦的首任總理。

02 可倫坡位於斯里蘭卡西南岸，臨印度洋，自一九四八年斯里蘭卡獨立到一九八五年為止，皆為斯里蘭卡首都。

有核心軍隊可用，因而這宏大戰局的走向，將會截然不同。或許會更好，或許會更糟。在無限延伸、不停分支的迷宮路徑中，想像力也隨之分岔，最終迷失。

但是，我在南非納塔爾省那輛裝甲列車上，不停出入火車引擎室時，把手槍丟在一旁的確是輕率無謀的決定，讓我失去了唯一可能在短時間內逃脫困境的手段。「但如果你有『先見之明』，知道波塔不會對你開槍，波耳人會友善對你，而且波塔以後會成為一個偉人，讓南非和英國王室的連結更加緊密，你其實不需要朝他開槍啊。」這樣說毫無意義。因為這還不是結局，還有許多事情也會同時發生。如果我把手槍帶在身上，進出引擎室就得花上更多時間，因此可能會被和我距離僅約五公分的子彈擊中。而由於我具備「先見之明」，波塔騎馬疾馳，緊追逃離翻覆列車之人不放時，可能就不會遇見我，而是遇到一個手持步槍的士兵。波塔可能會被射殺，而我則會和其他傷員一同被送往雷地史密斯鎮那髒亂的因托姆貝河醫院，很可能會因傷寒而死。

若我們回顧往昔，應會發現人生最常見的經歷，就是我們獲得自己犯下的錯誤幫助，卻被自己最明智的決定傷害。我想，如果得重新活一次，我應該戒掉吸菸的習慣。看看我在煙草上花了多少錢。想想若這些錢全都拿去投資，年年以複利增長的光景。我記得父親在他心情最好的時候，手裡拿著香菸，在繚繞的煙霧之中，雙眼炯炯有神。他對我說：「為什麼開始抽菸？如果你想要良好的視力和不打顫的手，如果你想在面對困難時毫不猶豫地應對，那就別抽菸。」

但是，想想看！我怎麼知道，讓我得以用冷靜與禮節面對尷尬的會面與談判，又讓我能在關鍵時刻的焦灼等待期間保持平靜的，不是菸草對我的神經系統帶來的舒緩效果？我怎麼知道，若我自少年時代便發誓背棄尼古丁這位女神，我仍會如現在一般和氣，我的陪伴仍會如現在一般愜意？現在想來，我在法蘭德斯打仗時，若沒有回去掩蔽壕拿那盒火柴，我不是就有可能會和落在前方約九十公尺處、原本無法傷我分毫的那顆炮彈撞個正著？

回首至今為止的人生，我在政界中的所作所為，幾乎都是發自本心。每當我想做任何事或說任何話，卻因為謹慎、怠惰或他人的阻止而作罷時，我總是會為自己感到羞愧。但有時在事過境遷以後，我意識到這種制止對我來說實為幸事。我不認為我能以從南非戰爭歸來後的心境，充滿熱情地和當時處於另一種心境的保守黨共事。就算撇開自由貿易的爭議不談，我也完全反戰，但他們卻在政界中大肆利用所謂的戰爭勝利。因此在保護性關稅這一議題重新被提起時，我已經傾向以最批判的眼光看待他們的一切行徑。隨著低窪地區的決堤，壓抑已久的新世代巨浪便滾滾奔流而出。當然，離開從孩提時代就一直身處其中的政黨，離開幾乎所有親朋好友都在的地方，是令人惋惜的事。然而，我確信當時我的所作所為，不僅出自內心最深處的情感，也帶著不計後果的魯莽。這種魯莽是年少輕狂，是年輕時期特有的光輝，也是年輕時期最可畏的特質。

大戰爆發之際，即使遭遇反對聲浪，我仍將艦隊準備妥當，幾乎每艘船艦都符合當日的科技標準，能隨時投入戰鬥，這讓我贏得極高的聲望。然而，就在這個關鍵時刻，我卻犯了一個錯誤：對陸軍行動抱持著和海軍行動同樣濃厚的興趣。因此，在不影響我海軍部職務的前提下，我受此引導，開始肩負一些次要的軍事責任，這使我在有限的範圍內，面臨了身居高位者一旦太過身體力行，就得承擔的致命風險。

舉例來說，我不應該去安特衛普[03]。我應該留在倫敦，努力敦促內閣和基奇納勛爵（Lord Kitchener）採取更有效的行動，並且一直端坐在權威高位上，以避免遭逢危險的不測。然而，我卻在以炮彈、激情與悲劇交織而成的安特衛普保衛戰之中度過四到五天，我很快就和當地事務建立深刻的連結，因此甚至出於道義，向政府請辭第一海軍大臣的職務，以便留下，親自監督事態的發展。我的提議受到回絕，對我來說實乃萬幸，因為若我真留在當地指揮作戰，也只會捲入一場在大戰戰況下已然無望的戰鬥。在任何偉業中，大錯都能得到寬宥，甚至可能從未被覺察；但在明確且具體的地方事務中，小錯會招致不成比例的嚴懲。我很可能會因為深入安特衛普的前線，而失去我從動員和準備好艦隊一事中贏得的所有敬重。負責最高事務的人，必須端坐於權力的頂峰，絕不能走下山巔，進入名為事必躬親的低谷。

基奇納勛爵背棄承諾，沒有將第二十九師派到埃及，支援在當地集結、準備遠征達達尼爾海峽的軍隊，還把這件事推遲了將近三個禮拜。現在看來，我當時就應該謹慎地停止海軍進攻。那樣做其實輕而易舉，而且所有安排都奠基於這一前提，但我並沒有那樣做，而且從那一刻起，我雖是這場戰役的負責人，關鍵的控制權卻已經移交到他人手上。這場偉大的事業雖由我發起，但此後卻由他人左右。然而，此役若是失敗，承受所有罪責的卻仍然是我。毫無疑問，若我能擺脫所有海軍部加諸於我的特殊責任，在部隊嚴重延遲的時刻，立即讓所有船艦揚帆遠航，也許我就能對大戰的整體進程產生更遠大的影響。但是我們也不能忘記，對加里波利半島的陸上進攻，雖然代價高昂且未能成功，卻成功讓義大利在關鍵時刻及時參戰，讓保加利亞在一九一五年夏季陷在敬畏緊張之中，而在進攻完成前，也已經摧毀了土耳其軍隊的士氣。

有時候，我們的錯誤和過失，會轉化為齊天洪福。一九二三年，保守黨突然推動保護性關稅時，自由黨（Liberal Party）有十多個選區的黨員都敦促我成為他們選區的候選人。不論從哪方面來看，曼徹斯特顯然都是我該投身選戰之處，他們為我提供一個席次，而且我也非常有可能贏得當地的選舉，但我並沒有答應。由於某種晦暗難解的複雜

03 安特衛普位於比利時，一九一四年，德軍進攻比利時，時任第一海軍大臣的邱吉爾曾到當地指揮英軍與其對抗。

心境，我決定前往萊斯特選區和一位工黨（Labour Party）參選人競爭，由於同時受到來自保守黨的攻擊，我理所當然地落選了。意識到這兩種結果如此截然不同後，我真為錯失大好機會而懊惱不已。但是，事實證明，正是因為我離開下議院，也不受任何特定選區約束糾纏，我才得以用獨立且公正的眼光，判斷當時的情況：自由黨做出了相當不明智且錯誤的決策，支持工黨組成少數政府首度掌權，為自己烙下注定失敗的命運。

因此，幾個月後，我得以在西敏補選中自由支持反社會主義，這讓我至少暫時重獲所有保守黨有力人士的善意，雖然其中有些人從未喜歡我或信任我，但他們抱持的最深刻的感情讓我有所共鳴，也能在某些關鍵時刻訴諸於口。若不是我在一九二三年大選時做出了錯誤的決斷，我將永遠無法重回這個偉大的政黨——我生於斯、長於斯，也在其中飽受多年的激烈爭執滋擾。

我以這些反思為鑑，回顧過往經歷的一切場景後，相當肯定我不願再活一次。儘管我的人生快樂、繽紛且饒富趣味，我也不想再走一次這艱辛危險的人生路。就算有機會犯下不同的錯誤，有機會經歷一連串不同的冒險與成功，也無法打動我。我怎麼知道迄今為止一直與我相伴的好運，不會突然在另一條因果之線的某個關鍵時刻棄我而去？

讓我們為發生在自己身上的事物而歡喜，為不須經歷的事物而感激。讓我們接受這個世界的自然秩序，讓我們隨著自身命運的神祕韻律起舞，承認這個世界確有命數存在。讓我們珍重內心的喜悅，但別因悲傷而哀嘆。若沒有黑影，光明的燦爛便不復存在。人生是完整的一體，必得同時接納好與壞。這趟人生之旅令人愉快，很值得走一次——就只一次。

第二章

諷刺漫畫與諷刺漫畫家

Cartoons and Cartoonists

我一直相當喜愛諷刺漫畫。我就讀的那間位於布萊頓的私立學校，放著三、四本《潘趣》週刊（*Punch*）[01]的諷刺漫畫合集，我們只有在星期天才獲准讀那些書。這是學習歷史的好方法，至少也可說是學習任何東西的好方法。在這些書裡，一週接著一週，世界上發生的所有大事都被畫成了諷刺漫畫，有時嚴肅莊重，有時輕鬆快活。約翰・坦尼爾爵士（John Tenniel）[02]和其他著名漫畫家的責任想必非常重大。無數童稚的眼光曾注視著他們的作品，而許多將延續終身的印象便從此定型。我便是從這兒對凱撒（Julius Caesar）產生了完全錯誤的看法。

格萊斯頓先生（William Ewart Gladstone）[03]常被描繪成凱撒的形象：一個威嚴之人，頂著香桃木花葉編織而成的頭冠，享受最高敬意，有點像是受人稱頌的校長。我們知道他是首相，也是全國最聰明的人。一個充滿美德、端正得體、無可挑剔的人。那種總是能指出你的錯誤，卻從來不需要他人指摘的人——那種制定規則並推行，從來不觸犯規則的人。他德高望重、高貴凜然，既讓人望而生畏，卻又仁慈待人。這就是尤利烏斯・凱撒：一個優秀、偉大、出色的男人！因此，後來我得知凱撒其實是羅馬某一政黨的要員，得知他的私生活醜聞不斷，只能以生花妙筆矯飾才可供一讀，得知他是個惡劣的探險家，得知任何可敬的維多利亞時期人士都無法容忍他，實在出乎我的意料，確實讓我震驚不已！

當你翻過書頁，便會看見那些諷刺漫畫展示著戰爭如何影響政治的洪流。它們是如此生動，脫穎而出。你在這兒看見了〈克里米亞戰爭前夜英格蘭徹夜禱告〉，不列顛女神跪在教堂中禱告，手握尚未出鞘的劍，準備起身痛擊某人。但也有其他描繪克里米亞戰爭的諷刺漫畫，似乎暗示著在這場戰爭中，英國並非總是如此高尚強大。事實上，那些漫畫似乎揭露了政府的無能，以及對傷患令人震驚的疏忽。我們看見佛羅倫斯・南丁格爾（Florence Nightingale）手提油燈，也看見眾多配有煙囪和火炮的船隻在戰爭結束後才下水。這就是克里米亞戰爭。

接著是一八五七年的印度叛亂和一幅可愛的漫畫，描繪著英國雄獅對孟加拉虎的復仇。一頭壯碩兇猛的獅子從空中一躍而下，卑微怯懦的老虎側身蹲伏，用最不利的姿勢承受攻擊！

接著便是普法戰爭，由一幅描繪拿破崙三世（Napoleon III）招待普魯士國王威廉一

01 《潘趣》為英國於一八四一到一九九二年發行之諷刺漫畫週刊，對於將「諷刺漫畫」（Cartoon）一詞和幽默插畫的涵義相連結有所貢獻。

02 約翰・坦尼爾爵士為英國插畫家與諷刺漫畫作家，以他刊登在《潘趣》週刊上的作品，以及他為《愛麗絲夢遊仙境》（*Alice in Wonderland*）及其續集《愛麗絲鏡中奇遇》（*Through the Looking-Glass*）的插圖而聞名，他也是首位因藝術成就而受封為爵士的漫畫家。

03 威廉・尤爾特・格萊斯頓為英國自由黨政治家，曾擔任十二年的英國首相，進行許多改革，是英國最偉大的領導人之一。

世（Wilhelm I）[04]的漫畫開場。威廉國王唱道：「我是個出身鄉下的年輕人，但你無法征服我。」[05]此後我們便看見了真正的歐洲大戰，兩個強盛的國家互相爭戰，你幾乎可以親眼看見炮彈爆炸時四濺的碎片，幾乎可以聽見爆炸聲。法國戰敗了——這個國度被描繪成一位身陷困境的美麗女性，她在一連串的爆炸中手握長劍，抵抗著顯然勢不可擋、一頭金髮的日耳曼尼亞。天啊！我是多麼同情法國！

接著，我們便在下一頁看見法國跪倒在地，但仍然手握斷劍，而同樣拿著劍的德國站在她旁邊（這位德國女士遠沒有法國那樣美麗，而且她有點胖，但這正是她最強壯的時期），說道：「為了我的安全，妳應該把這些堡壘割讓給我。」而跪伏著的法國答道：「就連一公分的領土也不給，就連一塊砌成堡壘的石頭也不給！」我怎麼能不支持法國呢？那一代的英國男孩，都懷抱著這個想法，在他們心中，法國受到虐待、被打敗，被像是馬鈴薯球那般臃腫的德國粗暴對待。這位德國女士相當幹練又守時，還提著一把非常鋒利的劍。他們都認為，如果有一天，被打敗、被踐踏的法國站起身來，向這位馬鈴薯球女士報仇，不僅是件好事，也相當合情合理。很快地，在其後幾年出版的雜誌裡，我看見了最知名的諷刺漫畫之一：坦尼爾的《丟下領航員》（*Dropping the Pilot*），描繪愚蠢而年輕的德意志皇帝威廉二世把俾斯麥（Otto von Bismarck）解了職。看來法國以後應該有機會報仇。

也是在這裡，我第一次對美國南北戰爭產生極大的興趣。雜誌的吉祥物潘趣先生一開始反對美國南方，因此我們看見了這樣一幅漫畫：卡羅萊納小姐，一位凶狠的年輕女性，正要鞭打一個一絲不掛的黑奴，他和湯姆叔叔有些神似。由於當時我也還沒有擺脫受到大人鞭打管束的可能性，因此我認為這無疑是相當嚴厲的行徑。我完全站在黑奴那一邊。又過了一陣子，洋基人[06]登場了。洋基軍團從一個叫做牛奔河的地方潰逃而去。他們鼻子又長又紅，肩上扛著裝好刺刀的步槍，四人一組。他們跑得飛快，路標指著加拿大的方向。那張漫畫的圖說是：「咱要去征服加拿大啦。」由此可見，潘趣先生現在轉而反對北方陣營，顯然他們也和英格蘭發生了爭執。然而南北戰爭還在繼續，我記得還有一張漫畫，將美國北方和南方擬人化：兩個野蠻、面容枯槁、穿著襯衫與馬褲的男人，為了一爭高下而打成一團，用刀子刺向彼此，最終一起跌入名為「破產」的深淵。最後，我記得好像還有一張畫著林肯墳墓的漫畫，而不列顛女神面色相當哀戚，正將一個

04 威廉一世為普魯士國王，在普法戰爭中打敗法國、俘虜拿破崙三世，和法國簽署《法蘭克福條約》，使法國割地賠款，並在一八七一年於凡爾賽宮加冕為德意志帝國第一任皇帝。後來威廉二世尊其為大帝，號稱「威廉大帝」（Wilhelm the Great）。

05 原曲名稱為〈我是個出身鄉下的年輕人，但你無法征服我〉（*I'm A Young Man From The Country But You Don't Get Over Me*），有時也被稱為〈來自鄉下的年輕人〉，為一首英國民謠，其後出現許多戲仿作品，如這幅名為〈康比涅之歌〉（*The Chant of Compiegne*）的普法戰爭漫畫，便是政治戲仿之作。

06 在美國南北戰爭期間，「洋基人」為美國南方用來指稱美國北方人的稱呼。

約翰・坦尼爾爵士，〈南北戰爭〉

花環放在冰冷的大理石上，那圈花環有點像是我們以前常在格萊斯頓．凱撒先生頭上看見的那種。

在我們閱讀歷史時，心中充盈的是這些印象。這群漫畫家的確擁有深遠的影響力。國與國、人與人間的對立，他們都以最嚴苛的畫筆描繪出來，而孩子們則以驚奇的眼光細細凝視，理所當然地以為眼前所見就是生命這廣大棋盤上的真實走位。但無論如何，不管這些孩子從《潘趣》週刊上已過時的諷刺漫畫中得到什麼啟發，對現今已長大成人的他們來說，諷刺漫畫是他們時常閱讀，並自其中汲取養分的讀物。他們對公眾人物和公共事務的觀點常常是由漫畫形塑；他們投票的抉擇常常是奠基於那些觀點之上。不過，幸運的是，如果你對各方意見和各種問題都具備足夠了解，這些漫畫便會失去這種影響力，事情也不會如我們所想像的那樣糟糕。

但是讀者啊，溫柔的讀者啊（這是維多利亞時代的人常用的稱呼），你會想要成為諷刺漫畫中的人物嗎？若你總是以最滑稽的樣子出現在數百萬人眼前，被畫成各種令人不快的動物；若你的鼻子中看也中用，卻被畫得像是長在臉上的肉疣，你會做何感想？若數百萬人都這樣看待你——把你視為惹人厭惡的對象、可鄙之人、該死的窮鬼，萬人唾棄嘲弄的最好目標——你覺得如何？想像一下，終其一生，每個禮拜，甚至經常是每一天，都要重新經歷一遍這樣的折磨，而你的同胞、朋友和家人，都看著你這樣被嘲弄和羞辱！

這難道不會讓你擔憂嗎？畢竟，你可不能四處奔走，對所有讀者喊話：「這張漫畫不是真的，這不對，這不公平。我的鼻子不是長那樣，我的帽子沒有那麼小，你瞧。看啊，你那愚蠢的大頭也能塞進這頂帽子呢，這帽子還不夠大嗎？」你也不能說：「我看待這個問題的觀點並不可笑，我的行動都奠基在崇高的動機和堅實的論證上，去讀讀我在三年前的一月二十六日發表的演說，《英國國會議事錄》足足有五頁紀錄，能讓你清楚明白我的立場。而且我也沒有一敗塗地。相反地，正義終將得到彰顯，而我將會獲得勝利。」不，不，你無法這麼做。你永遠都趕不上。你永遠都沒辦法改正人們對你的第一印象。所有看著這些漫畫長大的下一代，對你的全部印象，便是你身材臃腫、鼻子像疣，而且永遠受到嘲弄。溫柔的讀者啊，你喜歡這樣嗎？

但這不會如你預期的那麼糟糕。就像鰻魚應當習慣被活生生地剝皮，政治家也應當習慣成為諷刺漫畫的角色。事實上，由於某種奇怪的天性，政治家甚至會愛上被畫進諷刺漫畫。如果非得說實話，諷刺漫畫不再針對他們時，這些政治家還會深受冒犯，陷入沮喪。他們不知道哪兒出錯了，他們不知道自己做錯了什麼。他們擔心自己已經逐漸衰老且過氣。他們低喃碎念：「我們不再像從前一樣受到苛刻、不公正的待遇。好日子已經結束了。」

我的父親倫道夫・邱吉爾勳爵（Randolph Churchill），身高超過一百七十五公分，這可是不錯的身量了。但他在漫畫中總和格萊斯頓先生對立，因此總是被畫成一個小矮子，一個留著濃密八字鬍的小矮子，還睜著一雙又大又圓、露出兇光的眼睛。將家父畫成漫畫人物的第一個祕訣，就是先找來一隻鬥牛犬或哈巴狗當範本，這樣就不會錯得太離譜。接著為這顆頭畫出一個矮小的身體，然後在他旁邊畫出一個高大尊貴的格萊斯頓，讓他穿得像是聲名狼藉的凱撒就行了（我現在已經發現凱撒就是這樣的人）。直到現在，我都還會收到老一輩的人來信，詢問家父究竟有多高：「他的身高真的有超過一百五十公分嗎？我們昨晚在俱樂部打了賭。希望您不介意告訴我們答案。我們都同意以您的回覆做為標準。」所以我想，在我從諷刺漫畫家的筆下消失許久以後，我的兒子也將不得不寫信回覆，說明我的鼻子並不像一顆肉疣，而且我的帽子尺寸完美，是由倫敦最好的帽匠為我量身訂製。

下面是波伊[07]（Poy）畫的一張漫畫。我那時是殖民地事務大臣，奉命前往開羅，以決定巴勒斯坦與美索不達米亞的未來。我剛到開羅不久，倫敦的政治局勢就發生了變化，原本看似平靜祥和的政壇，突然颳起一場風暴。博納・勞先生（Bonar Law）的健康

07 本名為波西・費倫（Percy Fearon），出生於上海，於美國攻讀藝術，其後搬到英國，並出版眾多諷刺漫畫，也留下許多關於邱吉爾的漫畫作品。

和精神都已經傾頹，因此辭去首相職務。我帶著畫具前往開羅，在會議依我的指示進行的同時，我為金字塔留下了幾幅可愛的畫作。當然，我對倫敦發生的所有變動一無所知。諾思克利夫子爵（Lord Northcliffe）很喜歡這張漫畫，他把原版送給了我。他特別喜歡這位小小的阿拉伯報紙小販，覺得那是神來一筆。他撫掌大笑，告訴我這張漫畫的精妙之處。我帶著一貫的笑容接受了這份禮物。當然，這只是一個玩笑，但也足夠準確和真實，讓他人得以從中獲取比當事人更多的樂趣！

洛（Low）[08]是現代最偉大的諷刺漫畫家之一。他的偉大之處，在於他捕捉到的政治概念如此生動，也在於他擁有高超的繪畫技巧——這可是少數諷刺漫畫家才具備的能力。他的知識和才情，與已故的弗雷德里克．卡魯瑟斯－顧爾德爵士（Frederick Carruthers-Gould）不相上下，但顧爾德爵士繪畫時總是費盡苦工。洛是黑白畫的大師，他是諷刺漫畫界的卓別林（Charlie Chaplin），悲劇和喜劇於他而言並無不同。洛的成長背景既塑造了他，也束縛著他。在戰前，他是個有點激進的澳洲人。在他成長的歲月裡，引發笑聲最好的方法，就是嘲弄既定的秩序，尤其是大英帝國的秩序。在各地的天空與不同的氣候之下，數以億計的百姓以默然的忠誠推動著大英帝國，使帝國逐漸意識到自己的力量。嘲弄這個帝國臃腫的靈魂，就是這位年輕綠眼、來自紐澳的激進分子的樂趣。而且，大英帝國似乎強盛到足以承受一切，因此嘲笑對他來說不僅有趣、有利，也相當

08 洛爵士，全名為大衛・亞歷山大・賽西爾・洛（David Alexander Cecil Low），出生於紐西蘭，後來曾為澳洲與英國的報紙提供政治諷刺漫畫。

波伊，〈想像被這樣抓個現行！〉
邱吉爾先生正在畫金字塔時，英國爆發了一場內閣危機。

安全。總之，這種心情主宰了洛的觀點，直到現在仍舊如此。他就在那兒，用小淘氣、瓊牛（Joan Bull）和她的孩子等自創的角色，定期嘲笑對我們的自保而言至關重要的一切。

現在看看他這張以一九二四年大選為主題的漫畫。裡面所有角色都充滿著以惡意描繪出的真實性，實在是一張曠世巨作。我在《星報》（*The Star*）上看見這幅漫畫時，我實在喜歡得不得了，甚至寫信說明我想買下它，所以他們慷慨地把畫當作禮物直接寄到我手上。我把畫拿給伯肯黑德伯爵（Lord Birkenhead）[09]看，他以前從沒看過這幅作品。我興高采烈地說：「多麼出色的諷刺漫畫家！他把你畫得相

洛，〈徵兵遊行〉
一九二四年選舉期間。

當傳神。你和你漫畫裡的形象如此相似，真是不可思議。」佛瑞德列克拿起那張裱了框的漫畫，若有所思地凝視著它，嚴肅而迷人的臉上浮現出莊嚴的神色。他把畫還給我，說：「你好像是唯一一個深感榮幸的人。」我認為這幅畫相當好。

之後，伯肯黑德伯爵開始厭惡洛那些以他為主角的漫畫。當然，這位澳洲激進分子筆下的厭惡和蔑視顯而易見，所以，當洛不管年齡也不論性別，開始用漫畫嘲笑整個史密斯家族時，伯爵的確有充分的理由抱怨。他從未原諒那些侮辱。

接下來這張是洛最近的作品。在這幅漫畫中，他特別淘氣。這位真正繼承拉布謝爾[10]風格的小丑，投入畢佛布魯克勳爵（Lord Beaverbrook）[11]的《倫敦標準晚報》（*Evening Standard*）旗下。這份報紙理應站在保守黨那邊，但洛的筆觸不僅一點都不卑躬屈膝，甚至根本就是桀驁不馴。你沒辦法為沙漠中的野驢戴上馬籠頭，更不可能禁止牠發自本性的嘶鳴。和印度相關的許多嚴峻議題一一浮現，倫敦正在進行一場激烈的補選，而畢

09 佛瑞德列克・埃德溫・史密斯（Frederick Edwin Smith），第一代伯肯黑德伯爵，為英國保守黨政治家，促成英國和愛爾蘭簽署《英愛條約》，也是邱吉爾的好友。

10 指亨利・拉布謝爾（Henry Labouchere），為英國政治家，也因其在普法戰爭時，從巴黎發出的一系列巴黎圍城報導，而以記者的身分為人所知，這些報導的風格詼諧，後來集結成冊，以《一位圍城居民的來信》（*Letters of a Besieged Resident*）之名出版。

11 麥克斯・艾特金（Max Aitken），第一代畢佛布魯克男爵，擁有多家英國報社，在英國媒體界與政治界具有影響力，也是邱吉爾的好友。

佛布魯克勳爵對這兩件事都抱持濃厚興趣。洛完全支持英國自印度撤退，因此他認為鮑德溫（Stanley Baldwin）先生[12]在印度問題上和他處於同一陣線。洛一向要求完全的創作自由，但編輯也有權拒絕他的畫作，一切都由他自行負責。他想：「如果我能將所有輿論和爭議都集中在這些議題上——就像芝加哥黑幫策畫的一場陰謀，目的是扳倒那個善良、睿智、可敬但乏味的鮑先生——那一定會是對邱吉爾先生和我老闆最大的打擊，也會是這場補選的最大妨礙。」我一點都不怨恨他。「理解一切就是寬恕一切。」

這兩張斯楚比（Strube）[13]的作品，充分展現出他的溫和天性。他偉大的創

洛，〈左右為難〉

在印度政策上跌了一大跤的鮑德溫先生。邱吉爾先生（老菸槍）坐在計程車內。

作「小人物」（Little Man）已經深植人心，和其他受漫畫諷刺的真實人物一樣真實。他的「小人物」和波伊的「普通人約翰」（Mr. John Citizen）截然不同，但卻有一項共通之處：展現出一名虛弱而飽經摧殘的人，經受著一連串的考驗和不幸。這種國家擬人化的形象，和從前那個粗暴直接、身強力壯、精神硬朗、手握一根粗拐杖、頭戴一頂圓頂硬禮帽，神色堅毅而粗獷的約翰牛（John Bull）[14]，形成了多麼鮮明的對比！這種轉變來自戰後的心態。這個精疲力竭的國度被稅務壓垮，受社會主義者侵擾，貿易衰退，失業救濟金卻不停發放，昔日主宰海洋的三叉戟已不在手中，統御東方的權杖也即將掉落！斯楚比那飽經憂患的「小人物」，和波伊那面容憔悴的一家之主，的確相當能反映這種情況。我們希望很快就能看見更令人愉快的角色，和新的心態與新的展望一同出現，迎接幸運回歸。

以公眾人物的行頭而言，最重要的特色之一，就是每個人都能看見並辨認出的特徵。迪斯雷利（Benjamin Disraeli）額間垂下的那綹碎髮、格萊斯頓先生的衣領、倫道夫．

12　史坦利．鮑德溫是英國保守黨政治家，在一九二三年至一九三七年間，曾三度就任首相。

13　悉尼．斯楚比（Sidney Strube）為英國知名漫畫家，於一九一二年和《每日快報》（*Daily Express*）簽署合約，開始提供漫畫作品。其漫畫相當受到讀者歡迎，其後也成為當時收入最豐的藝術家之一。

14　編註：約翰牛，或譯作「約翰．勃爾」，英國的擬人化形象，為蘇格蘭諷刺作家約翰．阿布斯諾特（John Arbuthnot）於一七一二年所創。

斯楚比，〈邱吉爾先生以財政大臣的身分，介紹「小人物」約翰牛先生登場〉

斯楚比，〈德比高燒——迫近的危機〉
於一九二七年財政大臣邱吉爾開徵賭博稅後出版。

邱吉爾勛爵的小鬍子、張伯倫（Neville Chamberlain）先生的眼鏡、鮑德溫先生的煙斗——這些「特徵」都深具價值。我從沒做出任何標誌性的打扮，所以漫畫家們為了滿足這一需求，便發明了我帽子的傳說。這一故事的由來如下：一九一〇年大選期間，我人在紹斯波特，和妻子沿著沙灘散步。不知到底哪來的一頂小氈帽，收在我的行李中。它躺在玄關桌上，我沒有多想便戴上了它。回程時我們遇見了一位攝影師，他拍了一張照片。從此以後，諷刺漫畫家和短評作家就老是抓著我的帽子不放：我到底有幾頂帽子、這些帽子有多麼稀奇古怪、我是怎麼不停改戴不同帽子、我又如何重視這些帽子，諸如此類。那全是胡扯，而且就只奠基在單單一張照片上。但是，哎呀，如果這能讓那些可敬紳士的辛苦工作變得更簡單，我又有什麼好抱怨的呢？我甚至想為自己買一頂新帽子，讓這個謠傳化為現實！

路易斯・雷梅克思（Louis Raemaekers）[15]是風格最激進可怖的漫畫家。他以鉛筆描繪出戰爭的痛苦，那種猛烈抨擊、表現出仇恨的畫風，我從未在其他黑白畫中見過。他無疑能以畫作展現出強烈的抗議和蔑視，任何言語或書面文字都無法訴諸那些情感。麥克斯・畢爾邦（Max Beerbohm）[16]的作品也極富戲劇性。他的漫畫以法德兩國過往百年

15 路易斯・雷梅克思為荷蘭漫畫家，因一戰時的反德漫畫而獲得國際聲譽。

16 麥克斯・畢爾邦為英國諷刺漫畫家與作家。

間不停變化的關係為主題，令人印象深刻，其他的系列漫畫都望塵莫及。在短短十二頁的畫作中，過往百年間的可怕歷史一覽無遺，讓所有人都為之觸動，內容又是如此深奧，就連教養良好之人的想像力和記憶都會為之激盪。

我相當享受評論這些諷刺漫畫家，並給予他們適當的評價。這讓我覺得自己「以其人之道，還治其人之身」。讓我們和他們道別吧——不論他們的風格是嚴肅或歡快，是溫和或刻薄，是精準或誤導。在文明人的世界中，有一股善良和理解匯聚而成的大潮，來回拍打著，沖刷過所有的卵石，清理掉海灘上的海藻、草莓籃和龍蝦籠。為這一浪潮歡呼吧！

出自〈米底亞王國與波斯王國特展〉的一張稀有作品
波伊的漫畫作品，描繪一九三一年一月英國國會復會。

CAPTIVES OF THE GREAT HOWSUF K'HOMENS BEING LED BACK

第三章

政治立場的一致性

Consistency in Politics

以此為題的文章中，就屬愛默生寫下的文字最為大膽：

「你為什麼要回首呢？為什麼要抓著已經僵死的記憶不放，唯恐你說出的話，和你曾在這個或那個公開場合說出的話不一樣呢？就算你的確說了自相矛盾的話，那又怎麼樣呢？」

「愚昧地堅持保持一致，就有如出現在狹隘思想中的小妖精，唯有不入流的政客、哲學家和神學家，才會對他珍重不已。」

「將你現在的所思所想，都用堅定的言語說出來吧。明天也將你明天的所思所想，用堅定的言語再次說出來吧，哪怕那些想法和你今天說出口的一切都截然相反。」

這些都是相當重要的主張，也可能會讓我們對這個老生常談的話題產生新的思考。我們應當了解兩種政治立場不一致的不同之處。首先，一位身處事件潮流中的政治家希望船隻能保持平穩，沿著穩定的航道前進，因此他可能會時常切換自己的重心。若我們對比他在不同情況下提出的論證，就會發現這些論點的性質大相逕庭，根本精神有所矛盾，指向性也截然相反，但是他的目標自始至終卻從未改變。他的決心、他的願望和展望或許始終如一，然而一旦將他所採用的方法訴諸言語，或許就會彼此矛盾。我們不能將其稱作不一致。事實上，或許能說這是最真確的一致性。在不斷變化的環境中保持一致的唯一方法，就是隨分從時，卻又心懷相同的主要目的。有人以牆頭草嘲弄哈利法克斯勛爵（Lord Halifax）時，他做出了著名的回答：「我的改變，就好比溫帶氣候在炙熱的熱帶與急凍的寒帶之間來回調節。」

伯克（Edmund Burke）[01]是這個議題中最偉大的例子。他的著作《對當前不滿的反思》（*Thoughts on the Present Discontents*），以及他提倡與美國和解的文章和演講，都成為英語世界的自由派人士主要且歷久不衰的武器庫。《論與弒君者共商和平的來信》（*Letters on a Regicide Peace*）以及《對法國大革命的反思》（*Reflections on the French Revolution*）兩本書籍，則持續提供大批最強力的反擊武器給保守派人士。從這一方面來看，伯克是倡導自由主義的先驅，但從另一方面來看，他又像是可敬而強悍的權威擁護者。但是，指控這位偉人的政治立場不一致，實在是惡劣又低俗的作為。歷史能夠輕易認明驅使他如此行動的理由和力量，也能辨別他因面臨問題而產生的劇烈變化。這些變化促使同一個擁有深邃思想的心靈、同一個真誠的靈魂，產生完全相反的表現。不管是獨裁君主或腐敗的法庭和國會系統，還是以自由為口號，卻行壓迫之實，並傾力對抗他的野蠻暴徒或邪惡教派，都讓他打從心裡厭惡反感。閱讀支持自由主義的伯克寫下的文字，再閱讀擁護專制主義的伯克寫下的論述，每個人都能明白那兩個伯克是同一個

01　埃德蒙・伯克為英國政治家與政治思想家，在政治理論史上享有重要地位。

人，追求的是同一種目標，尋求的是同一種理想的社會和政府，並且會交替站在兩個極端立場，保衛這種社會和政府不受任何襲擊侵擾。相同的危險以不同的形式，從不同的方向逼近同一個人，而這個人轉身面對它，從同樣的軍械庫中拿出無可匹敵的武器，雖然使用的區域不同，但目的仍然一致。

以行動而言，頻繁改變確實無可避免。某項政策推行到特定程度以後，我們終於清楚意識到無法再繼續推進。新的事實浮現，讓政策完全過時；新的困難出現，讓政策無法實施。一個可能和舊政策完全相反的嶄新解決方案應運而生，勢不可擋。拋棄舊的政策，往往意味著必須採取新的政策。有時候，同一批人、同一個政府和同一個政黨，都必須來個「大轉變」（Volte-face）。他們之所以這樣做，可能是因為這是履行職責的唯一方法，出於義務而不得不為，也或許是因為他們是唯一足夠強大的聯盟，能在新環境中為所當為。在這種情況下，不一致性不只存在於言詞之中，更存在於真實的行動之中，而且應當堂而皇之地公然承認。必得以和解的論述，填補強制論述的空缺，而且這些論述都必須出自同一人之口。但是，我們也可以用合理且高尚的解釋說明這一切。政治家可能會直言不諱：「我們試過強制的手段，但已告失敗，所以現在我們必須進行和解。」或者直截了當地說：「我們試過調解的方法，但已告失敗，所以現在我們必須採取強制手段。」

愛爾蘭為英國帶來許多神祕而危險的影響，也讓英國政治出現許多這樣的變化。一八八六年，我們看見格萊斯頓先生在實施五年的鎮壓[02]以後，在痛斥愛爾蘭民族主義者「以掠奪瓦解帝國」以後，在一個月內轉而支持和解政策，並為此奉獻剩餘的一生。格萊斯頓先生以他那高貴聖潔的氣度，提出許多讓人寬慰且使人信服的理由，解釋自己的轉變。而這一嶄新的立場，無疑也提振了他的精神，並為他帶來啟發。但是，在所有詞藻華麗、冠冕堂皇的激昂演說背後，隱藏著他做出改變的真正理由，這個理由不僅實際，而且他也從未在私下隱瞞。

在他於一八八五年卸任首相與一八八六年重掌大權期間，獲得愛爾蘭選民支持的保守黨入主政府，當時的大眾真心以為，保守黨正在考慮以地方自治原則解決愛爾蘭問題，但這其實是誤會。當這種看似千真萬確的事實擺在眼前，格萊斯頓便認為自由黨不可繼續走在壓迫的道路上，也不能再否決愛爾蘭的要求。但是，格萊斯頓先生卻錯判了保守黨即將做出的決策。那時的保守黨絕無能力提出愛爾蘭自治法案。他們或許會故作姿態以博得愛爾蘭的選票，將其作為和自由黨進行激烈政治鬥爭的一種策略，但是，只

02　指英國於一八八一年通過的《人身財產保護法》（Protection of Persons and Property Act），又稱為《脅迫法》（Coercion Act），允許未經審判就拘捕涉嫌參與「土地戰爭」的人。土地戰爭是由「愛爾蘭全國土地聯盟」（the Irish National Land League）領導，訴求合理的地租、穩定的租約和自由的買賣，要求佃農權益受到保障。

要明確往愛爾蘭自治邁出一步，就會讓保守黨徹頭徹尾地分裂，在過程中廢黜保守黨的領導人，並且摧毀政黨執政的力量。誤判形勢的格萊斯頓先生，因此拱手讓出統治大權，幾乎可以說是讓對立政黨掌權長達二十年。儘管如此，歷史評斷可能會宣告格萊斯頓先生的兩種觀點都相當正確——以某種程度反對愛爾蘭自治是如此，之後反過來支持自治亦是如此。他在一八八六年做出的改變，為他招來眾多責難，但是和保守黨在三十五年後做出的改變，即一九二一年的《英愛條約》相比，不管從哪個方面來看，其變化程度都小得多。

除卻在事件進展期間的行動，情感或性情的變化也會引發不一致性。「心靈自有理性無法知曉的道理。」大多數的人都無法規避這種變化，而大多數的公眾人物都無法成功隱瞞這種轉變。通常，青年人鍾愛自由和改革，成年人鍾愛明智的妥協，而老年人則鍾愛穩定和寧靜。正常的歷程是從左派到右派，而且時常是從極端左派變成激進右派。格萊斯頓先生的改變卻反其道而行，成為引人注目的例外。在他漫長的一生中，他不能自已地從「堅毅不屈的托利黨（Tory）明日之星」，一步一步成為十九世紀最偉大的自由派政治家。這一莊嚴的轉變，代表著劇烈的情緒變化。一八三三年，他在下議院反對廢除奴隸制度，並因此成為獲得關注的年輕議員，一八六〇年代，他是支持美國南方邦聯的知名大臣，之後他卻搖身一變，在一八八〇年代，成為言詞激烈的演說家，支持保加利亞獨立，也成為了一位老練的首相，在一八九〇年代，他將自己所剩下的無可匹敵的力量，盡數用以支持愛爾蘭自治——這種轉變幾乎可說是判若雲泥。

想成為領導者的野心在這種變化中扮演的角色，雖然無法覺察，但確實不停影響著我們，而檢視這種野心會引領我們走到何種地步，是一個吃力不討好的主題。想法本身就具有動力。廣大且熱烈的群眾支持，是一種幾乎無法抗拒的刺激，與政敵發生衝突而產生的怨恨，以及黨魁的實際責任，也都具有影響力。大抵而言，我們至少可用大眾來解釋劇烈變化的原因。拿破崙（Napoleon Bonaparte）曾說：「我總是和四、五百萬人的意見一同前進。」在不會被指責為憤世嫉俗的情況下，我們或許能再添上兩句話：「在一個擁有代議機構的民主國家，偶爾聽從其他人的意見實屬必要」以及「我是他們的領袖，我必須跟隨他們」。格萊斯頓先生的政治生涯之所以能恢復廉潔正直的聲名，是因為最後這兩種考量對他的影響遠遠小於眾多更顯平庸的公眾人物，而他們卻從未遭受政治立場不一致的指摘。

顯然，一位負責決定事務走向的政治領導人，就算心懷相同的想法或目標，在處理眾多公共議題時，也必須時時站在不同角度提出意見。特定時期下的國家軍事實力和花費可以當作一個例子。這個議題並不取決於絕對的規範或自然的法則。影響這個議題的因素只有當下的情勢，以及一個人是如何看待危險爆發的可能性——不論對國家的威脅是潛在或是真實存在。舉例來說，如果有一位英國部長，在和德國爆發大戰的數年前，就敦促海軍以最高的標準和最快的速度做好準備，但在德國的海軍實力被破壞殆盡以後，卻又提倡有限的編制和嚴格的削減開支，我們能說他前後矛盾嗎？他可能認為危險已然過去，充分準備的需求也隨之消失。他可能相信世界大戰結束後，會是一段長久的承平時期，而且也相信對國家而言，比起持續的軍事實力，復甦金融和經濟更為必要。他可能認為以軍事行動而言，空軍正在取代海軍。而且，他先後提出的兩種主張，可能都正確無誤且目的一致。但是，我們也能輕易看出這兩個時期的論點明顯嚴重矛盾。這種問題並非仰賴兩方論證所使用的內在邏輯，而是取決於是否以公正的眼光看待不同時期的主導事實。然而，在深思每一具體事例中的改變時，我們必得將此人當下的處境銘記於心。如果他在這兩個情境中都只是隨波逐流，而非逆流而上，那麼我們就必須更加仔細地檢驗，他是否真能承擔立場一致的名聲。

我們也應當更周延詳細地檢視觀點的變化——這種改變並非由事件引發，而是由思想體系或學說所引起。已逝的約瑟夫·張伯倫先生（Joseph Chamberlain）[03] 於一八八〇年代初期擔任貿易局主席時，以自由貿易為題發表演說，又在二十世紀初期的關稅改革運動期間，發表提倡保護性關稅的演講，這是近代英國政治中對比最為鮮明的例子。在這裡，我們關切的並非事件組成的湍湍急流，而是嚴謹的思考方法。若曾讀過張伯倫先生的自由貿易演講，便會發現他在一九〇四年使用的經濟論證，幾乎都是他在一八八四年就已預見並反駁的論點。然而，不論是他的友人或政敵，都普遍承認他後來的觀點飽含真摯。而且，他一產生不同的經濟觀點，就毫不猶豫地提出改變的信念，以讓自己的國家受益，這難道不是更好的事情嗎？然而，我們也必須注意到，這二十年間的論證基礎幾乎相差無幾，而且這是一個抽象卻大體相同的問題。我們不必質疑其目的是否真誠，也不必質疑其對公共利益抱持的關懷是否熱烈不懈。但以這種情況而言，基於同一理論提出的論證卻截然相反，這相當於自我矛盾。

我們可以更進一步闡述這種差異。一八八四年，張伯倫先生主張本國消費者應當支付進口稅，到了一九〇四年，他卻主張無論如何，大部分的進口稅都要由外國人支付。我們無法不認為，支撐這兩種結論的論證過程根本無法並存，也難以理解一個曾經透澈理解其中一種結論的人，怎麼會在後來以同等的精確想像相反的論點，並以相同的熱情擁抱另一種結論。無論如何，至少在策略方面，張伯倫先生應當完全放棄抽象論述，並完全仰賴事實，即當時世界的實際狀況來佐證他的倡議。以關稅同盟鞏固大英帝國的重要性，爭取英國工業利益，以及保守黨的工人階級選民支持此政策的必要性，才是他心

03　約瑟夫．張伯倫具有英國政治家、社會改革家、商人等多重身分，他提出的關稅改革與帝國統一政策，對二十世紀初的英國政壇產生深遠的影響。他也是後來的首相內維爾．張伯倫的父親。

中真正的理由，而在他看來，無論這些考慮是否和他那純粹的經濟觀念有所矛盾，都優先於自己的信念。

政治家必得永遠嘗試推動的事務，即是他相信長遠來看終將對國家有所助益的事，而且他不該因為這會迫使自己摒棄先前真誠奉為圭臬的學說，就放棄這種行動。然而，那些被迫做出這種灰心選擇的人，一定會認為自己所處的這種情況相當不幸。偉大的羅伯特・皮爾爵士（Robert Peel）[04]一定會被視為落入這種陰影的人。約翰・羅素勳爵（John Russell）對他的評價略顯刻薄：

> 他在面對當代最重要的政治議題時，兩度改變自己的立場。第一次是在保護新教教會、拯救新教憲章免受羅馬天主教攻擊之時。面對這些據說將會毀滅新教的攻擊，這位尊貴而可敬的紳士擔起了領導防禦的責任。第二次是在下議院和輿論強烈攻擊《穀物法》（Corn Laws）[05]之時。他領導自己的政黨抗拒變革，並捍衛這種保護政策。我認為，以這兩件事情來看，他最後的結論都相當明智，做出的決定也為國家帶來最大利益：在第一件事中，他最終撤銷了對羅馬天主教徒的限制[06]；在第二件事中，他廢除了保護關稅。他的追隨者信任他的政治智慧，信任他的精明決斷，受到他的滔滔雄辯與辯論才華領導，決心為這些問題獻身。但皮

爾改變觀點，提出和原先吸引他們的信念相牴觸的解方。追隨者發現後，興起強烈的憤恨是理所當然，若他們並未顯露不滿，才會讓我相當驚訝。

這個評論雖然嚴厲，但也算是公平地評斷了我們其中一位最傑出高貴的政治人物在從政生涯中的表現。因為這份評斷不只將轉換觀點納入考量，也顧及了那些一直仰賴他的引領，卻未能共享其改變的追隨者對他的普遍信任。

和改變觀點相比，人們通常將轉換政黨視為更嚴重的不一致。其實，不管一個人過去對任何議題的觀點產生多大的變化，只要他待在同一政黨，就幾乎不會被指控立場不一致。然而，政黨受到改變和不一致性左右的幅度，絲毫不遜於個人。在議院的劇烈衝突與選舉利益的漩渦中，怎麼可能不改變？不過，不論政黨的立場有多麼前後矛盾，個

04 羅伯特．皮爾，第二代從男爵，為英國政治家，於一八三四至一八三五年期間，及一八四一年至一八四六年間擔任英國首相，也是英國保守黨的創立者，以及倫敦警察廳的成立者。

05 《穀物法》為限制國外穀物進口的法令，旨在保障英國農業，但也影響了英國糧食的價格，因此受到反對，最終羅伯特．皮爾於一八四六年廢止了《穀物法》。

06 英國宗教改革後，曾限制天主教徒的各種權利，例如公民權和政治權，但自十八世紀末開始，逐漸通過數個法案，解放天主教徒的權利。此處指一八二九年的《天主教解放法案》（Catholic Emancipation Act），此法案解除了施加在愛爾蘭與英國天主教徒身上的限制，允許他們進入議會，並有資格擔任絕大部分的公職。皮爾本來反對解放天主教，但後來卻在下議院提出此法案。

人和政黨一起改變，至少能得到多數人的背書。若政黨改變了立場，個人卻仍維持相同的主張，就會引發讓人不快的挑戰。再說，脫離政黨會為各種個人關係帶來衝擊，也會讓昔日的同志情誼為之碎裂。但是，和當時的重大議題需求一致的真誠信念，將會凌駕於所有因素之上，而且這種信念既正確也符合公眾利益。政治是一種寬容的職業。雖然公眾人物的動機和性格會持續受到公評，但他們最終都會獲得公正的總評。然而，話說回來，現在的一致性去哪裡了？現代國會中人數最為眾多、過半數的保守黨，由創建社會主義政黨的人領導，而他們盡責擁護的那位政治人物曾是數年前全國大罷工的領袖，且才在去年再度嘗試讓大罷工合法。一個終生支持自由貿易的人，在貿易局工作時，在最熱烈的喝采聲中，制定並批准了保護性關稅政策，而且也給予全心支持。昨日才因阻止英鎊貶值而掌權的政府，今日卻因為阻止英鎊升值的努力而獲得支持。像這種讓人驚訝的變節例子還能成倍增加，但這些已經足夠了。讓我們引用克拉布（George Crabbe）[07]那飽含寬容的詩句，以期培養出類似的包容：

> 仔細追溯某個人的一生，年復一年，
> 回溯每一天，讓他的行為盡皆浮現，
> 然後，雖然某些行為可能看似怪誕，

但這種改變卻不劇烈，也絕非突然；維繫那些不同行為的紐帶清晰可見，並沒有難以解釋的虛空填補在中間。

07　喬治·克拉布為英國作家，以作品內包含真實的日常生活細節聞名，也會描寫普通人的生活與人類的苦難。以下引文出自其詩集《故事集》（*Tales*）中的〈離別之刻〉（*The Parting Hour*）。

第四章

個人交往

Personal Contacts

驅使我們行動的緣由，幾乎可說是人生最大的謎團。讀者可以回首自己曾走過的路途，仔細而如實地檢視，究竟是何種理由、印象、動機與事件，促使自己邁出對生涯而言至關重要的那一步。有時候，讀者會發現，在他們心中留下最淺薄印象的人，正是影響他們最深遠的人。和偉人在關鍵時刻審慎提出的鄭重建議相比，無足輕重的人物、隨口落下的評論，以及瑣碎的小事，往往以更強大的力量形塑了我們的生活。不論男女，在面對重大的緊急情況時，通常都無法下定決心，也不會刻意採取最佳方式。更常見的情況是，在我們倉促短暫、充滿變數的生命中，會發生一些小事、一些意外，以及一些出乎意料且無關緊要的事實，這些事物以特定方式擺好棋盤，左右了我們的下一步。我們必須時刻保持警惕，以免在機遇和環境的影響下，偏離了正確的軌跡。似乎得以自主掌控命運的能力，正是人類天性的榮耀所在。寬闊的視野、泛用的紀律、良善的心靈、崇高的目標與堅定的信仰，或許能讓我們找到一些海圖和羅盤，使人生的航途更加順利。但是，當我們靠在船尾，俯瞰尾流中那打轉的漩渦，就算是最剛毅理性的人，也一定會發覺，我們這艘船的行進，端賴多少水流各司其職，貢獻己力。

因此，雖有幾分保留，但我從記憶的相冊中挑出了幾張人像的快照、潦草的速寫和褪色的銀版肖像，每一張圖像的主角，都是在過去深刻影響我的人。

在我的幼年時期，給予我最深遠、最強烈影響的人，自然是我的父親。雖然我們對話的機會如此稀少，交談時也從未站在對等地位，但我仍對他抱持著一股強烈的敬愛與孺慕之情，而在他英年早逝以後，我又將這些情感投注在對他的記憶之中。他曾宣之於口的每一字、每一句，我幾乎都孜孜不倦地讀進心裡；他的演講內容和風格，我也幾乎都爛熟於心。我幾乎不假思索地繼承了他的政治觀點。據我看來，他在最輝煌的日子裡，掌握了公眾演講與政治行動的關鍵。雖然倫道夫．邱吉爾勳爵終其一生都是忠誠的托利黨員，但事實上，在他的整個政治生涯中，他一直都懷有開明的思想，又以他掛冠離去、永遠卸下政府職務後的那段最好時光尤甚。在他看來，古老而榮耀的教會和政府、國王與國家，沒有理由不和現代民主和解；在他看來，大批的勞動者享有的自由和進步，乃由那些古老的機構所賦予，而他們沒有理由不成為那些機構的主要保護者。這種過去與現在、傳統與進步的結合，有如一條黃金的鎖鏈，由於從未被施加不當的壓力，因此這條鍊條未曾斷裂，而英國人民生活中那獨特的優點和至高無上的品質，正有賴這種統合維繫。在我終於透澈了解他的思想與主旨時，他已然逝去。

❖

一八九五年，我仍是騎兵少尉時，第一次踏上美國的土地。伯爾克．卡克蘭（Bourke

Cockran）來碼頭接我，他是我母親家族的好友[01]，非常親切地承諾會在我逗留城市期間看顧我。我必須在此記錄，這位卓越之人在我當時尚稱粗野的心中留下的強烈印象。我從未見過和他樣貌相似的人，也沒有見過能在某些方面與他相提並論之人。他有一顆碩大無朋的頭，一雙眼睛炯炯有神，表情靈活，看起來和查爾斯·詹姆斯·福克斯（Charles James Fox）[02]的肖像非常神似。我無福親耳聆聽他發表的任何演說，但以他私下的談話而言，不論是觀點、要旨、響亮的聲音、對句與理解，都超越我曾聽過的任何話語。

卡克蘭一開始是民主黨員，也是坦慕尼協會（Tammany Hall）[03]的一員，但卻對布萊恩先生（William Jennings Bryan）提倡的自由鑄造銀幣運動[04]有所不滿。他反對自己所屬的政黨，站上共和黨的講臺，發表一系列讓人記憶深刻的演講。之後，在貨幣議題暫且得到解決後，他重新加入了他的老朋友們。這種二度換黨的行動，自然使他成為許多非議的目標。我必須在此申明，在我們相識的二十年間，我從未發現他用以建構自身觀點的整體信條有任何不一致之處。他所有的信念都渾然一體。

在英國，民眾和政黨的政治見解就如同樹木那般生長，這棵樹以自己的枝葉庇蔭樹根，受到風的形塑或扭曲，以符合其品種的方式扎根，因乾旱而發育不良，或因風暴的摧殘而損傷。在美國，人民自標準教課書中提取觀點，政黨則根據自己的迫切需求，機械式地打造講臺，絲毫未將個體放在心上。我們鮮少發展出那種明確的政治類型，或是提出明確的政黨政策。我們的事務一如自然事物，總包含著不確定性、出現重疊的領域、妥協的需要，也能看見異常事例。我們畫出的線條鮮少保持鋒利清晰，但在大洋的另一端，一切都如此清楚而銳利。美國憲法指示的「時常回歸首要原則」，讓卡克蘭建構出一套完整的政治思想體系，讓他能根據不停變動的情況，提出無懈可擊、誠懇有效的見解。他是和平主義者、個人主義者、民主黨員、資本主義者，也是所謂的「金蟲」（Gold-bug）[05]。最重要的是，他支持自由貿易，並多次宣稱自由貿易是一統其他種種理論的基本準則。因此，他在所有場合都一視同仁地反對社會主義、通貨膨脹主義與貿易保護主義。為此，他的人生從不缺少抗爭。若他活得更久，這種爭執也不會停止。

01　邱吉爾的母親珍妮（Jennie Jerome）為美國人。

02　查爾斯・詹姆斯・福克斯為英國十八世紀政治家，也是英國首位外交大臣，但其政治生涯卻稱不上相當光彩或成功。

03　坦慕尼協會一開始是美國的慈善組織，後來演變為民主黨的政治機器，時常被社論漫畫家畫成老虎的形象，或許也是邱吉爾原文寫作「Tammany Tiger」（坦慕尼之虎）的理由。

04　威廉・詹寧斯・布萊安為美國政治家，曾三次代表民主黨競選總統，但皆未當選。一八九六年時，美國陷入經濟危機，通貨緊縮，工人失業，農作物價錢低迷，底層人民被迫以銀元償還債務，造成更大的經濟壓力，因此他主張美國應該使用銀元，以提高農作物價錢，並舒緩債務壓力，即「自由鑄造銀幣運動」。

05　金蟲意指支持金本位制的人。

❖

接著，讓我展示一幅老派財政部官員的肖像畫，展現屬於格萊斯頓和迪斯雷利的那段好時光。法蘭西斯．莫瓦特爵士（Sir Francis Mowatt）曾在這兩位著名的財政大臣手下任職，也曾擔任格萊斯頓先生的私人祕書好幾年。他體現了維多利亞時期風行且大獲成功的經濟財政觀點：嚴格節儉、準確的會計、溫和穩健的政府，且不論其他國家與地區的作法為何，都堅持實施自由進口。沒有戰爭，也沒有飽含情緒的狂熱愛國表現，只有還清債務、減低稅賦，並避免陷入困境，至於貿易、工業、農業與社會生活等方面，則採取自由放任，憑其發展。讓政府盡力限縮自己，也盡力降低對人民的要求；讓國家自力更生；只要社會與工業組織遵循法律與十誡，就讓他們選擇自己渴望的道路。讓金錢在民眾的口袋中積累增多。他像伯爾克．卡克蘭一樣，將侵略主義者、帝國主義者、金銀複本位制支持者、社會主義者、貿易保護主義者等人，一概丟入無盡的深淵。

他高大瘦削，眉型高貴，下顎線條堅毅，眼睛閃爍著神采。他是王室忠誠的僕人，低調卻自重，剛毅而堅定，對自己與自己的觀點都充滿自信，並以謙遜和樸實的行事風格，在英國政府的中心或外圍盡心奉獻將近五十年。自由黨與托里黨交替入主政府，他以同等的忠誠為這些政府效力，將自己和格萊斯頓一致的意見深藏於心。他是我從父親那裡繼承的朋友之一，也樂於和我談起倫道夫勳爵擔任財政大臣的那幾年。家父是多麼迅速地學會公共財政的堅實原則，多麼迅速地將他那支持公平貿易與保護主義的不羈想法連根拔起，又是多麼堅定地為了公共經濟和削減軍備而奮鬥！以同事和下屬的身分與他共事是多麼有趣！擊垮他的那場悲劇是多麼慘重！這就是我的引見，同時也為一段親厚的友誼奠定了堅實的基礎。

沒過多久，我便開始批評布羅德里克（St John Brodrick）擴張陸軍的計畫，並在議會中為經濟原則辯護。當時，老莫瓦特是財政部的常務祕書，即最高級的公務員，他偶爾會和我交談，也讓我結識了一些年輕的官員，和他們談話確實惠我良多，而他們也都在日後有所成就——以上這些都不是祕密，因為這並非被泄露的祕辛，而是包含真實並獲得適度重視的公開事實。接著是一九〇三年的財政爭議。偉大的喬·張伯倫[06]——一八八〇年代的激進派英雄，現今的保守黨英雄，再度將保護主義帶進政壇，提出包含食物稅的弱化關稅改革[07]。一場政治風暴緩慢而逐漸地凝聚成型。無可非議的財政大臣里奇先生，被他的首席顧問莫瓦特推上戰爭第一線，在飄揚的自由貿易大旗下戰鬥，卻終告失敗。莫瓦特便逾越了普通公僕的分際，毫不掩飾自己的觀點，甘冒被解職的風險，

06　即約瑟夫·張伯倫，喬（Joe）是約瑟夫（Joseph）的暱稱。

07　張伯倫提出的關稅改革包含對進口商品課重稅，最終會促成英國食物價格攀升。

以可貴的政府文件挑戰政府，擔起奮鬥的職責。他賦予我通用的事實與論述，做為我的武器，又授予我經濟學的知識，做為我的裝備。對一個才二十八歲、被要求在國家爭論中發揮重要作用的年輕人來說，這兩者都不可或缺。

我剛進入下議院的前幾年，常常與修・西賽爾勛爵（Hugh Cecil）來往。在這裡，我第一次——恐怕也是最後一次——遇見了一位真正的托利黨人：一位從十七世紀走出來，卻具備所有現代必備能力與才情的人。老奧利弗・溫德爾・霍姆斯（Oliver Wendell Holmes）曾在某處說過：「天生心繫教會的年輕人，會在相當年少的時期便展現出這種天賦。」當然，身為長期執政的保守黨首相的愛子[08]，他裝備上所有智識做成的武器，縱身躍進名為政壇的競技場，並誠摯而堅決地捍衛某些原則——雖然當時似乎無人認為這些事物相當重要，現在更是幾乎無人關心。我才進入下議院沒多久，他便要我同他一道強烈反對允許鰥夫與亡妻姊妹結婚的法案。一開始，我認為這種婚姻不僅相當情有可原，也往往相當合理。一位獨力拉拔四、五個年幼兒女的鰥夫，可能會經常請求亡妻的姊妹幫助自己照顧家庭。如果他珍愛並敬重他的妻子，那麼他在妻子的姊妹身上看見許

多曾讓他為之著迷的特質，也是理所當然之事。除此之外，其中自然也包含親密與情感的基礎。這是兩個熟齡之人的結合，事實上，肯定有許多充滿歡笑的家庭建立在這種基礎上。

但是，當我將這些考量說給修．西賽爾勳爵時，他因我對《教會法》的無知而驚訝，又因我對律令蘊含的深刻理由一無所知而大感震驚。他向我解釋，基督教會的目標，是在剔除性愛干擾的前提下，盡可能擴大家庭之愛的邊界。在這種情況下出現的關係，既高貴又討喜——亡妻的姊妹得以長年進入姊夫或妹夫的屋子，以完美的品德為她深愛的外甥與外甥女盡心，而不必害怕醜聞纏身。若罷黜禁止近親婚的法則，這些犧牲奉獻的女性，在數以百計，不，數以千計的家庭內的地位，將會成為談論和誹謗的目標，不再如之前那樣無可非議。雖然這件事情本身包含相當的重要性，但以維護高尚而開明的基督教社會的義務來說，這只是其中一個例子。一旦踏出往下沉淪的那一步，一旦人們那道德與智識的腳步，在看似合理的放縱堆積而成的斜坡上滑倒，那麼我們就只能一路翻滾，直到陷入普遍的異教和享樂主義。在這個充滿短暫考驗與抉擇的世界裡，異教信仰與享樂主義或許不時能讓人愉快，但在此生之後的無窮歲月，也就是幾乎可說是永恆的

08　修．西賽爾的父親即為第三代索茲伯里侯爵羅伯特．加斯科因－塞西爾（Robert Gascoyne-Cecil），是保守黨的領導人，並曾三度成為首相。

時間內，這兩者卻會為我們招來毀滅。

華美絢爛的辯詞與信仰的烈焰，為這些論點賦予了力量，讓我受到感召，幫助修動爵在一九〇一年的大委員會中，成功長時間阻撓《亡妻姊妹婚姻法案》（Deceased Wife's Sister Bill）。經過好幾個疲憊的禮拜，我們終於說服了這一法案的支持者，讓他們明白，用來反對法案的論述，或者至少用以闡述、完善或重複這些論點的心力，可說是無窮無盡。附帶一提，我們出於嘲弄，總以「提倡者」稱呼這群贊同法案的人，因為他們正是藉此提倡個人的利益。修動爵最後倚賴的那種議會花招，讓他受到「鑽漏洞」的嚴厲指摘。普通議員法案（Private member's bill）[09]相當受到時間左右。這項可厭法案的命運，取決於投票是否能在時鐘敲響四下前完成，而大多數人確實都支持這一法案。當時，下議院的全體成員走入分類投票室[10]並登記投票，大概要花超過十五分鐘的時間。在辯論告一段落時，只剩下十八分鐘。修動爵竟然「在廊道上徘徊」！大約有二十名保守黨員陪同他，而我驚訝地發現可敬的財政大臣麥可·希克斯—比奇爵士（Michael Hicks-Beach）也在其中，他真的是寸步難行，一公分一公分地踏著地毯，往投票計數處的入口蹭去。十五秒後，時鐘鐘聲響起，宣告這項法案的表決告終，因此。正反兩方都耗費幾個月心血的法案便胎死腹中，其未來的命運，須留待他年的機遇或厄運決定。

激進分子與不從國教者（Nonconformists）心懷下流的期望，希望能以教會為代價，將自己與亡妻姊妹的悖德關係合法化，因此他們對於修勳爵的這一技倆抱持強烈的敵意。他們宣稱這一策略「下流」、「狡詐」、「不光明正大」且「不按照遊戲規則」。在修勳爵重新走入議事廳時，他們對他怒吼，若不是因為會引發混亂，他們還會發出噓聲。修勳爵以虔誠之人被允許展露的最徹底的蔑視，回應這些攻擊。他並沒有違反任何當時的程序規則，他僅僅行使了身為議員的權利，而該以何種速度穿過廊道的裁量權自然也包含在內。如果他的對手對這種自由一無所知，魯莽地延長辯論時間，讓表決時間變得太過緊湊，那也是自作自受。而且，在婚姻結合的超凡特質岌岌可危的時刻，談論「作法卑劣」又有何意義？

有人詢問修將堅持這個論述到何種地步時，他表明自己會盡可能堅持下去，但不會訴諸暴力或非法手段。保守黨員必得尊敬英國的律法，否則一切都將土崩瓦解。異議人士會拒絕繳稅，承租人會拒絕交租。事實上，許多重要的世俗權利都將受到損害。但所有嘮叨著「遵守遊戲規則」、公學生般的閒言碎語，都只是胡言亂語。我們並不是在玩遊戲，我們是在履行一項嚴肅且確實偉大的義務。我們擁有自主選擇的權力，能在人世中隨心所欲，但這僅是無盡存在之中的短暫插曲；我們的信仰和行動，將會成為我們永

09 指由英國國會的後座議員或普通議員提出的法案，和政府部門提出的法案相對。

10 分類投票室實為議事廳外的兩條走道，在意見分歧，需投票表決時，作為紀錄投票之用，一條是「贊成廳」，一條是「反對廳」。

遠受到審判的準則。

我必須承認，由於這個時代的寬容日益增長，最終我只能順應潮流，被迫默許鰥夫與亡妻姊妹的婚姻確為合法。勢不可擋的群眾運動以更寬容放縱的社會為訴求，已將修．塞西爾勳爵的觀點取而代之，但或許有朝一日，他的主張會再次浮現。

❖

若有人和我一樣，與勞合．喬治先生親密共事，必定會受到他的啟發和影響。長久以來，他都以議員與演說者之姿享有盛名，但這往往是誇大其辭。儘管他已在公開演說的領域取得非凡的成功，但是八至九人的祕密集會、四到五人的祕密會議，或是一對一的私下討論，才最能讓他的說服技巧臻至化境。在他狀態最好的時候，他幾乎能說動一隻鳥兒從樹上下來。深刻理解人性之中更可愛的弱點、談話開始前便已招人喜愛的才能、永遠邏輯縝密的推理論證、處理現實事務的巧妙方法、突然提出讓人始料未及、折衷安撫且充滿吸引力的觀點——上述種種，都是他生來便純熟掌握的模式和方法。我曾親眼目睹他在十分鐘內讓內閣改變立場，但事後無人記得究竟是哪個特定的論述讓他們紛紛轉向。

他洞悉了這句格言的真實性：「一個並非自願被說服的人，立場和意見仍然不會改變。」在我最了解他的那段日子裡，他從未想到要以說話來滿足「自己」。他並不特別喜愛華麗的詞藻，自始至終，他唯一在乎的只有他的言詞對他人產生的影響。事實上，許多被他說服、改變立場的人，都以為最後是自己改變了勞合・喬治的想法，並且對此深信不疑！然而，在那些論述背後，是真實、明智的判斷力、實際的觀點與先見之明。

洞燭機先是他最讓人佩服的能力之一，在眾人詢問下一步該怎麼走的時候，他已然明白再下一步該做什麼。以運動術語來說，就是我們在這個場地中策馬馳騁，而他常在隔壁的田野狩獵。就在我們全都下定決心，決定在某地跨越柵欄時，他會大聲喊道：「每個人都知道必須那樣做，但我們該怎麼越過運河，或是那邊的鐵軌？你們看，我們非往那座橋或那個平交道前進不可，不然我們都會被完全甩在後頭。」意思是，我們現在得跨過一個巨大的障礙物，那可不是你們都在想的那個小柵欄。」他這一生從未帶著獵犬出門狩獵，但我可以斷言，若他生來是個獵手，而不是一個巫師，那狐狸可就要倒大霉了。

這樣的人對我產生極深遠的影響，也是極其自然的事。我在一九〇四年橫越地板[11]，離開保守黨時，正是在他身邊落坐。從那時開始，我們便一同奮鬥，雖然也曾意

11　在下議院議事廳的座位配置中，執政黨與反對黨隔著中央走道相對，因此走過通道，在另一方落座，便代表轉換政黨。

見分歧，甚至也曾產生齟齬，但大抵而言，將近二十年來，我們都保持著實質且持續的合作關係。在我所知的範圍內，他完成、推動事務的能力無人能出其右。其實，在我那個年代的英國政壇中，沒有人能以他一半的效率促使他人行動或是推行事物。在二十世紀前四分之一的英國歷史寫就之刻，我們會發現，在承平時期與戰爭時期的絕大部分命運，都是由勞合．喬治塑造決定。是他為正統的自由主義帶來全新的變化，加入了飽含熱情的社會政策。所有現今根植於英國人民生活之中的傑出保險制度，若非由他提出，便是由他的政策而來。正是他讓累進所得稅成為財政政策的重心所在，並促進社會系統中的財富均等分配。正是他在大戰期間最絕望的那年手握重權，並無所畏懼地運用權力，直到取得全面勝利。正是他解決了愛爾蘭問題，或至少讓這一議題不再是大英帝國的主要隱患，不論這個決定將帶來的結果是好是壞。這一切都屬於歷史的範疇，而現在，強勁的譴責浪潮，或者說是反對的言論，正在侵蝕他這一生建立的大部分成就。他的功業究竟有幾許價值，將會成為長年的爭論主題，但其重要性卻將無人質疑。

以某種程度而言，我覺得我有時也對勞合．喬治產生了影響，貝爾福勳爵（Arthur James Balfour）[12]和伯肯黑德勳爵與他共事時，也帶給他相當大的影響。我們時常能夠將政治輿圖的另一面展示在他眼前，那是在狹隘的環境與拮据條件下成長的他，在年輕時期做為激進且充滿異議的威爾斯民族主義者領袖的他，從未被要求思考的事物。在我們擺脫戰爭的那一刻，右翼政治勢力對勞合・喬治毫無節制地攻擊，使大英帝國與英國本島蒙受損失。他自己無疑也該負起一部分的責任，但無論如何，合作破裂已成定局。據我們現在所知，一九二二年的卡爾頓俱樂部（Carlton Club）會議[13]，從此切斷了這位天才實幹家與傳統或真正的右翼帝國主義分子的聯繫，這些人有時也被稱為「頑固守舊者」。保守黨譴責了這位「威爾斯巫師」（Welsh wizard），將其驅逐，並擁戴「正直的鮑德溫先生」。不過，現在他們似乎仍對自己的領導人心懷不滿。至少，他們目前已開心地安頓下來，在一位社會主義者、戰時的和平主義者、反帝國主義者，以及全國大罷工的支持者的統帥下過了一陣子。不過，所有人都明白，他不會對托利黨的政策指手畫腳。L・G是個禁忌。

12 亞瑟・詹姆士・貝爾福，第一代貝爾福伯爵（1st Earl of Balfour），為當時的保守黨下議院領袖。

13 為保守黨人的會議，鮑德溫、博納・勞等人支持結束聯合政府。

第五章

圍攻西德尼街

The Battle of Sidney Street

一九一〇年十二月十七日早晨，一樁驚世駭俗的罪行占滿各報版面，讓整個英格蘭大受驚嚇與震撼。十六日晚上十點半，獵犬溝（Houndsditch）一家精品店的老闆伊森斯坦先生，因為店後傳來的不明敲打聲而驚慌失措。兩個禮拜前，人們便已注意到這些聲音，警方也早已展開調查，但是，現在這些聲音不僅更大，聽起來也更近了，顯然是從隔壁房屋傳出來的。伊森斯坦先生請來警察，一名巡佐帶著五名警員抵達現場。兩名警員繞到屋後待命，巡佐則帶領其餘三名警員，走到似乎是聲音來源的屋子門口敲門。他們都遵循了當時幾乎可說永遠不變的英國警察傳統，皆未佩帶武器。門打開一道約三十公分的口子，來應門的是一個男子。

巡佐問：「你一直在這裡工作嗎？」

他沒有回答。

「你聽得懂英文嗎？屋子裡有任何會說英語的人嗎？」

那名男子一聲不答，將門帶上，只留了約兩公分的縫隙，便走上樓梯消失了。巡佐推開門，進到以瓦斯燈點亮的房間。這名巡佐完全沒有需要採取防備措施的理由，他的調查再普通不過。他站在那裡等了一分鐘，那是他生命的最後一分鐘。突然間，一扇門被猛力打開，緊接著一聲手槍槍響，巡佐便倒在門口。又是一聲槍響，這次的開槍者躲在昏暗無燈的樓梯間，迫使逼近那扇門的警員們後退離開。那扇門後則出現了一把長自動手槍，隨即槍聲大作，短短幾秒內，四名警員都倒在了街上，有的當場身亡，有的奄奄一息，有的則身受重傷。一個人影從屋內竄出，不停左右掃射。現在只剩一名姓喬特的警員還能行動，但他並未佩帶任何武器，也已經受傷。然而這位警員仍毫不猶豫地和那名殺手纏鬥，儘管已身中兩槍以上，他仍緊抓犯嫌不放，直到另一名罪犯從背後朝他開了一槍，才因十二處不同傷口而不支倒地，奄奄一息。這群殺人犯在屋後擺脫了第六名警察的追捕，消失在倫敦的夜色與喧囂之中，暫時隱去所有蹤跡與追查的線索。

隨之展開的警方調查顯示，犯人們正在籌劃一樁縝密的搶案，但目標並非伊森斯坦先生的店面，而是和其相鄰的珠寶店——店內的保險櫃鎖著價值三萬英鎊的珠寶首飾。一條橫越兩棟建物的地道幾乎成型，其中有一套完備的搶劫道具，能讓他們以乙炔火焰打開保險櫃。

十七號凌晨三點鐘，兩位女性請了一名醫生，為自稱喬治．加爾斯坦（George Gardstein）的年輕人診治，她們說三小時前，一名朋友不慎以左輪手槍擊中他的背部。這名男子就是莫羅澤夫（Morountzeff），正是殺害巡佐的凶手。看來他在和喬特警員扭打時，一顆子彈直直穿過那名英勇警察的身體，擊中他的肺臟和腹部。他在早晨到來前便離開人世，留下一把白朗寧自動手槍、一把匕首，與一把小提琴。

以上便是報紙在隨後幾天逐步揭露的事件梗概。顯然，我們正目睹的這種犯罪模式與犯罪分子，是英國幾代以來未曾出現的類型。這些罪犯的冷酷暴虐、狡詐才智、準確槍法，以及所擁有的現代武器和裝備，全都揭露了他們俄羅斯無政府主義者的真實身分。幾天後，相關單位已查明這些謀殺者皆是俄羅斯波羅的海地區的移民，這個團體由約二十名拉脫維亞人組成，帶頭的是叫做「畫家彼得」（Peter the Painter）的無政府主義者，他們就這樣在倫敦市中心安然藏身。若借用後來的術語，這就是將會分裂出謀殺、無政府狀態和革命的「生殖細胞」。據說這些兇殘之人的生活過得「有如野獸」，完全投身於他們的掠奪計畫和黑暗密謀之中。儘管他們是為了自己才成為竊賊或謀殺犯，但他們的所有行為都帶著政治色彩。畫家彼得正是後來在大戰動盪期間，如野獸般蹂躪、吞食俄羅斯及其人民的其中一人。

這起慘絕人寰的惡行讓舉國為之憤慨。蘇格蘭場傾盡所有資源，一心揪出罪犯，身為內政大臣的我，立刻下令供給警方當時最優良的自動手槍。英勇殉職的警察們公開下葬，他們的棺材蓋著英國國旗，靜靜地停放在聖保羅大教堂，倫敦市的許多政要都出席了這場莊嚴的追悼會。

接著便是一段短暫的寧靜，在此期間，一個文明社會能挹注的所有資源，都被用來追捕那些罪犯。

❖

一月三日早上十點左右，我在沐浴時，有人急忙敲著浴室的門，不禁讓我驚訝。

「有一通內政部的緊急來電。」

顧不得身上還在滴水，我裹著一條毛巾，匆匆走到電話旁邊，得知以下的消息：「謀殺警察的無政府主義者，目前困守在東區的一間屋內，地址是西德尼街一百號，他們正舉著自動手槍對警察開火。他們已經開槍射傷一名男性，而且似乎持有大量彈藥。請求派遣軍隊前去逮捕或擊殺罪犯。」

我立刻給予必要的授權，並指示警方使用任何必要的火力。約二十分鐘後，我已抵達內政部。我在那兒找到了我的首席顧問布萊克威爾先生（Ernley Blackwell），他告訴我，警方已經有效包圍無政府主義者，但他們持續朝所有方向開火，除此之外就沒有更進一步的消息了。沒有人知道屋內究竟有幾名無政府主義者，也沒有人清楚該採取什麼行動。在這種情況下，我認為親自了解現場狀況是我的職責所在，而顧問們也同意這一行動確為妥當。但我也必須承認，這種義務感其實根植於一股或許該加以控制的強烈好奇心。

我們立刻坐上汽車，沿著河岸街前行，穿過倫敦市，前往獵犬溝。直到中午左右，我們終於抵達了禁止通行的地方。我們走出車外，一大群民眾都聚在那兒，人人都帶著憤怒驚慌的神色，我也注意到一件不尋常的事：倫敦警察廳[01]的警員們，都拿著才從當地槍械商那兒取得的獵槍。群眾的態度稱不上友善，還有一些人喊道：「誰讓他們進來的？」他們是在影射自由黨政府拒絕制定嚴厲的移民法，拒外國移民於門外。然而，就在此刻，遠處傳來了一聲槍響，接著又是一槍，再來一槍，最後槍聲接連不斷。一位督察陪同我們走上空無一人的街道，在街角轉彎，又在下個街角轉彎，才和一群警官會合。有幾名警官佩著槍，那兒還有一些圍觀群眾與記者，他們都是在圍起封鎖線之前，便在危險區內的人，也已經獲准留下。這條路和另一條街以九十度角交叉，從那條街往左走四、五十公尺，便能看見那棟地址為西德尼街一百號的屋子，那群殺人犯困守之處。在我們對面，警察、蘇格蘭衛隊和旁觀民眾都蹲伏在房舍突出的角落之後。警察與軍人拿著來福槍、手槍與獵槍，從街道兩側、街上與好幾扇窗戶，以越來越頻繁的週期朝暴徒所在的屋子射擊。那些罪犯也以子彈回敬。每隔一、兩分鐘，他們就會回以射擊，有時候沿著街道來回掃射，有時候則直接對前方的襲擊者開火，子彈擊中磚牆後四處亂彈。我們早已經習慣這等場面，歐洲對街頭激戰早已見怪不怪，但在人們記憶可及之處，寧靜、守法、舒適的英國，從未發生過這等場景，單單以這種觀點來看，我已經算是不虛此行。

但情況幾乎立刻變得尷尬。有些警官急於直接舉槍攻堅，其他警官則認為最好再多等一會兒，避免貿然攻堅導致三、四條寶貴性命平白犧牲。無論是親自指揮，或是決定執行方案，都不在我的職責範圍。我可以坐在行政大臣的椅子上，從內政部發出任何命令，讓他們立刻遵照辦理，但我卻無權干涉現場的指揮者，不過從另一方面來看，我遠高過他們的職位，不可避免地引來了直接的責任。我現在已經明白，我就該安靜地待在我的辦公室裡，但是話又說回來，在情況如此不明，卻又有趣無比的時候，我也不可能就這樣坐上車揚長而去。

由於我急著想直接看進那棟罪犯藏匿的屋子，便穿過馬路，躲在對面一間倉庫的門口。我在這兒遇見了倫敦醫院委員會主席納茨福德子爵（Viscount Knutsford）[02]，和他一同觀看這場戲的終幕。

現在的計畫是同時從不同方向攻堅。第一支小隊會從隔壁的房屋出來，衝進前門，跑上樓梯；第二支小隊由警察和士兵混編而成，將會擊破後方窗戶，進入二樓；第三支小隊則會破壞屋頂，從上方一躍而下，突擊兇犯。這種襲擊絕對萬無一失，但顯然也會有人喪生——不只是因為無政府主義者的槍擊，也可能是因為同伴在混亂之中的誤射。

01 倫敦警察廳負責大倫敦地區的治安與秩序，也稱為蘇格蘭場。

02 本名為悉尼・霍蘭（Sydney Holland），為第二代納茨福德子爵。

我的直覺立刻告訴我，舉著一塊鋼板或盾牌直接爬上樓梯，是較好的選擇，因此我便到附近的鑄造廠中尋找尺寸適合的防具。但在這時，問題自己解決了。大約在下午一點半左右，一縷輕煙從屋子上層的破碎窗戶中裊裊升起，沒過幾分鐘，火勢便清晰可見。火焰迅速蔓延，往下延燒，緊接在木材噼啪燃燒聲後的是大火的怒吼。儘管如此，反政府主義者仍一邊下樓，一邊持續射擊，子彈不停擊中周邊房屋的磚牆與道路。

這時發生的一件奇事，終於讓我派上用場。離危險區僅有數公尺之處，英國的日常仍不受影響地運行著，郵差甚至還將信件放進隔壁人家的郵箱內。突然，消防隊在一陣喧囂中大步行來，他們驅散通道上的圍觀民眾，擠過人群，抵達危險區入口的封鎖線。督察禁止他們繼續靠近，但消防隊長表示他的責任就是繼續前進，撲滅正在肆虐的火勢就是他的義務。反政府主義者、自動手槍、危險區，倫敦消防局的規章對上述種種隻字未提。當警官指出消防員可能會被槍擊中時，消防隊長只答道：命令就是命令，我別無選擇。在他們的爭執達到白熱化時，我出面干預，平息這場紛爭。我以內政大臣的身分告訴消防隊長，可以放任那棟屋子燒毀，他的任務是在一旁待命，隨時預防火勢蔓延。接著，我又回到道路對面的藏身處。

火勢現在已經蔓延到這棟注定燒毀的屋子一樓。幾分鐘過去了，反政府主義者都沒有再開一槍，那棟屋子裡不可能還有人活著。所有人都認為，仍無法確定到底有幾名的反政府主義者，會握著手槍，從屋裡衝到開闊的街道上。百來把來福槍、左輪手槍與獵槍，一齊瞄準悶燒的門口。時間在緊張之中流逝，火勢已經吞沒了一樓，最後，這些惡魔毫無疑問已化做灰燼。突然，所有人都自發走到外頭，一名偵緝警司快步走到那棟屋子前，一腳把門踢開。我保持著數公尺的距離跟在後頭，一位拿著雙管獵槍的巡佐同我一起前進。除了煙霧和火勢，屋內空無一物。消防員握著水帶，衝進空無一人的街道，而士兵、記者、攝影師與旁觀民眾則在他們身後擠得水洩不通。當時已是下午三點，我把將熄的火勢留給消防隊處理，將房屋的廢墟留給警方調查，便踏上回家的路。

早上有一名督察中彈，一位蘇格蘭衛隊的軍旗士官及三名民眾被子彈擊傷，還有一名巡佐被流彈擊中，好在傷勢並不嚴重。目前為止，除了那些謀殺者，還無人喪命。哎呀，但這漫長的一天還沒結束！一面牆倒塌下來，壓傷了五名消防員，其中兩名傷勢嚴重。西德尼街的那棟屋子殘骸裡找到兩具焦屍，其中一名是因中彈而死，另一名死者則是因濃煙而窒息。後來，證實這兩名死者是佛里茲．斯瓦爾斯（Fritz Svaars）和雅各．沃格爾（Jacob Vogel），兩人都是畫家彼得率領的反政府主義幫派的一員，顯然也都參與了獵犬溝的殺警案。廢墟中搜出一把白朗寧自動手槍、兩把毛瑟手槍、六個炮銅製成的炸彈外殼，以及許多彈藥。

這就是西德尼街之戰的結局。畫家彼得則從此銷聲匿跡，完全人間蒸發。傳言一再宣稱他是布爾什維克黨（Bolsheviks）的其中一員，是俄羅斯的拯救者。當然，他的條件和經歷，無疑能讓他在那崇高的團體內占有一席之地，但這些流言缺乏實際證據。

當時英國的政黨政爭正值高峰，我也因為親身參與這件奇事，而飽受報紙與國會批評。貝爾福先生在下議院的發言特別諷刺。

他以莊重的口吻說道：「我們憂心忡忡地注意到，畫報上刊載著內政大臣人在危險區內的照片。我明白攝影師在那兒所為何事，但內政大臣在那兒意欲何為？」

我就用這句不全然偏頗的評論，在此為這個故事畫下句點。

第六章

德國的光輝

The German Splendour

一九〇六年，在我擔任副殖民地大臣時，收到了德意志帝國皇帝的邀請函，邀我到西里西亞參觀德國陸軍的年度演習。取得英國政府的允可後，我在九月初動身前往布雷斯勞，和其他受邀的王公貴族及達官顯要一同住在舒適而充滿舊日情懷的金鵝酒店。這場演習的規模宏大，足足動員了一個軍和一個完全進入備戰狀態的師。德國以一貫的效率打點好一切，就連最枝微末節的細節也一絲不苟。訪客如雲，歐洲各軍隊的代表自然也在其中。所有賓客都依據自己的軍階，得到最符合禮數的待遇和安排，至於皇帝親自邀請的貴賓，則能從官方儀式和慣例中，發現一絲個人的款待。雖然這個禮拜精采絕倫而深富趣味，但也讓人極度疲憊。除了服役的某些日子，我幾乎從未如此缺乏睡眠。每晚都舉行光彩奪目的正式舞會，由皇帝親自主持，若他在演習場上，就由皇后款待。我們在臨近午夜時才上床安歇，但在凌晨三、四點時就會被叫醒，搭上一班特別的列車，被載到戰場上的特定地點，觀察「敵軍」的動向。等第一道光將東方的天空染上魚肚白，我們便會翻身上馬，各由一位德國總參謀部的軍官陪同，隨心所欲地騎往各處。策馬騎行十到十二個小時，觀察過軍事行動後，我們在某個新地點搭上列車，回到布雷斯勞，餘下的時間正好足夠換上正裝，投入下一場晚宴，觀賞帝國軍樂行進表演，小睡片刻，然後再次於凌晨四點啟程。這就是我們的作息表。

在一介外人眼中，德軍壯觀的排場與德意志帝國的華麗輝煌，是如此粲然生輝，唯有壯麗一詞足以形容。描繪著帝國盛況與力量的幾個場景，仍縈繞在我的記憶之中。皇帝身穿西里西亞胸甲騎兵的白色軍裝，看起來光鮮亮麗，他騎著馬率領一支耀眼奪目的騎兵隊伍，行經布雷斯勞的街道，得到忠誠子民的熱烈歡迎。好長一段道路的兩側都擠滿了人，但他們不是軍人，而是數千名顯然來自較下層階級的長者，他們全都穿著舊時的黑色佛若克大衣，戴著高頂大禮帽，打扮得一絲不苟。他們都是老兵，也都獲得了特別的榮譽地位，而他們代表嚴肅公民力量的深色身影，也的確成為身著白衣的皇帝與騎兵的鮮明背景。

軍演開始前是閱兵儀式，共計五萬名的騎兵、步兵和炮兵，成分列式通過閱兵臺前，臺上是皇帝、眾位國王與親王。每一團步兵都以營為單位，排成四分之一隊列，看起來更像是大西洋的滾滾巨浪，而不是人類的編隊。再加上如雲的騎兵、如雪崩般滾滾前行的野戰炮，以及私用車與軍用車組成的中隊（這在當時可是相當新奇），才構成了整個陣型。這黑壓壓的盛大隊伍，整整行進了五個小時。然而，這只不過是德國正規陸軍動員前的二十分之一，而且這樣的軍演能在帝國的每一省同時舉行。我想到我們小巧的英國陸軍，就算奧爾德肖特鎮的閱兵遊行僅有一個師與一個騎兵旅參與，也已是值得注意的盛事。我時不時看向身旁那位法國駐外武官沉思而晦暗的神情，他坐在馬背上，陷入思緒之中，不難猜出他在想什麼。令人生畏的雄偉陣仗，讓空氣中洋溢著無窮而勃發的陽剛之氣。這是塵世的榮耀與豐沛的力量，最可怖、最令人目瞪口呆的具象。

當天傍晚，皇帝宴請了西里西亞的人。三、四百名西里西亞的官員與顯要以及眾位外國賓客，都穿著各色制服，佩著金色綬帶與徽章，一同聚在寬敞的大廳中。皇帝的話語一如既往地流暢，飽含無可否認的威嚴。我身邊的德國參謀為我小聲翻譯成流利的英文。那是一九〇六年，也是耶拿戰役滿百週年。威廉二世說道：「一百年前，德國已陷入萬劫不復的深淵。我們的軍隊，或是在各地被俘虜，或是四散奔逃；我們的堡壘被占領；我們的首都落入敵軍之手；我們的國家四分五裂。在前方等待我們的，是受外國統治的漫長時光。」這竟然只是一百年前的事！僅僅一個世紀，僅僅四個短暫的世代，就累積了足夠的資本，在我們眼前建立壯觀而讓人肅然起敬的權力、財富、活力與組織，這的確讓人難以置信。一八〇六年和一九〇六年，多麼讓人驚異的對比！而德國在軍事方面快速蓬勃的發展，也和英國緩慢進步的國家生活形成鮮明對比：英國已有九百年免於外敵侵略，卻仍然保持謙遜與自省。然而，最讓人吃驚的對比，會是未來和此刻的對照。若掩住未來的帷幕能暫時揭開，若眼前這些光鮮亮麗的人群能察覺到，約莫再過十年，志得意滿的德國就會落入傾頹、屈服和筋疲力竭的境地，而且這種低潮，遠比耶拿之戰後壟罩的黑暗更加全面、更加難以驅散。

儘管這場軍演的執行規模讓人印象深刻，但看在了解狀況的人眼中，這場演習也顯示出許多問題。如同少數幾名觀看這場操演、不同職位的英國軍官，我在南非草原上的經歷[01]，讓我得以第一手經驗，對來福槍的威力有最新的了解。雖然要想知道大批槍炮的威力，我們只能發揮想像力，但就來福槍的威力而言，我們和這些率領所向披靡大軍的領導人不同，已經擁有實際的經驗。我們震驚地看著排列稠密的縱隊在毫無遮蔽的山坡上移動，距離樹林僅有幾百公尺之遙，步槍兵則沿著樹林外圍排成防禦陣線，不停發射空包彈。隨著演習接近高潮，兩方的大批步兵靠得極近。沒過多久，他們就以緊湊的陣型仰躺在地上，兩方僅相隔約五十公尺，所有步兵都上好刺刀，前排則展開猛烈的射擊。更讓人驚訝的還在後頭：收到衝鋒的命令後，這些平靜而密集的人群便起身，舉著上好的刺刀，完美地「穿過」另一隻隊伍，接著便盡責地倒在另一側，腳趾對著腳趾。無論這可能意味著什麼，都和現實情況完全沾不上邊。除了南非戰爭，恩圖曼戰役[02]也在我心中留下鮮明記憶。在那場戰役中，我軍幾乎毫髮未損，便輕易地射殺了超過一萬一千名德爾維希[03]，而他們當時的陣勢，遠沒有現在的德軍這樣密集，交戰雙方的距離

01　指邱吉爾參加過的第二次波耳戰爭。

02　一八九八年，英軍遠征蘇丹恩圖曼地區，動用馬克沁機槍，使大量蘇丹騎兵傷亡。

03　和英軍交戰的蘇丹士兵，信仰伊斯蘭教義，並由自稱「馬赫迪」（意為救世主）的穆罕默德·艾哈邁德（Abdallahi ibn Muhammad）率領，而「德爾維希」（可指各種伊斯蘭修士）便是用以描述這些追隨者的稱呼。

也更遠。在恩圖曼戰役結束之後，我們如此告訴自己：「再也不會出現這種場面了。世界上再也不會有這種傻瓜了。」

在德軍中，已有一些人開始對現代槍炮產生粗淺的了解。我們在連綿起伏的丘陵上策馬前行，一列密集的步兵縱隊朝我們發起攻勢，但他們自己也暴露在至少一百門大炮及上千把無害來福槍的炮火之中。我注意到和我一同奔馳的德國軍官們明顯表露出不耐。一位身著軍禮服、率領一個團的公主，憑藉皇族特權賦予的從容，憤慨而「不經大腦」地喊道：「多麼愚蠢！」「簡直是瘋了。應該把所有將軍都免職。」諸如此類的話語，但總體而言，一切都很順利。

在最終的盛大決戰中，皇帝親自率領三十或四十個騎兵中隊，向敵軍陣地中央的一長排野戰炮發起衝鋒。我們也都興高采烈地一同策馬而去，洶湧的騎兵浪潮很快就壓倒、席捲了那一排排本該與他們對峙的危險小型炮。「你覺得這樣做沒問題嗎？」我們如此詢問一名炮兵軍官，裁判公正地宣判他指揮的炮兵連已被俘虜。「當然沒問題。」他答道。「這些都是陛下的大炮，他當然能俘虜它們。能以這種方式侍奉陛下，是我們的榮幸。」但他的眼中閃爍著一絲笑意。

在代表「停火」的號角聲響徹廣大的平原後，這些傑出的德國參謀聚在一座小山丘頂，將他們的最高統帥圍在中間。一群身穿綠色軍服的士兵，則在山後迅速搭建起一座小小的山間木屋，做為皇帝臨時的軍事總部。皇帝以一貫的從容優雅接待他的私人賓客，絲毫沒有受到剛才演練的影響，這也大幅提升了他的魅力與好感。他和外國來賓交談的方式，有如英國莊園聚會的男主人，和藹可親、自由自在，而他麾下的將軍與副官，全都順從地站在各自的位置上，動也不動，彷彿腳底生了根，就像擺在四周、硬梆梆的軍裝雕像。

他以流利的英文問我：「你覺得這美麗的西里西亞如何？」

「是個好地方吧？完全值得為她奮鬥。」他又補了一句：「也很值得為了爭奪她大打出手。這些土地浸滿了鮮血。」他又指著利格尼茨的方向說：「腓特烈大帝（Frederick the Great）就是在那裡打的仗。」接著他指向一個樹木繁盛的山谷，「而那裡是卡茨巴赫河，一八一三年，我們在解放戰爭中打敗法軍的地方。」

我將心中浮現的想法做為回覆，說了出來。

他又說：「你看到所有想看的東西了嗎？我希望你能自由地看到所有東西。告訴我，你有沒有想看卻還沒看到的東西？你看到我的新大炮了嗎？」

我說我隔著一段距離看過了。

「喔，但你一定得靠近好好看看。」接著，皇帝轉向一名軍官，吩咐道：「帶他去看我們的新大炮。那邊就有個炮兵連，讓他看看大炮是怎麼運作的。」然後他親切地揮手摒退我。在離開這群位高權重的軍官時，我感受到空氣中流淌著一股不滿與憤怒，幾乎可以聽見他們竊竊私語。

我們走到那幾門大炮前面時，皇帝的副官和炮兵指揮官明顯進行了一場談判。然而，一見到皇室的徽章，所有不滿也只能消散無蹤。他們為我示範大炮的運作。大炮後膛打開，炮手裝填炮彈並擊發。我明確表示自己不想太靠近觀察，而在炮兵們表現出一貫的禮節，併攏腳跟發出「啪」的一聲並行禮後，我們便離開了。其實這些德國軍官真的不必擔憂。皇帝非常清楚我並非火炮專家，即使以一知半解的眼光觀察他的野戰炮，也得不到巴黎和倫敦的陸軍部尚未掌握的新知識。但我對他的印象不錯：儘管他擁有這麼多可怕的武器，但這些機器帶有的殘忍和冷酷，也因為他個人的一絲友善與自信得以緩和。

三年後，我再次見到德國陸軍。我再度受到皇帝邀請，以賓客身分到巴伐利亞的烏茲堡觀看演習。這三年間發生了許多變化。歐洲的前景明顯變得晦暗不明。德國海軍擴張，英國為此首次採取嚴厲的反制措施。兩國海軍部激烈較勁。英法兩國結盟的利益逐漸明確。君士坦丁堡爆發的青年土耳其黨人革命（Young Turk Revolution）[04]，是東南歐接連不斷的動盪事件的導火線。我當時是內閣成員，也是貿易局主席，我在邀請函上的職稱則是「貿易大臣」。一九〇六年，皇帝興致高昂，與我長談各種殖民問題，特別是德屬西南非爆發的原住民叛亂[05]，但在一九〇九年，我只和皇帝簡短交談過一次。在那場閒談中，皇帝避開所有與軍事或大事有關的話題，僅以調侃語氣聊起勞合・喬治的預算，以及英國內政的方方面面，他對這些問題的深刻了解實在讓人意外。除去正式拜別皇帝，這就是我最後一次和皇帝談話，但這並不是我最後一次見到德國陸軍。

烏茲堡的軍演展示出德國軍事策略的極大轉變。他們在步兵的編組現代化和適應實戰方面取得顯著進展，西里西亞軍演的荒謬之處並未重演。幾乎看不到密集的隊伍，炮兵不再排成長長的陣線，而是散布在地利之處，整個戰場的範圍也大得多。幾乎難以注意到騎兵的蹤跡，就算他們上了戰場，也只出現在側翼邊緣。步兵組成連續的衝突前線不停推進，而機關槍則隨處可見，這也開始成為一個鮮明的特徵。雖然以英國的眼光來看，這些編制仍嫌密集，難以應對現代火力，但和一九〇六年相比，這無疑已是巨大的進步。我相信，大體而言，這就是五年後德國陸軍在大戰中採用的編制，他們獲得的結果也證明，這種編制比敵對的法軍更有效率。

04 一九〇八年七月，土耳其青年黨武裝起義，導致蘇丹阿卜杜勒・哈米德二世（Abdul Hamid II）恢復憲法、召回議會，成立憲政政府，此時期的土耳其實施了多項改革。

05 指一九〇五年至一九〇七年爆發的「德國與赫雷羅人武裝衝突」，德國殖民和當地原住民赫雷羅人爆發武裝衝突，最終導致四分之三的赫雷羅人死亡，許多學者以種族滅絕看待此一事件。

一九一九年，我才再度於德國目睹閱兵儀式。我以陸軍委員會主席的身分訪問科隆，看見四萬英軍在不可撼動的勝利所散發的神聖光芒中齊步經過。我在一九〇九年離開烏茲堡時，從未預期自己會見到這種壯觀的場面。實在沒有比這更瘋狂的幻想。

烏茲堡的德國軍事中心已可見到土耳其革命餘波的影響。年輕的土耳其陸軍部長馬哈茂德．謝夫凱特帕夏（Mahmud Shevket Pasha）與恩維爾貝依（Enver Bey）[06]，都是德國軍事總部的重要客人。但在這兩名男性背後，悲劇的命運已然高高掛起。不久後，謝夫凱特就會在君士坦丁堡被暗殺。恩維爾的前路則是以勞苦、恐怖主義、罪行與災難鋪成，直到他那顆無懼的心停止鼓動，直到他飽含渴忘的身體永遠僵直，道路才會終結。烏茲堡的軍演在我心中的確有如一場伯沙撒王的盛宴[07]。在秋日陽光下，這些行軍或騎馬前行的人之中，已有多少人被黑暗天使標記！殘暴而過早的死亡、比死亡更難捱的毀滅和侮辱、貧困以及殘廢，這對普通的士兵來說是絕望，而對統帥來說則是驕傲與生計的坍塌。若我們能讀懂命運，就會知曉這一切就是這成千上萬陽剛男子將要面臨的未來。所有德意志帝國的國王和親王，所有德意志帝國的將軍，都聚集在宴會桌旁。十年後，他們將散落四方、遭受流放、被廢黜、陷入貧困、飽受謾罵——他們是致命系統的受害者，但卻也同時是密切參與其中的人。至於德皇，那光輝燦爛的人物，那被命運寵壞的孩子，那歐洲嫉妒的目標——他那跨越滿目瘡痍的歐洲大地，最後來到多倫的伐木工街區的漫長旅行，以一連串令人心碎的失望與幻滅，失敗與永無止盡的自責構成，這對他來說肯定是最嚴厲的懲罰。

最後一件事仍在我的心中蕩漾。我結識了恩維爾。我對這位英俊的年輕軍官抱持好感，他賭上生命的無畏行動，一掃阿卜杜勒．哈米德二世的腐敗政權，一躍成為土耳其人的民族英雄，也讓他有機會掌握左右土耳其命運的大權。他明確表示希望能討論巴格達鐵路的問題，此事貿易局也相當關心，而我身為局長，當然對這一主題知之甚詳。直到軍演最後一天，我們在閉幕炮擊聲中獨自騎馬的那一個小時，才終於逮到機會，讓這場討論化為現實。我們完全沉浸在對話中，討論的角度也不全然符合德國的觀點，就在這時，我們發現騎馬跟在後面的那名王室侍從武官，似乎不停遭遇他的坐騎帶來的麻

06 伊斯麥爾．恩維爾（İsmail Enver），又稱恩維爾帕夏（Enver Paşa），為青年土耳其黨人領袖之一，也是鄂圖曼帝國的將領。他曾參與一九〇八年的青年土耳其黨人革命，一九一三年和塔拉特帕夏與傑馬爾帕夏一同發起政變，直到一九一八年為止，都掌握帝國的實際統治權。三人也被稱為「三大帕夏」，帕夏為土耳其語中對高階軍官的稱呼。貝依（Bey）原為突厥語中對部族統治者或家族領導者的尊稱，到了鄂圖曼帝國時期，逐漸轉變成各省首長的尊稱，意思略同於「閣下」，現在已成為對男性的普通尊稱，相當於「先生」。

07 為出自《聖經》的故事，伯沙撒王款待王公貴族，以自耶路撒冷神殿中擄掠而來的器皿飲酒，但宴會舉行到一半，忽然出現人的指頭，在對面的宮牆上寫下三個字，國王找來巫師、占星者與智者，卻無人能夠破譯，直到但以理前來，說明這意味著他的統治已盡，國家將分裂，歸還給瑪代人與波斯人，而當晚國王便被瑪代人大流士殺害。

煩。整整四次，那匹馬完全掙脫了控制，奔騰跳躍到我們身邊，要不是擠進我們中間，就是和我們並排。我們的侍從為自己的笨拙道歉，但若沒有直接開口要求，他就不會主動後退。這位最近才叛變成功的年輕土耳其領導者，臉上掛著坦率而了然的微笑。我們都心知肚明。

若英國政策的主軸更符合土耳其合理的目標，我相信我們本可和恩維爾貝依建立愉快的合作關係。但所有登上世界悲劇的人偶，都被命運緊緊攥在手中。一件又一件的事情就這樣殘酷地往前推進，直到迎來最慘烈的災厄。

第七章

我的間諜故事

My Spy Story

有一種人特別容易陷入「間諜狂熱」。他們的心靈特別容易受到任何間諜活動和反間諜活動影響，不管在哪個國家，戰爭期間都是這些可敬之人最活躍的時期。沒有疑慮會太過荒誕不經，讓人無法接受；沒有故事會太過太匪夷所思，讓人無法相信。成千上萬名業餘的私家偵探，持續加強各地公共機構那不間斷的嚴密警戒。毫無疑問，許多自發性行動只是徒勞無功，也時常讓個人遭受無端的折磨，但整體看來，這仍成為了一種重要的額外安全要素。銳利的目光注視著每個人的一舉一動；敏銳的耳朵在街道、大眾運輸工具、鐵路、劇院，乃至餐廳和酒館中，偷聽著每一句輕率的言詞。在孜孜不倦的努力之下，所有姓氏不像英國本土家族的人，以及迎娶外籍妻子的人，家譜都可清楚追溯到三、四代之前。在空襲期間，舉國上下都因憤怒與驚慌而陷入激動之中，若看見拉不嚴實的窗簾後面洩漏出一絲光線，那麼警方將會立刻接收到投訴和彙報。如此，整個社區便能從潛藏其中的隱晦危機中自保。

在更高層級的祕密情報工作中，無論從哪方面看，許多案件的真相其實都和最荒誕的羅曼史或通俗劇情節相差無幾。陰謀與反陰謀、詭計與背叛、背叛與出賣、真特工、假特工、雙面特工、金錢與武器、炸彈、匕首與射擊隊，種種元素彎彎繞繞、交織一處，複雜程度令人難以置信，但每個故事卻都真實無比。祕密情報部門的主管和高階官員，在這些地下迷宮中縱情優游，在戰爭的動盪之中，以冷靜、無聲的熱情克盡職責。報章雜誌不時主動散布約翰牛的形象，將他刻畫成心思單純、多愁善感，既不瞻前顧後也沒有遠見，容易受到歐陸的詭計和陰謀欺騙的模樣，而且在自由黨領導之下更是如此。這或許也有其用處。事實上，在大戰期間，不論是發現間諜還是收集敵方情資，英國祕密情報部門的效率與成果都遠遠優於其他同盟國、敵對國及中立國。

以下是我的真實間諜故事，也是我唯一親身經歷的間諜故事。

一九一四年九月，我國北方那些戰時港口的狀態讓我們憂心如焚。所有位於英吉利海峽的港口，都有防波堤和水柵守衛停泊處，而通往停泊處的入口，則有魚雷網和障礙物阻擋。這些障礙物不僅能阻礙驅逐艦和潛水艇進入，也能阻礙敵方發射的魚雷。但現在大艦隊（Grand Fleet）已經往北移動，由於羅塞斯港尚未完工，因此艦隊常常停泊在奧克尼群島的斯卡帕灣，或是更南邊一點的克羅默蒂灣。大戰開打前，這些北方港口唯一需要擔心的危險，就是驅逐艦的襲擊。人們認為，開戰後幾個禮拜內匆匆趕製而成的障礙物與臨時炮臺，就已經算得上是充足的防禦手段。但九月以後，潛水艇會實際潛入港口並攻擊沉睡的船艦這一恐懼，已經深深壓在所有相關負責人員的心頭。一旦這種想法成型，就會在每個人心中激起越來越大的漣漪。沒有真憑實據的警報不分白晝黑夜地響起，人們看見根本不存在的潛望鏡，整支大艦隊不只一次啟程出海，只為了在廣闊的海域中找回安心和安全——安全感本該是艦隊應當供給停泊處的首要之物，如今艦隊卻無法在那兒找到應有的平靜。因而在此期間，我們一邊積極在北方戰時港口設置魚雷網及各式障礙物，一邊鼓勵大艦隊不定期地頻繁更換停泊處。有時候是蘇格蘭北方，有時候是東方，有時候則是西岸，艦隊在這些地方找到一連串的暫時休整處。這些雄偉的船艦是我們的守衛，也是整場戰爭的關鍵。確保大艦隊安全無虞的唯一條件，便是沒有任何敵人掌握艦隊所在地，以及艦隊不可在任何地方停留過久，以免暴露行蹤。因此，我們度過了一段非常緊張的時期。

有一次，我必須前往大艦隊所在之處，親自和大艦隊總司令討論各種緊急的問題，而在那諸事不順的九月中旬某一晚，我和數名海軍部的高階將領與技術專家，坐上一列從倫敦出發的專車。黎明時分，火車在蘇格蘭高地的某個偏僻車站停下，我們在這裡改搭汽車，行駛約莫八、九十公里，抵達西岸的海灣，當時大艦隊正是在那兒尋求庇護，躲避一場雖受我們的想像誇大，卻也相當真實，且很有可能致命的危險——而我們也很難不用「藏匿」來形容這一行動。

我們的汽車之旅始於一個秋高氣爽的美好早晨，成員除了我，還有我的海軍祕書、海軍情報處處長（即現在的海軍元帥亨利．奧利佛爵士〔Henry Oliver〕），以及一名海軍准將（即未來聲譽卓著的雷金納德．蒂爾維特爵士〔Reginald Tyrwhitt〕）。那是一段迷人的車程，我們穿越蘇格蘭高地的壯麗風景，沉浸在我們即將和大艦隊總司令相談的話題之中，而高速的行駛、涼爽的空氣和不停變換的景色，都成了愜意的伴奏，幾乎沒有人開口。突然，和情報處處長一起坐在後座的准將，以我也能聽見的音量大聲說道：「你們看，那棟房子頂端有一臺探照燈。」

「什麼？」我轉身問道，順著兩位軍官的視線看過去。但在我看見吸引他們注意力的東西之前，車子快速地彎過轉角，不管那到底是什麼，都已經看不見了。

「是探照燈，長官。」艦長回答。「架在那邊的其中一棟房子頂端。」他還指出方向。我必須解釋一下，探照燈是一種相當大的裝置，差不多和大鼓一樣大。

「不會吧？」我說。「探照燈不太可能出現在蘇格蘭高地中部吧。」

准將答道：「我一看到探照燈就能認出來，長官。」

「好吧，但目的是什麼呢？為什麼會在這兒設置一臺探照燈呢？少將，你知道些什麼嗎？」

情報處處長對此一無所知，但他確定那臺燈對英國海軍而言毫無用處。同時兩位軍官卻都堅信看見了探照燈。

在戰爭期間，所有無法解釋的事物都得一探究竟，而我們面對的正是完全的謎團。我們在剩下的旅途中絞盡腦汁，但沒有人能提出任何合理或正當的解釋。

最後，道路蜿蜒向下，繞過一座紫色的山丘，我們下方遠處，有一片波光粼粼的蔚藍海灣，共計二十艘無畏艦和超無畏艦停泊在那裡，它們是掌控海洋的關鍵。遠遠看去，就像一張平面圖上勾勒出的小小黑點。許多小船或圍繞著船艦，或在它們之間穿梭，艦艇則首次以奇異而斑駁的風格塗裝，這就是「偽裝」這門科學的起點。這片景色突然躍入眼簾，而其重大的意義則填滿心口，是我永遠難以忘懷的一幕。沒有一棟屋子或任何類型的建築物破壞這些山丘與懸崖的壯麗美景，而懸崖就這樣從兩側直接沒入水中。然而，在這與世隔絕而狹窄的空間內聚集的，是一座承載著三、四萬名居民，漂浮於海上的鋼鐵城市。我們的生命與自由，都有賴這些軍人的力量、忠誠、勇氣和奉獻，或許我們也可以斷言，每時每刻，世界的自由都仰賴他們維繫。昨晚，這裡一艘船也不見，明天早上，也許海灣又會再次空空蕩蕩，但是今天，對大戰而言至關重要且無比強大的手段，正在這片海域懷裡安然休憩。

我向同伴說道：「德意志帝國的皇帝得付出什麼，才能看到這一幕？」准將說：「如果他想利用這個情報，就得先把情報帶回去。」

「然後，他們大概需要四十八個小時，才能威脅到我們。」少將補充道，他是個相當注重事實和數據的人。

「但是，」我陷入悲觀的思考之中，堅持道：「如果有一支潛艇艦隊正潛伏在某些島嶼後方，如果有一艘齊柏林飛船飛過來，看到我們的艦隊，飛行員不能立刻告訴他們，把他們引導到這裡來嗎？」

我得到的回答如下：「如果在白天，我們就能看到飛船，也會啟航離開。如果在晚上，飛船很可能看不到我們，因為整條海岸線都是海灣。」

我堅持道：「假如有個間諜在海岸上向齊柏林飛船發信號，那艘飛艇就能不靠近海岸，向潛水艇打訊號。」少將說道：「長官，假設某人有一臺『探照燈』……」

接著我們登上鐵公爵號（HMS Iron Duke），花費整個上午和總司令約翰・傑利科爵士（John Jellicoe）[01]及他麾下的將領們討論許多大事，直到在旗艦上共進午餐，才有機會進行普通的對話。某人便提起探照燈的事，說在內陸約六十公里處，在獵鹿林中一棟像狩獵小屋的建築屋頂上設有探照燈。

「我們今天早上看見了一個非常可疑的東西。」我半開玩笑地向總司令說道，「你怎麼看？」

「您們是在哪裡看到的？」

我的同伴說明了約略的位置。總司令沉吟片刻，才說：「也許這其中有古怪。我們已經聽過好幾則關於那地方的負面流言。」他提到那座狩獵莊園的名字。「聽說那邊住

01 全名為約翰・拉什沃斯・傑利科（John Rushworth Jellicoe），一次大戰時為大艦隊總司令，指揮著名的日德蘭海戰，為英國贏得戰略性的勝利。

著一些外國人。我們曾經接獲報告，說戰爭前曾有一架飛機在那裡失事，還說之後有人也曾在那附近看過一架飛機，但我們無法追查清楚。」

「無論如何，」他補了一句，「他們要探照燈做什麼呢？」

我對情報處處長說：「《領土防禦法》（Defence of the Realm Act）賦予你正當且合法的權力，對吧？」

他答道：「長官，您的意思是，我們可以在回程路上親自到那兒盤查？」

我說：「如果我們有半小時的空閒，不妨把那臺探照燈的用途搞清楚。」

會議結束時，天色已經暗了下來，但在離開之前，我們從鐵公爵號的武器庫中徵用了四把手槍，放到汽車座位下。我們在夜色中急馳時，我忍不住想到，或許我們這是捅了馬蜂窩。如果那個讓人不安的假設真的成立，如果那臺探照燈的確是敵方用來發信號的工具，而那棟蘇格蘭狩獵小屋窩藏著一群鋌而走險的德國間諜，那我們可能就會像獵犬溝那些警官一樣，受到槍彈歡迎。然而懷疑和好奇攜手前行，冒險犯難的刺激感又讓這兩種情感更加炙烈。

准將說：「長官，我們很接近了。」他指示司機減速。「大門就在那片樹叢後，我今天早上才親自做了記號。」

我說：「我們最好下車，徒步走上去。如果發生什麼意外，司機可以回報。」我們口袋裡揣著手槍，一齊沿著車道前進，走了幾百碼，終於抵達一座石砌大宅的入口，宅第的一端矗立著一座高大的方形石塔。我們搖響門鈴，一名身材壯碩、打扮得體的管家適時來應門。我的三位同伴都穿著海軍制服，這樣的拜訪似乎嚇到了管家。

我們問：「這是誰的宅邸？」他說了屋主的姓名。「你的主人在家嗎？」他答道：「是的，先生。他正在和來訪的賓客共進晚餐。」

「請轉告他，有幾個海軍部的官員希望能立刻見他。」

管家轉身離去，我們則推開大門進入大廳。

沉默片刻後，餐廳的門打開了，交談聲也戛然而止，一位氣色紅潤、頭髮花白的紳士走了出來，他帶著煩惱的神色問道：「能為您們效勞嗎？」

「您是否在塔樓頂部架設了一臺探照燈？」少將問。

我必須在這裡插句話：我當時仍然相當懷疑探照燈是否真的存在。如果那兒真有個探照燈，如果這事確實發生，除了叛國以外，我想不出任何解釋了。因此，對方隨後的承認讓我相當吃驚。

「是的，我們的塔樓上有個探照燈。」

「您是什麼時候設置那臺燈的？」

「有一陣子了，我想應該是兩、三年前吧。」

「您為什麼要架設探照燈？」

「我怎麼有這個榮幸，讓您們大駕光臨？」主人如此回擊。「您們又有什麼權力問這些問題？」

奧利佛少將答道：「我們具有充分的權力。我是海軍情報處處長，法律賦予我充分的權力，調查任何可疑的事件。您是否願意立刻解釋一下這臺探照燈的用途？」

「啊。」主人打量著我，說：「我認出您了，溫斯頓・邱吉爾先生。」

我答道：「我們的問題是：『您拿探照燈做什麼呢？』」

一陣緊張的沉默，最後這位年長的紳士回答：「我們用它來找山坡上的獵物。我們可以從塔上看到好幾個狩獵區，鹿的眼睛會反射探照燈的光，讓我們知道牠們在哪裡休息，這樣我們就知道早上該讓獵鹿人去哪裡。」他接著又補充了幾句，這時可聽出他多了幾分興致：「而且，我們可以用探照燈分辨鹿和牛，因為牛的眼睛會反射出白色的光，但鹿的眼睛反射出的光會有一點綠。」這段話聽起來匪夷所思也不太現實，證實了我內心最深處的懷疑，我想我的同伴也如此認為。至少，沒有人接這段話。

我說：「我們想親眼看看那臺探照燈，希望您可以親自帶路。」

「當然。」不情願的主人如此回覆。「您們得爬上塔樓的旋轉梯。」

「您先請。」我們回答。

他打開一扇通往大廳外的門，第一級石階就在門後頭。我們進行了軍事部署，以免受奸計所害：海軍祕書在樓梯口待命，海軍少將、准將和我，則跟著這位年長紳士爬上蜿蜒的樓梯。這樣一來，我們至少有一個人質和一個據點，而且在莊園大門外，我們還有個聯絡人，可以喚來無限的增援。

那座塔相當高，我們順著樓梯旋轉了好幾次，才終於抵達塔樓頂部。那是個相當寬闊的方形平臺，周圍環著低矮的垛牆。平臺中央果然就是那臺探照燈，直徑約六十公分，是中型驅逐艦會搭載的設備，被螺栓牢牢固定在屋頂上。就我們看來，那探照燈相當堪用。

我問那位老紳士：「您指望我們會相信您的說法，相信您用這臺探照燈尋找遠方山上的獵物，還用動物眼睛反映的燈光顏色，來分辨鹿和牛嗎？」

「不管您們相不相信，我說的都是真話。」

「請您向有關當局解釋吧。現在我們會拆除您的這臺探照燈，以確保沒有人能繼續使用它。」

「請自便。」他如此回答，明顯滿懷怒氣。

我答道：「正有此意。」我們也依言而行。

接著我們便扛著探照燈的零件下樓，在冷淡的道別後，搭上等在宅邸大門外的汽車。

❖

我如實描述了整個故事，但在我看來，最出乎意料的部分還沒揭曉。那就是：這完全是虛驚一場。地方和中央的主管機關展開撤查，但卻毫無可疑之處。那臺探照燈在四年前便已經設置，當時似乎用來掃視山坡。一切證據都表明，自從開戰以來，探照燈就再沒有被使用過，其實在我們檢查的時候，它根本就已經無法使用了。那棟宅邸的主人是一位聲譽卓著的紳士，擁有毋庸置疑的愛國之心，當晚的賓客也都是可敬人士。不管是宅邸還是莊園，都找不到外國人的蹤影，而我們在鐵公爵號上聽見的流言——不論是戰前有一架飛機曾在那座莊園失事，還是有人曾在莊園附近目擊一架飛機，都未獲得任何證實。事實上，除了塔樓頂部的那臺探照燈，以及主人對其用途的荒誕解釋，我們可說是一無所獲。

雖然那座宅第的主人可能會因這場突來的夜訪與其暗示的懷疑，理所當然地升起怒氣，但他至少能以下述思考寬慰自己：在戰爭期間，更加動盪的地區，已讓許多人陷入更加不便的境地。至於我自己，我可以毫不猶豫地說，若再遇到相似的情況，我依然會做出相同的決定。

第八章

和擲彈兵相處的日子

With the Grenadiers

當英國政府決定放棄達達尼爾海峽的戰事，以及這場戰役承載的所有希望時；當軍隊即將撤出加里波利時，我認為辭去職務並投身軍隊實屬必要。我要求加入我的「女王第四驃騎兵團」（4th Queen's Own Hussars）[01]，當時他們正在法國戰區服役，駐紮地和布洛涅相距不遠。一大群收假的軍官和士兵從法國港口的汽船中奔湧而出時，我聽見一位運輸兵在喊我的名字。他說主帥約翰·弗倫奇（John French）爵士派了一輛車來接我，讓我立刻前往他的司令部。在南非時，約翰爵士一直對我抱有敵意，但在南非的戰事結束後，我們已成多年老友。我們共同面對了大戰前幾年的變故與波折；我們密切合作，做好萬全準備，倘若開戰，就能派遣法國遠征軍；我們在戰爭初期那關鍵的幾個月裡，一直保持最親密的關係。軍官座車很快地就將我帶到一座在聖奧梅爾近郊、位於布朗代克的城堡，那就是他的司令部。我們共進晚餐時，幾乎沒有旁人在場，而我們也就戰況進行一番長談，光景宛若一九一四年八月，那時我還是第一海軍大臣，必須在忙碌的時期將他的軍隊送過海峽。

直到翌日早晨，他才問我：「你想怎麼做呢？」

我說我會照命令行事。

他說：「我的權力已經不如以往，可以說是搖搖欲墜、孤立無援，但我還是有點話語權。你想率領一個旅嗎？」

我說能擔任旅長當然讓我感到自豪，但在擔起這種責任之前，我必須先親身參與壕溝戰，了解實際狀況才行。

我必須在這裡向讀者解釋，由於我在軍隊中受過大約五年的專業訓練，在大戰之前參與過的戰鬥數量，又幾乎贏過英軍所有的校官或將軍，所以我也算是擁有某些軍事資歷。我算不上正規軍人，但也不是志願入伍的平民。我算是「二度就業」，介於兩者之間。儘管這聽起來有些自以為是，但我相信，只要能在前線待上一、兩個月，親自了解這場大戰出現的新狀況，我就有能力擔起這個重責大任。

總司令完全同意我這番話，也說他會把我掛到任何我喜歡的師下面接受指導。我說衛兵師是最好的學校，他隨即邀請衛兵師指揮官卡凡伯爵（Earl of Cavan），在幾天後前來和他會面，在一場愉快的談話之後，我被正式派往這個著名的師。

衛兵師在梅維爾堅守前線。當時正值嚴冬，而這處前線的戰鬥相當激烈。

卡凡伯爵說：「我會把你派到我麾下最優秀的中校那裡，你從他身上學到的東西，會比跟著其他人更多。他的營明天就會上前線，如果你下午一點來拉戈爾德和我共進午餐，你之會還會有充裕的時間。」

01　一八九五年，邱吉爾自桑德赫斯特軍校（Royal Military Academy Sandhurst）畢業後，便加入女王第四驃騎兵團，擔任少尉軍官。或許正是因為這段經歷，他在此處特別加上了「我的」這一前綴。

因此，我在第二天整理好自認相當簡便的裝備後，就前往衛兵師的司令部，也受到英勇指揮官的由衷歡迎。吃過簡便的午餐，少將[02]親自開車送我到擲彈兵團的軍營，在我獲得更高的軍階以前，我將以少校的身分在這裡受訓。各連隊已經開始往壕溝進軍，而中校、他的副官和營參謀正準備啟程。他們微笑、敬禮，併攏後腳跟發出「啪」的一聲。師長和營部軍官們交換了幾句友好的客套話，接著伯爵閣下便驅車離去，把我留在這裡，有如受到校長、級長和學長監管的新生。我們將騎馬出發，追上已在約一．五公里外的士兵。我新的東道主體貼地給了我一匹小馬駒，馬兒一路小跑，很快就追上了行進的軍隊，我們勒了勒轡繩，讓馬放慢速度，和他們一起緩步前行。那是一個沉悶陰暗的十一月下午，越來越晦暗的平原上，下起了一陣冰冷的細雨。在我們接近戰線時，炮火發出的紅色閃光劃破了道路兩旁昏暗的風景，炮擊聲時斷時續。我們又繼續前進了大約半個小時，我和幾位軍官都沒有開口。

接著中校說：「我想我必須告訴你，你加入我們這件事根本沒有徵求我們的同意。」我以謙恭的語氣回答道，我自己也不曉得會被派往哪個營，但我相信一切都不會有差錯。總而言之，既然這事已成定局，我們就必須盡可能從中得益。

又是一陣持續很久的沉默。

接著換副官發話了：「我們恐怕得減輕你的裝備，少校。這裡沒有交通壕[03]，我們換防時得越過地面。士兵們幾乎把所有家當都穿在身上。我們幫你找了個勤務兵，他幫你帶著一雙備用的襪子和一套刮鬍工具。我們得把其他東西都留在後頭。」

我說這真的不要緊，而且我也相信我會非常舒適。

我們在同樣的陰沉寂靜中繼續前行。才過一會兒，沿途的景色就開始轉變。鄰近的原野上，彈坑越來越多，道路已遭破壞，遍地殘骸。聚落已被遺棄，千瘡百孔的房屋已成一片廢墟。禿樹傷痕累累，裂成兩半，周圍的草地和雜草長得又高又茂盛。夜幕降臨，除了部隊的腳步聲，以及附近大炮偶爾傳來的轟隆聲之外，完全是一片寂靜。

我們終於停下腳步。勤務兵走過來，牽走我們的坐騎。從這裡開始，我們必須徒步前進。四個連隊都離開道路，往不同方向緩慢前行，在黑暗中穿越三公里左右的潮溼田野。偶爾能在田野另一端看見發出強烈藍光的信號彈，標示出戰線的位置。

營司令部設在名為埃比尼澤農莊的破敗廢墟內。剩下的磚牆足以提供一些保護，抵擋炮彈和子彈，但並不足以讓敵軍認為這裡可能住人。在這些斷垣殘壁後面，有一個以沙包堆起的小型建築，裡面有三、四個隔間，這就是中校的指揮部。一堆木炭升起的火，為這個地方添上幾分難得的暖意。我們幾乎花了三個小時才走到這裡，據我猜想，

02　卡凡伯爵此時為少將。

03　為戰地後方與前線防禦位置中間的壕溝，可以聯繫兩地，也受到保護。

抵達時應該已是晚上六點半。上校和副官忙著指揮營進入前線，同時接收報告，了解我們接替的冷溪衛隊（Coldstreamers）的換防進展。事情都告一段落之後，我們配著加煉乳的濃茶，吃了一點東西。用餐時雖小聊了幾句，但下屬們顯然都對指揮官抱持極大的敬意，除非是指揮官主動開啟的話題，否則他們幾乎少有回應。大約八點左右，一名陣亡的擲彈兵被抬了進來，放在廢棄的農舍裡，準備翌日下葬。副指揮官問我想在哪裡睡覺。營司令部有一個通訊處，約一百八十公尺外則有一個防空洞。通訊處約〇・二坪大，已被四名忙著用摩斯密碼打電報的通信兵占據，而且那裡熱得讓人窒息。看過通訊處以後，我說想看看防空洞，因此我們便走出去，在雨夾雪中穿過溼透的草地。找到防空洞並非易事，而且打開手電筒顯然也被視為危險之舉。不過，我們仍在十五分鐘後抵達。那是一個深一・二公尺的坑洞，裡面的積水大約有三十公分深。我感謝副指揮官為了帶我來這裡所付出的辛勞，並告訴他，整體來看，我覺得自己待在通訊處會更舒服。我們稍微聊了聊當時盛行的「戰壕足」（Trench feet）[04]，接著他向我解釋一個名為「襪子院」（Sockatorium）的組織，就位在戰壕的其中一個防空洞內，負責不斷晾乾溼漉漉的襪子，再送回主人手中。當我們走回埃比尼澤農莊時，子彈劃過前線上空，發出沉悶的呼嘯聲。這就是我在擲彈兵團得到的歡迎。

成功和這群擲彈兵融洽相處，並建立延續至今的友誼，總是讓我深感自豪。他們對所有「政治人物」都抱持著自然的偏見，又特別不喜保守黨以外的政客，但大約過了兩天，這些成見就逐漸消退。由於我對職業軍隊有所了解，也擁有豐富多樣的經歷，因此他們無所不用其極地想挫挫我的銳氣，讓我明白軍階和行為是前線唯二看重的事，這讓我感到非常有意思。天氣仍然極度寒冷，但中校卻明顯地逐漸顯露出溫情。他不厭其煩且鉅細靡遺地向我解釋這個營的組織和紀律。我問他是否能每天早晚都和他一同巡視戰壕，他接受了這個提議，此後我們便在變化無常的天氣裡，或是踏過溼滑的地面，或是踩著水，或是舉著沉重的腳步，一同穿過雪地或泥濘，橫越子彈掃過的田野，在迷宮般的戰壕之中穿梭。如果那天子彈特別多，他有時還會變得格外溫和。

「如果你想知道任何事，都可以隨時問我。為你提供所有資訊是我的職責。」

「您的好意讓我十分感激，長官。」

「我很樂意效勞。」

「非常感謝您，長官。」

我們沿著「路標巷」（Sign Post Lane）行走時（眾所周知，這條路離新沙佩勒村不遠），四、五顆子彈劃破了空氣，以「啪噠」聲向我們致意。我評論道：「它們都飛得

04　戰壕足屬於足部非結凍性傷害，長時間暴露在攝氏十度以下的潮溼環境就容易發生，症狀包括發炎、紅腫、麻木等。

很高。」

「希望如此。」中校說。

我們當時總是這樣，每次都走上兩、三個小時，白天一次，晚上一次。他逐漸忘了我是個「政治人物」，也忘了「我加入他的營，根本沒有徵求他的同意」。

在我們離開前線的短暫休息期間，衛兵師直面敵人時一直保持的強烈紀律也大致鬆弛了一些。在我第一次「侵入」中校會所的前十天內，我幾乎算得上是一名無可指摘，從未偏離嚴格專業要求的正規軍官。副指揮官請假回家時，我受邀暫時接手他的責任，這絕對是我獲得的最高榮譽之一。這個提議也讓我大膽地對中校提出意見。我說，如果我能搬離營指揮部，和連隊一同住在前線，應該能更加了解壕溝的狀況。中校認為這個提議值得稱許，便為我安排妥當。但我必須向讀者坦承，在許多人眼裡，我的動機或許稍嫌不當。在前線時，營指揮部嚴格禁酒，除了難喝至極的濃茶加煉乳以外，完全沒有其他飲料，但壕溝裡的連隊食堂卻能稍加「放縱」。由於我一直相信人應該適當而規律地飲酒，在冬天打仗時這樣做更是有好處，因此我相當高興地帶著少少的行李，從埃比尼澤農莊搬進前線的一個連隊。早在戰爭開打幾年前，我便和該營一名叫愛德華．格里格（Edward Grigg）的軍官相熟，我也確信他會在條件允許下，給我最誠懇的歡迎。

我希望能將自己對這些偉大擲彈兵的欽佩之情傳達給讀者，這不只是我當時的感受，如今也仍銘感於心。雖然沒有爆發戰鬥或重大行動，但這部分的前線仍隨時處於戰火之中，炮擊和連續射擊從未停歇。天氣變化速度極快，天寒地凍在轉瞬間化為傾盆大雨，又在瞬息間變回極度嚴寒，沒人能保持乾燥或溫暖。從印度軍那裡接手的壕溝狀況最差：許多地方的胸牆不防彈、排水溝無法有效排水，鐵絲網還有嚴重缺陷。士兵得夜復一夜地在面向敵人的壕溝外側工作，加固胸牆和鐵絲網，令人心痛的是，在此期間，一波波傷兵不斷被送回醫院，而埃比尼澤農莊的墓地仍在擴大。軍官也會幫助士兵進行修整，在無人區（No Man's Land）[05]內走來走去，或坐在胸牆上幾個小時，看著士兵修繕，同時子彈則在夜色中呼嘯而過。每個早晨，炮彈都如雨般灑落在壕溝上，司令部接到許多回擊的請求，但並非每次都會批准。然而，整個營的精神是如此鮮明，即便是陌生人或訪客，也能感受到他們不屈不撓的勇氣，以及堅定的紀律。

❖

一個人活得越久，就越明白一切都取決於機遇，也越難相信主導所有人類事務的機

05　無人區是交戰雙方的壕溝中間的對峙地帶，由於暴露在敵方火力及其他攻擊手段之中，是相當危險、無人敢進入的地帶。

遇，僅僅是事件隨機相互影響的產物。對我來說，機遇、幸運、運氣、命運、宿命和天命，都只是代指同一事物的不同詞彙，也就是說，一個人型塑自己人生的一切努力，始終都受到更強大的外在力量支配。如果一個人回顧過去十年的經歷，他會發現，瑣事本身雖然微不足道，卻主宰了他的整體際遇和事業。普通生活的確如此，但在戰時極度緊張的生活中，機遇的女神揭下了所有面紗，脫去所有偽裝，赤裸裸地站在我們面前，一刻不停地直接裁定所有人與事。從你忘記帶上火柴的早晨就開始了；你還沒走一百公尺，就回頭去拿火柴，結果和十五公里外特意瞄準你的那顆砲彈擦身而過，而你無疑會因為發現自己堪堪避過這一飛來的橫禍而震驚無比。一位外國軍官意外出現，你便多逗留了半分鐘和他寒暄，另一個士兵替補你的位置，走進交通壕。轟隆！他從世上消失了。你可能會從某棵樹的左邊或右邊走過，而這決定了你將會晉升為軍團長，還是成為被送回家的傷兵，終生不良於行或癱瘓。你走在戰壕裡的「鴨板小徑」[06]上，每過半分鐘，一枚炮彈就會掉在你面前，你覺得繼續沿著走道前進實在魯莽，尤其你現在又發現自己剛好會走進危險之中。因此你改變方向，往左邊走了四十五公尺，但炮口也同時轉向，在你謹慎小心的當口，對你展開陰冷的笑容。

我們必須記得拉封丹的話：

人時常在逃避命運的路上，撞見自己的命運。

綜觀歷史，古埃及人對遺體的敬畏無人能出其右。他們最終的願望，就是保存現世生活留下的可憐殘骸，讓它們永享尊嚴和幽靜。他們在岩石深處鑿出墳墓，豎井通往地道，地道又通往豎井，而防腐師在這些隱密的設施內施展了驚人的技藝。人類從未付出如此艱巨的努力，以實現如此特殊的目標，但努力的結果卻和他們的期望背道而馳。事實證明，這也是招致相反結果的唯一方法。四千年後，國王與王子的遺體被人們從隱蔽之處拽了出來，放在布拉克博物館（Bulaq Museum）的大廳內，暴露在粗野且毫無同情心的注視之中。他們付出了無窮的心血、奉獻與技術，卻招來他們最不願看見的結果。這些觀察不禁讓我想提起我和擲彈兵團一同生活時，發生的一件小事。

我和連隊一同待在前線約莫一週後的某個下午，我坐在沙袋堆疊而成的狹小掩蔽處

06　鴨板小徑為一種木製格柵小道，常鋪設在壕溝底部，覆蓋汙水坑和排水孔，有助於士兵腳部不受積水所害，但相當溼滑，容易滑倒。

內，打算寫幾封家書。這個前線區域的地下水位實在太高，讓我們主要依賴臨時胸牆而非壕溝的保護，因此這裡也沒有一般認知上的防空洞。沙袋搭建而成的簡單結構，加上一片鐵皮浪板和一層沙袋蓋成的屋頂，就是我們唯一的保護所。早晨的炮擊已經停止，根據過去的慣例，之後應該會是一段平靜的時光。我拿出記事本和鋼筆，很快就沉浸在寫信之中。寫了大概十五分鐘，一名勤務兵出現在防空洞入口，以近衛師士兵特有的機敏風格向我行禮，才遞給我一份戰地電報。上頭寫著：

「軍團指揮官希望下午四點能在梅維爾見到邱吉爾少校。下午三點十五分，會有一輛車在『紅十字路口』等你。」

我和那位將軍已有長年的私交，但要一名軍官離開前線，的確是相當不尋常的指示，這也讓我好奇這次傳喚的目的。在白天穿越泥濘的田野，走上將近五公里，其中一大段路程還會暴露在敵人視野之下，傍晚時再辛苦地走回來，的確不是討喜的前景，但軍令不容質疑，我帶著薄怒收起寫到一半的信，穿上整套軍服，準備開始跋涉。兩名充當我們侍從[07]的高大擲彈兵正忙著整理防空洞。

連隊指揮官對我說：「你一定得帶上你的侍從，讓他幫你拿著外套。結伴同行總比落單好，而且他也知道怎麼在黑暗中回到這裡。」

於是我們便在幾分鐘後出發前往紅十字路口。我們才走了不到兩百公尺，就聽見炮彈接近發出的呼嘯聲。我環顧四周，看見四、五枚炮彈在我們剛離開的壕溝上方炸開。這場炮擊大約持續了十五分鐘。我把這件事拋在腦後，繼續費勁地穿越泥濘，努力朝「紅十字路口」前進。將軍到底找我做什麼呢？一定是有相當重要的事，否則他絕對不會以這種方式召喚我。

我終於抵達了約定的地點：坐落於格外危險的十字路口的一間破爛酒館。根本沒有汽車的影子。我不耐煩地等了將近一個小時，接著一位副官走了過來。

「您是邱吉爾上校嗎？」

我說我是。

他說：「派車來接您這件事出了差錯。車開到別的地方去了，現在已經來不及去梅維爾見將軍了。他已經回到安日的司令部。您可以回到您的部隊了。」

我說：「非常感謝你。能否勞煩你告訴我，將軍要我離開前線是為了什麼事？」

「哦。」這位副官輕鬆地答道：「其實也沒有什麼重要的事。他只是覺得既然要來這裡，就想和你聊聊。但以後也許還會有別的機會。」

我為此氣憤不已。由於這名參謀只是上校，因此我並沒有刻意掩飾不悅的心情，就

07 指擔任軍官私人僕從的勤務兵。

像他也毫不掩飾自己的漠不關心。現在天色幾乎已經全暗，而我得再次邁開沉重的腳步，走上一段冗長、溼滑且積水的路回到戰壕。我在黑暗中迷失了方向，大概花了兩個小時才找到路標巷。穿著全套軍裝讓我大汗淋漓，加上不停落下的寒涼雨水，我全身都溼透了。子彈沿著路標巷尖嘯而過，終於躲到前線胸牆後方時，實在讓我高興。我還得穿越錯綜複雜的戰壕，也就是還得走上一．六公里。我在一個月前還是內閣大臣，而那種久坐不動的生活沒給我多少鍛鍊的機會。我筋疲力竭，又十分口渴，便走進最近的連隊食堂，想討些喝的。

他們對我說：「哈囉，你今天運氣不錯。」

我答道：「我實在不這麼覺得，我可是被當成傻子耍了。」接著我也發表了一些尚稱得體的評論，指出軍團司令官將自己的社交欲望建立在下屬的痛苦之上確實不當。

軍官們說：「無論如何，你還是挺幸運的。等你回到自己的連就知道了。」

我完全不明白他們的言外之意。暢快地喝了一大杯兌水的威士忌後，我再度進入雨水與泥濘中，在十分鐘後回到我的連隊。離自己的掩蔽壕不到二十公尺時，一名中士向我行禮，說：「長官，我們已經將您的裝備移到〇〇先生的掩蔽壕去了。」

我問道：「為什麼？」

「您的掩蔽壕被炸毀了，長官。」

「有任何傷亡和損失嗎？」

「您的裝備沒事，但○○陣亡了，長官。您最好別進去，那裡實在慘不忍睹。」

我現在開始明白連隊食堂裡那些軍官的意思了。

我又問：「這是什麼時候的事？」

「大概在您離開五分鐘後，長官。一枚小口徑的高速炮彈從屋頂射進來，炸爛了他的頭。」

我對將軍的怒氣頓時完全煙消雲散，所有委屈都在一瞬間消失殆盡。在我走向新居所時，我思考著這件事，心想那位將軍肩負如此繁重的責任，卻還想著再和我見上一面，也願意對下屬展現禮貌，是多麼體貼的舉動。接著，從這些離奇古怪的思考中，升起了一種強烈的感受：有一隻手伸了過來，在緊要關頭將我從致命的地點移開。但這究竟是不是那位將軍的手，我就不知道了。

第九章

「塞子街」

‘Plugstreet’

每個人都記得老者在垂死之時會說的話：他的生命充滿了憂煩，但其中大多數從未真確發生。下述這場親身經驗，或許可用來佐證這讓人安心的思考。

一九一六年二月，我在法蘭德斯擔任皇家蘇格蘭燧火槍團第六營（6th Battalion of the Royal Scots Fusiliers）的營長。幾個禮拜以來，我們都守著「塞子街」[01]的樹林與村落附近的知名戰區。相較之下，這裡的前線還算平靜，士兵以六天為輪值單位，輪流進入戰壕防守，而他們所經歷的也只有局部炮擊、狙擊、戰壕突擊和反突擊，都是家常便飯。脫離前線時，我們能稍作休息的臨時住宿處和前線的戰壕中間，只隔著約二・五公里寬的平原，而這個時候，我們的壕溝只和德軍壕溝相距約二百七十公尺。在起居空間僅有約莫二・五平方公里的狀況下，我們預定要在這裡待上超過三個月。我休息時使用的指揮部，和我在實際堅守前線時所使用的指揮部，只相距大約約為九百公尺。因此，不管我們人在戰壕內或戰壕外，其實都沒有太大差別，我方士兵因炮擊失去性命的人數在戰壕內外也差不了多少。

我在上一個十一月加入軍隊時，我曾應總司令之邀，寫了一份報告，清楚說明我想到的嶄新攻擊方法。這份報告題為〈進攻的變體〉（Variants of the Offensive），涉及許多我深感興趣的機密計畫，包含大量投入「履帶車」（之後這些車輛被稱為「坦克」），配合煙霧及其他手段，展開出其不意的攻勢。這份報告在寫作當下的重要性（一九一五年十二月三日），最能從以下摘錄看出：

第三點、「履帶車」：這種車輛可切斷敵方的鐵絲網，也可全面控制敵方的射擊線。目前英國境內約有七十輛履帶車將告完成，應予以檢查。在所有履帶車都準備妥當後才應當投入使用。它們應沿著整條攻擊前線暗中部署，每輛間隔一百八十至兩百七十公尺。在突擊前十到十五分鐘，這些車輛應該沿著最佳的開闊路線前進，從預先準備的地點穿過或越過我方戰壕。它們能橫越所有普通障礙、壕溝、胸牆和戰壕。每輛車都配有兩到三挺馬克沁機槍，也可安裝噴火器。只有被野戰炮直接命中，才能讓這些車輛停下。一旦抵達敵軍的鐵絲網，它們就往左或往右轉彎，和敵軍戰壕保持平行，以火力掃射胸牆，並以稍微迂迴的方式輾壓、切割行經路徑上的帶刺鐵絲網。進行上述行動時，履帶車將非常靠近敵軍前線，以至於能倖免於炮兵的攻擊。持盾步兵便能透過這些開闢的缺口進攻。

「如果使用炮兵切斷鐵絲網，在攻擊前幾天，敵軍就會知道將受攻擊的方向，也會知道危險正在逼近。但如果用這種方法，幾乎可在切斷鐵絲網後立刻突擊，也

01 原名為「Ploegsteert」（普盧赫斯泰爾特），為比利時一地區，一戰時法蘭德斯的西部戰線之一，英軍以諧音「Plugstreet」（塞子街）稱呼此地。

就是說，可在敵軍召喚增援，或採取任何特別的防禦手段之前行動。」

我將打字稿交給總司令時，也寄送了一份複本給帝國國防委員會，在所有保密措施之下，這份文件被印了出來，而在一九一六年二月初，這份重要文件的校樣透過軍郵局，送到人在法國的我手上，當時我正身處前線的指揮部。禁止將機密文件帶到前線的規定相當嚴格且眾所周知，而當我在堆著沙袋、半毀的農場中盯著這份印刷品時，敵軍幾乎只距離我九百多公尺的事實，在我心中奇異地清晰起來。不過，我們破曉時就會回到約一點六公里外的臨時住宿處休息。到時候我會對校樣進行必要的修正，並讓一名軍官將其送到巴約勒鎮的軍團司令部，再由司令部寄回倫敦。

「塞子街」這一村莊的主體是一長排堅固的磚造房屋，有些屋子有四層樓高，只隔著平坦而潮溼的田野和敵軍相對。到目前為止，除了教堂以外，炮火並未對這個村莊造成多少傷害。雖然許多房屋都有破洞，但仍能完美遮風擋雨，住起來也相當舒適，大多數的玻璃窗也沒有破損。

然而，我營所屬的蘇格蘭第九師，恰恰受一位精力最旺盛的將軍指揮，他一直在煽動事態，轟炸敵方，而德軍也以持續的炮擊報復，最終讓郊野成了一片坑坑窪窪的荒野，已然面目全非。我休息時的指揮部設在一座紅磚砌成的女修道院中，這棟建築不大，至今仍毫髮無傷。我在一棟有間舒適且裝潢精美的房間，一扇大凸窗直接面朝前線，堪堪在敵軍的步槍射程外。窗戶前有一張寫字桌，而在事發當天約莫早上十點，我剛吃完早餐，之後就坐在這裡，開始處理我在戰壕內防守時堆積的信件，尤其致力於修改〈進攻的變體〉。

我應該工作了半個小時，接著我便因兩、三次爆炸聲而分神，那些炮彈落在大約兩百七十公尺外的田野上，就在這棟房子的前方。更遠處，在前線與「塞子街」森林的角落，榴霰彈爆炸產生的一團團白色煙霧顯示出不尋常的活躍。我暫停手邊事務，觀看這場炮擊，彷彿坐在劇院包廂內。幾分鐘過去，又有兩、三枚炮彈在一百八十公尺外爆炸，發出巨大的爆炸聲，但這一次是直接落在我面前的田野。接著，大概在一分鐘後，又飛來一枚炮彈。對於聽慣各種炮擊的耳朵來說，沒有比直直向你飛來，又在近距離爆炸的炮彈的聲響更令人不悅的了。你會聽見刺耳的尖聲逐漸轉變為呼嘯的破空聲，音量越來越大，音頻越來越高，滿載著迫近的威脅，直到面前飛濺起大量泥土，你才能確定自己分毫未損。這枚口徑十公分的炮彈，在道路另一邊、約莫四、五十公尺外的地方爆炸，發出可厭的巨響。這讓我想到我們的屋子（我們都叫它「又高又窄的房子」）很可能是敵軍的目標，而且下一發炮彈可能就會輕鬆正中靶心。同時，更遠的爆炸聲也從村莊其他地方傳來，這似乎表示「塞子街」即將受到敵軍的特別關照。

我們毫無防禦手段，但在我寫作的房間後面有一個小地窖，還有磚頭砌的屋頂。地窖裡早已躲了四個人：一位年長女士、她的女兒和兩位第六營的電信兵。這兩位女性是修女們離開後仍留在女修道院的平民。繼續坐在那兒，隔著一塊玻璃和接連不斷的炮彈相對，實在不是聰明的做法，但話又說回來，我對地窖的評價也不高。地窖的拱形屋頂看似堅固，但其實只有兩層磚頭厚，而且地窖已經如此擁擠，幾乎無法再容下另一個人，所以我離開桌邊，出了後門，走進隔壁那棟屋子，即我們的營辦公室。這兒也有面向前線的大片窗戶，但還有一間裡屋，這樣一來，至少還有兩堵磚牆隔在我和炮火之間。以野戰炮而言，兩道牆是不錯的防禦了：第一道牆防住爆炸，第二道牆則大概能防住炮彈的碎片。接著我就在這兒坐下，等著炮火停止。我把所有的信件和文件都放在窗邊的寫字桌上，至少我當時是如此相信。我不認為我是匆忙離開，但也沒有過分拖拉，可以說是不失莊重但又果斷的行動。

現在，「塞子街」開始承受有條不紊的第一波炮擊，村莊在炮火中逐漸化為廢墟。每一、兩分鐘就有一波炮彈飛來，有些在房屋前面爆炸，有些穿破屋頂，有些則在庭院和後頭的辦公室上空爆炸。炮彈接近時的尖嘯、爆炸聲、磚塊掉落發出的砰然聲響與碰撞聲幾乎連續不斷。沒過多久，我的副官也踏進裡屋，我們就坐在這裡抽菸，一開始還有些興奮，並未感到不快，但逐漸變得沉默和悶悶不樂。附近不時傳來的轟然聲響，讓我們知道旁邊的建築物已被擊中。炮灰像雲一樣從煙囪裡飄下來，我們現在看向後院，發現院子裡四處散落著磚石的碎片。就在我們眼前，一枚炮彈將對面的房屋炸出一個大洞。我們仍坐在椅子上，狐疑地將信任寄託在這兩面磚牆上。若一個人已經連續一個月生活在炮火之下，就不會對這一切大驚小怪。在那個古怪的時期，這是數百萬人習以為常的日常。

轟炸大約持續了一個半小時。炮彈的間隔越來越長，不一會兒，一切就都復歸寂靜。我的副指揮官神采飛揚地出現了。敵軍開始對村莊開火時，他正在巡視士兵的臨時住宿處，並在幾百公尺外沉靜地注視著一切，等待著他所謂的「雨停」。

我們一起回到「又高又窄的房子」。一進後門，便看見滿目瘡痍的景象。我曾經用來寫作的房間已然是斷壁殘垣。凸窗上方的磚牆破了一個大洞，陽光從那兒流瀉進來。桌子、家具、文件和所有東西都被震飛，亂七八糟地躺在地上。所有東西都蓋著一層又厚又細的紅磚塵。接著，那位年長的女士和她的女兒從屋子後面走了過來，兩人都驚惶不已，跟在她們後面的則是其中一位通信兵，臉上帶著笑容。

「哦，我的指揮官。」女孩說。「過來看看我們剛剛躲藏的地窖吧，有一顆炮彈直接掉進我們中間。」

我們跟上去，地窖的磚頂已經粉碎，地窖底部躺著一枚未爆的十五公斤長型炸彈。

這枚炮彈以陡峭的角度穿過凸窗的過梁，擊穿小地窖的磚砌天花板，直接落在這些擠在一起的可憐人中間，使其中一名通信兵受了輕傷，但其他三人都毫髮無傷。我們可以想像，這可怕的東西幾乎直接落在這兩名女性的腿上時，她們定是嚇得魂不附體，也覺得它會立即爆炸。她們承受的折磨遠遠超過死亡的痛苦。

在告訴她們必須立刻收拾行李、離開家園後，我回到殘破不堪的寫作室。由於炮彈沒有爆炸，所以沒有任何東西被燒毀，或是遭受嚴重破壞。我費了許多時間和力氣，整理我的文件、衣物裝備和私人物品。只需抖落蓋著所有東西的那層又厚又細的磚塵就完事，當時我也認為一件東西都沒少。然而，在我收集信件和便箋時，我開始覺得不太對勁：我找不到我正在找的那份文件——那是一份至關重要的文件，而往後的歷史也會證明這一點。最後我撿起了所有東西，擔任我侍從的勤務兵進來打掃，那份寶貴的文件卻哪兒都找不著。除了那份文件以外的東西都沒少，除了那份文件以外的東西都不重要。它不見了，完全消失了。那份文件是以怎樣的方法和形式被帶走的？肯定不是炮彈。如果房間被炸毀，那還說得通，但如果在一片狼藉的房間中，唯獨找不到這份文件，那一定是被某個人拿走了——而且他一定意識到那份文件重要無比。

現在我心中警鈴大作。「塞子街」所在的區域，是比利時人僅剩的小片土地之一。前線距離此地僅有數百公尺。我們的情報報告早已提出警告，指出仍舊居於此地的住民中，可能潛藏間諜。所有人心中都充滿著懷疑，所有可行的預防措施都會被實行。我的想像力開始編造出半打不祥的解釋。肯定有一個敵方特工藏在我們之中，他意識到我的信件可能具有相當的重要性，便日復一日地監視著，希望能一探究竟。炮彈擊中房間後，他在一片混亂中進入房間，毫無疑問受到那份文件上以紅墨水印刷的一行字所吸引：「本文件是國王陛下政府的財產」，便奪去那份文件，像他進來時一樣，迅速消失無蹤。他現在甚至可能正在前往某處，等著一架敵機在晚上帶他越過戰線。各種恐怖的可能性填滿了我的內心，補救辦法的靈感卻是一絲也無。這位女士和她的女兒都沒有在附近看見任何陌生人，但她們被嚇得魂飛魄散，無法給出確切的保證。通信兵忙著照顧他受傷的同袍。我們再次將屋子搜索了一遍，所有地方都搜了個遍，但找不到任何蛛絲馬跡！我在束手無策的焦慮中度過了三天。我上千次地責備自己：在軍郵局粗率地把文件寄到前線來給我時，為什麼我沒有立刻派一名軍官把它送回去？哪怕只有片刻，為什麼我竟然會讓這份文件離開我的視線？

這讓我回到了那位垂死老者的言論，也就是這個故事的開場白。現在我可以立刻緩解讀者的焦慮，同時澄清我的謹慎性格。到了第三天，我碰巧將手放進外套右邊內側的胸袋，我幾乎從未用過那個口袋，但我卻發現，我一直焦急尋找的文件就完好無損地躺在那裡。離開危險迫近的房間時，我本能地拿起最重要的東西並放入口袋。看見這份文件再次安然無恙地在我手中，我因欣喜與如釋重負而長舒了一口氣。天空下著雨，颳著刺骨的風，但「塞子街」那搖搖欲墜、千瘡百孔的屋舍，就像家一樣安全舒適。

第十章

U 型艇之戰

The U-Boat War

以大戰時期的海軍行動為主題的著作，已在適當的時機出版，這是整部作品的第五冊，也是最後一冊[01]。這本書涵蓋了海軍在大戰最後兩年內完成的所有工作，海軍寫下的所有故事，至此終於問世。但是，沉睡在書中的史詩是如此無趣而僵硬。這並不是一本激動人心的書籍。這本巨著不僅包含大量技術細節，還出自眾人之手，因此實在讓人難以下嚥。顯然，這位才華橫溢的史家必須將他所寫的章節提交給各部門和當局審查，而這些故事中的要角，顯然也都毫不猶豫地使用了修枝刀和橡皮擦。因此，這本書成了某種官方出版的大雜燴，既非直白無畏的敘述，也並非以公正詳細的眼光，對這場重大爭端的分析檢視。儘管如此，這本書豐富的材料是如此嚴峻而教人心驚，在書頁間行進的龐大戰爭機器是如此巨大而昂貴，其中涉及的問題是如此重大，讓這本有意以雜亂方式堆疊無數事件與細節的書籍，成為實至名歸的資訊寶庫，收羅了海戰最後那波瀾壯闊的兩年的一切消息。

要想了解最後一卷的主要議題，就必須了解大戰初期的情況。一九一四年和一九一五年，終於讓海軍部的策略洗去了汙名。在那段充滿壓力和緊張的時光中，人們對艦隊完成的艱鉅任務視而不見，也因此並未充分意識到其功績。敵方的所有商船都已經被趕出外海，所有運送糧食和增援的航道，都只為盟國而敞開。到了一九一五年四月，英格蘭主宰了海洋，其威勢之盛，就連納爾遜將軍（Horatio Nelson）[02]的時代也無法相比。安全受到充分保障，以至於幾乎被視為理所當然。在所有海域之中，德國只剩下兩艘仍在逃的巡洋艦：德勒斯登號小巡洋艦（SMS Dresden）悄悄潛伏於火地群島的冰川之下；柯尼斯堡號輕巡洋艦（SMS Königsberg）則無助地被禁錮在南非某個潮溼悶熱的潟湖深處。所有人都將這件事視為理所當然：對所有盟國而言，每一片海域都相當安全。在戰爭期間，從每個港口航向四面八方，既沒有受到保護也沒有受到限制的商船，只需不到百分之一的保險，就已足夠擔保損失。

這種驚人免疫的保證，就是停泊在斯卡帕灣的遙遠北港，幾乎一動不動的大艦隊。大艦隊以前所未見的方式主宰海洋，是大戰之所繫，是沉默、受到精心守衛而難以得見的戰爭關鍵。若沒有大艦隊，德國可能早已立刻發動海上攻擊，切斷盟軍所有的海上通訊，並威脅法國海岸的每個地點。若沒有大艦隊，德國巡洋艦與其他戰船將會肆無忌憚地穿梭在大西洋與英吉利海峽之中，且將會在幾個禮拜內完全癱瘓我們的海上交通，也會立刻實施無情的封鎖——兩年後，德意志帝國的U型潛艇將會為此目標苦苦掙扎兩年，但最後仍是徒勞無功。若沒有大艦隊，協約國的整體戰爭架構，肯定早在戰爭初期

01　編註：指 Julian S. Corbett & Henry Newbolt, *History of the Great War: Naval Operations*. (Longmans, Green, and Co, 1931)

02　赫瑞修・納爾遜為英國十八世紀末至十九世紀初期的著名海軍將領，官至中將，封為子爵，在從軍期間，多次帶領英國海軍邁向勝利，其中最知名的即為一八〇五年的特拉法加戰役，英軍在這場戰鬥中以少勝多，打敗拿破崙的法軍，確立海上霸主的地位。

就已崩潰。大艦隊是海上的「可靠盾牌」，法國賴此保護自己，而在整個大戰期間，在這面盾牌的護衛下，前往盟軍戰線或自前線歸來的士兵，共計有兩千二百萬名。

宣戰前便將大艦隊部署在斯卡帕灣的策略，獲得了即時而豐碩的成果。一九一四年八月底，皇家海軍突襲黑爾戈蘭灣[03]，取得輝煌幸運的戰果，也坐實了皇家海軍的威望。德皇的巡洋艦在自家的軍演場地沒入海洋，證實了他所有的自卑情結，也讓他接受了英國海軍力量在海上取得勝利。

德國海軍將領的野心因此化為泡影，並自然而然地打起潛水艇的主意。潛水艇是一種優秀、可怕且新奇的武器，在戰爭爆發之前，沒有國家測試過潛艇的威力和耐久度。但是，直到一九一五年二月，德國才決心使用這種武器來封鎖商業活動。馮．波爾（Hugo von Pohl）[04]獲准宣布德國將對英國進行首次封鎖。這是個影響深遠的決定，不顧乘客與船員的安危便擊沉商船的行動，招來全世界驚恐而憤怒的眼神，然而，英國皇家海軍並未將其視為嚴重的警訊。我們知道德國大約只擁有二十五艘U型潛艇，而且能同時出動的潛艇，最多只有三分之一。每個禮拜，大量港口都有數百艘船進出，這麼一小撮劫匪根本難以掀起任何風浪。這就好比有兩、三個獨眼的偷獵者，想要射殺同時穿過一條馬道的數百隻兔子。這群兔子幾乎每次都能全部逃脫，而盜獵者卻不停被獵場看守人追趕騷擾。一九一五年，我們甚至宣布將每週公告所有航行和沉沒的狀況，實際的數據也迅速證實海軍部的信心確實合理。德國的第一次潛水艇戰役並未對英國商業造成重大損害，影響幾乎無法察覺，另一方面，嚴峻的難題卻悄然逼近德國政府。擊沉中立國船隻的魚雷粉碎了中立國的善意。最後，盧夕塔尼亞號（Lusitania）的沉沒[05]喚來一場憤怒的風暴，也捎來一紙美國的外交照會，讓發生在英國海域的這場行動畫下句點。

一九一五年六月，第一次U型潛艇襲擊告終。此後的一年多內，英國在海上擁有不容質疑的絕對統治權，若自宣戰那日開始算，那麼英國就已主宰海洋將近兩年。除了波羅的海與黑海這些內陸水域，沒有一艘敵船劃破寧靜的大海水面。若大戰在一九一五年或一九一六年畫下句點，歷史便會如此記述：大艦隊雖未能在日德蘭海戰[06]中取得明確戰果，但英國皇家海軍的統治權仍紋絲不動。在這段平穩的時期之中，海軍曾有一個絕無僅有的好機會，能一舉終結陸戰與海戰。然而，這個機會卻在一九一五年的四月永遠

03 一九一四年的黑爾戈蘭灣海戰，英軍大艦隊伏擊巡邏的德國軍艦，由於受到突襲，數量與火力也不如英國艦隊，德軍吞敗，英軍受到人民的歡呼。這也是一戰期間，英國和德國的第一場海戰。

04 胡戈·馮·波爾為德國海軍將領，於一九一五年二月至一九一六年一月擔任德國公海艦隊的總司令，主張實施無限制潛艇戰。

05 一九一五年五月七日，英國郵輪盧西塔尼亞號被德國潛水艇擊沉，將近一千兩百名乘客溺斃，還有大量乘客失蹤，包含一百二十八名美國人。美國政府因此向德國提出嚴正譴責，其後於一九一七年加入戰爭時，也將其作為開戰理由之一。

06 一九一六年爆發的日德蘭海戰，是英國大艦隊與德國公海艦隊的交鋒。在此役中，德軍以較少的艦隊擊沉更多英國戰艦，取得戰術勝利，但未能突破英軍的海上封鎖，也無法戰勝大艦隊，因此可說英國取得戰略勝利。

消逝，在海軍最終放棄所有突破達達尼爾海峽的企圖時，機會便已溜走。但是，就算盟國陸軍在一九一五年遭逢許多不幸，海面仍然一片平靜。到了一九一六年，英國、法國和俄國取得的決定性勝利，再加上英國那無庸置疑且看似不可撼動的海軍力量，本有機會帶來和平。

與此同時，德國不停地製造U型潛艇，而且德國的海軍參謀也不斷吵嚷，希望獲准使用潛艇。公民政府和德國海軍產生了衝突——政府極度擔憂這將把美國和其他中立國拖入戰爭，成為敵對國家，德國的海軍將領們則篤定自己擁有足夠力量，能自英國封鎖的箝制之中解放祖國與其子民。這是一場為時甚久、冷酷而又激烈的爭執，不過，單是絕望這個因素，便左右了事件的走向。一九一六年，發生了凡爾登戰役的失敗[07]，索姆河戰役的壓力[08]，布魯西洛夫（Aleksei Brusilov）攻勢的驚詫[09]，以及羅馬尼亞的宣戰[10]，對德國來說，這是戰爭的第二個轉捩點。那些將會做出極端決定的人，受召掌握最高權力。興登堡（Paul von Hindenburg）和魯登道夫（Erich Ludendorff）大權在握，並且全力支持海軍上將。船舵一轉，一股嶄新的巨大推力，推著宰相和外交部長往前。他們提出警告，表示美國肯定會被拽進敵對陣營，但那些行事冷酷殘暴，適合擔起國家存續大任的人卻充耳不聞。

從一九一六年十月開始，德國潛水艇的行動越來越頻繁，沉船數量也陡然攀升。

一九一七年一月九日，德皇在普萊斯召開會議，而文官們不再反對這種極端手段[11]。一百艘潛水艇已經準備進行至關重要的任務。海軍上將們整理出清晰易讀的事實和數據，證明無限制潛艇戰必將造成每月六十萬噸位的沉沒量，而且在五個月內就能讓英國——敵方同盟的主要敵人與主心骨——跪地投降。德皇批准了臣下的決定。命令發布，宣言發表，無限制潛艇戰於二月一日開始，而美國成了致命的強敵。如果當時那些普萊斯的與會者，知道俄羅斯帝國將於幾個月後崩潰，知道陸戰將會出現新的勝利前景，他們必然不會下此豪賭。在他們發現風險更低的安全手段前，便下定決心冒險一試，是他們的命運。

海戰第一階段，德國的遠洋艦隊默然屈服於英國海軍的優勢力量之下。接著來到

07　德軍希望加重對法軍的打擊，迫使法軍投入全部兵力，耗盡法軍的戰鬥能量，因此計畫進攻凡爾登，但並未達到預期效果，法國並未崩潰。

08　為突破德軍戰線，逼使德軍後撤到法德邊境，英軍與法軍決定在索姆河發動攻擊，但未能突破，最終因天候惡化、道路泥濘而宣告作戰終止。這是一戰中規模最大的壕溝戰，也是坦克首次應用於戰爭之中。

09　布魯西洛夫為俄羅斯將領，也是該次進攻的指揮官。俄軍在其指揮之下，突破奧匈帝國防線的弱點，逐步推進前線。此次攻擊大敗奧匈帝國，迫使德軍將部隊調去東線，減緩凡爾登的壓力，是俄羅斯在一戰最輝煌的勝利。

10　羅馬尼亞於一九一六年八月答應加入協約國陣線，並向奧匈帝國宣戰。

11　指德皇威廉二世召開的皇家委員會會議，會議確定重啟無限制潛艇戰。

一九一六年十月，緊張逐漸加深，戰事已進入第二階段，英國皇家海軍和德國U型潛艇開始生死搏鬥。這是一場超乎人類迄今為止想像的戰爭，是一場超乎人們預料的殘酷而複雜的戰爭。所有已知的科學，所有機械學、光學與聲學的應用，都被徵召服務。這場戰爭屬於圖表和計算，屬於儀錶板和開關，屬於身兼英雄的專家，也屬於被爆炸與死亡打斷的緊繃耐心的思考。這場戰爭屬於那些受到捕獵，在深海之中窒息的船員，也屬於那些並未獲得援助或憐憫，就在港口遠方沉沒的大船。而這種可厭的過程，左右了世界歷史的走向。

❖

一九一六年的十一月和十二月，船隻沉沒的威脅暫時捲土重來，但是大眾乃至政府，都已經無比信任我們商船的安全，以至於必須再過一些時日，他們才會開始深切憂心。這波新攻擊無疑將會被迅速解決，對那些負責政治宣傳這門新興技術的人而言，這件事甚至令人愉快，因為能以此影響中立國和美國的觀點。但是攻擊並未止息，總沉沒噸位月月攀升。一九一七年二月三日，德國宣布發動無限制潛艇戰，美國大使隨後離開了柏林，但要等到四月六日，美國才會參戰。如此龐大的增援，似乎已讓盟軍的勝利成為定局。深陷困境的日耳曼帝國，如何能抵擋這股嶄新的大浪，如何能和一億兩千萬人為敵？但是，如果美軍無法橫渡大西洋——不，如果海域受到封鎖，無法運送戰爭物資、石油乃至食物，這座身為大戰主要推手的島嶼，這座等著餵養四千萬張嘴的島嶼，時常只儲備堪堪足夠三個禮拜補給的島嶼，會發生什麼事？

至今為止，英國的海軍力量都未受到挑戰，以至於我們看待此事猶如看待我們呼吸的空氣，根本渾然未覺。然而，空氣突然變得極其稀薄。炮火在法蘭德斯發出震天聲響，但在英國政府的各式圈子中，新的當務之急占據了人們的心。一九一六年十月和十一月，單由德國潛水艇擊沉的英國商船、同盟國商船與中立國的商船噸位，已攀升到每月將近三十萬噸位。一月時，沉沒的船隻噸位仍是二十八萬四千噸，二月，無限制潛艇戰開始後，沉沒噸位陡然爬升到將近四十七萬。根據德國海軍參謀部的計算，除去本國和盟國的軍需補給後，英國還剩下約一千〇五十萬噸的噸位數。只要船隻總噸位小於七百五十萬，英國就無法支撐自己了。如果每個月都能如預期般，讓沉沒量達到六十萬噸，只需五個月就能達到關鍵的七百五十萬噸位，根據簡單的數字邏輯，德國最可怕的敵人便非得投降不可。危險不僅致命，也步步進逼。現在無人再談起海上的決戰，或達達尼爾海峽之役，或在波羅的海登陸，或是對黑爾戈蘭灣的襲擊。敵人正在瞄準針對心臟的致命一擊，勒住咽喉的手也正在收緊。這究竟會成功，還是失敗？這是白廳[12]必須直面的問題。四月又出現一波陡峭的漲幅，帶著不祥預兆的手指毫無慈悲地往上游走。指尖指著八十三萬七千噸位的沉沒量，這是英國、協約國和中立國的總沉沒噸位數，其中英國船隻就占了五十一萬六千噸位。若我們當時知道這件事，就會發現這其實只與德國海軍參謀部承諾的數字相差五分之一！和U型潛艇的威嚇相比，大戰的其他方面都變得無足輕重，不值一提。

講述英國海軍史的最後一卷書，描述了無限制潛艇戰對戰時內閣、海軍部與海軍的影響，也提到應對這種危機的措施。防禦手段可分為三類。第一類手段是機械性方法。一九一五年，德國潛艇首次襲擊英國，雖然終告失敗，但英國海軍部在此期間做下的準備與對策，並未被後繼者忽視。我們已建造大量小型武裝船隻，也繼續生產這些船艦。一九一五年使用的計倆和設備已更加精進，也更加多元。會在特定深度爆炸的深水炸彈、用以偵測最細微的潛水艇引擎聲響的水中聽聲器、艦隊的搜索演習、炸藥、拖曳式水雷掃除器、裝有信號浮標的網、誘餌船、之字形的航行方式——上述一切都已投入使用。第二類手段包含海軍參謀部改組，以及創立反潛艇部門。然而，決定國家命運的唯一因素，卻是第三種權宜之計——護航戰術。

在這場大戰中，沒有比這更加引人注目的故事，也沒有比這更能指引未來的故事。那是一場歷時長久而緊繃激烈的搏鬥。一邊是政治家，他們是外行人，但獲得民主國會的授權，成為事務的領導者；另一邊是能幹、訓練有素且經驗豐富的海軍部專家，以及傑出的海軍軍官。令人震驚的事實是：政治家的判斷正確，而海軍部的權威看法錯誤。技術性的專業問題明顯超出政治家的範疇，但他們卻提出正確的觀點；這個問題是海軍部權威人士專業工作的核心，但他們卻錯判了答案。

第二件事也同樣值得注意。這群政治家，代表著陷入絕境、為國家生存奮鬥的文官權力，而他們征服、突破了偏見與錯誤論證堆起的山頭——也就是海軍部以最高海軍權威佐證、親自堆起的重重障礙。其他國家不可能會發生這種事。以德意志帝國為例，德皇和他的大臣必須對海軍專家提出的事實、數據和意見照單全收。當霍爾岑多夫海軍上將（Henning von Holtzendorff）宣稱無限制潛艇戰每月將使英國沉沒船隻的噸位達到六十萬噸，並在五個月內摧毀英國的戰力之時，當他以德國海軍參謀長的榮譽和良心提出這一點時，根本無法反駁他。興登堡和魯登道夫對他們的海軍同袍報以專業的忠誠，而文官們則在這難以理解的主張面前啞口無言。他們認為，若不採納專業建議，可能會被指控退縮或軟弱，也可能會剝奪德意志帝國的勝利乃至性命。他們理所當然地屈服，而一切便往災難奔去。

12　白廳為英國中樞政府機關的所在，因此也成為英國中央政府的代名詞。

然而，英國政治家是強大的人物（我們為了這些人的存在致上歉意），而且自認他們並非靠著他人偏愛才爬上那些位置。他們會問各種類型的問題。他們不會總是接受「不」這個答案。他們不會認為專家提出的事實和數據，就勢必千真萬確、不可動搖。如果以外行人的角度看來不合理，他們就不會受到專業權威的震懾。他們甚至會暗中獲取下級海軍軍官對相關問題的意見，並以此盤問、反駁海軍高階將領。政治家們的獵犬是莫里斯．漢基爵士（Maurice Hankey），他是帝國國防委員會的祕書，也兼任戰時內閣的祕書。他在海軍、陸軍、專業人員與政治等陣營都有合法的插足空間，而且也能在觀察每一種官方行動的正確性時，冷酷地找到出路。他的上司是勞合．喬治先生，博納．勞先生則是他的同伴。這兩位男士都有著敏銳透澈的心智能搜尋事實和數據。他們都不是囿於專業規範的人，也都不是會過分受到光鮮亮麗的顯要人士迷惑的人。尤其是勞合．喬治先生，他早已因為力量和詭計的奇異合作掌握了權力。他很肯定，若我們沒有贏得戰爭，他就會被吊死，也已做好充分準備，在此前提下擔起重責大任。

早在一九一六年十一月沉沒噸位數攀升時，這兩位大臣就已建議海軍部應出動護航船隊保護商船。這不是新穎的提議，在先前的戰爭中，護航一直都是常見的方法。大戰爆發初期，我國也曾使用護航策略保衛運兵船免受德國巡洋艦襲擊，並且大獲成功，完全沒有一艘運兵船沉沒。無論是大艦隊還是分散的戰艦中隊，都一直受到驅逐艦護航，免受U型潛艇的攻擊。

現在，讓我們看看海軍部與其專業部門的首長提出的反對意見，這些拒絕堆得有如山那般高。海軍部主張護航策略無法抵禦潛水艇的攻擊。首先，以物理條件來說，這件事就不切實際。商船無法在護航船隊內保持各自的位置，這些船隻肯定無法一起以「之」字型航行。商船的航速各不相同，所有船隻都必須和最慢的船保持相同速度。時間會流失，風險會提升，噸位容量也會被浪費。若遭受突襲，商船會立刻陷入恐慌。在護航船隊中間出現的潛水艇，可能會造成嚴重的破壞。這等於把太多雞蛋放在同一個籃子裡。根據海軍部的說法，每個禮拜進出英國港口的商船超過兩千五百艘。如果一艘護航艦一次保護超過三或四艘商船，那麼所有船隻都會陷入危險。能肩負這龐大任務的驅逐艦和小型艦艇在哪裡？我們並沒有足夠的船艦。扣除確保戰鬥艦隊的安全與巡視多佛海峽和狹窄海域的驅逐艦後，剩下的艦艇數量嚴重不足。

這就是海軍部反對以護航系統對抗無限制潛艇戰的重要事例，當然，這只是扼要的說明。我們必須承認，比這些更強而有力的理論闡述實在少見。一輩子都在海上討生活的能幹水手了解所有大海的困境和神祕之處，那是居於陸地的人無法知曉的事物，而他們真誠且深根柢固的信任為這些推理背書。若能在英國國境內，找到一股力量，足以用命令否決這些觀點並以實驗推翻這些理論，那將會是教人吃驚的事。不過，那卻是真實發生的狀況，若非如此，美國和歐洲的聯繫就會斷絕，英格蘭將會因饑荒而投降，德國則將贏得戰爭。

❖

在所有官方歷史中，落筆最謹慎的紀錄，當屬戰時內閣和海軍部針對採用護航制度與否的爭論。若是個外行人，就算仔細閱讀這些記載，也可能絲毫不覺這件事重要，甚至根本不清楚確切發生了什麼事情。雖然陳述了所有主要的基本事實，但敘述方法卻平板無奇，沒有強調之筆，事件順序也常常倒置反轉，以至於這些事件指向的嚴重後果被埋藏起來。我們必得獲得時序的鑰匙，才能破解密碼，讓隱藏的真實一一浮現——而許多真相其實讓人失望。

一九一六年十一月二日，當時阿斯奎斯先生（H. H. Asquith）仍是首相，勞合．喬治先生在戰時內閣的討論中，詢問大艦隊總司令約翰．傑利科爵士是否已制定任何計畫，以對抗在貿易航線上出沒的德國潛艇。大艦隊總司令承認他沒有任何計畫，博納．勞先生便詢問海軍為何無法採取護航制度。海軍參謀長回答，一次最多只有一艘船能受護航。第一海務大臣亨利．傑克森爵士（Henry Jackson）也補充自己的意見，認為商船永遠不可能靠得夠近，讓數艘驅逐艦環繞。當時，反對者擁有壓倒性的權威，具備絕對的話語權。沉沒帶來的損失不斷攀升，人們的擔憂逐漸加深，但這些不停滋長的憂慮完全無法撼動海軍部的觀點。升任為第一海務大臣的約翰・傑利科爵士證實了這一點。海軍參謀將他們所有的意見和威信集結成冊，在一月發表了一份備忘錄，以詳盡清楚的理由強烈抨擊護航系統。我們聽說，這份備忘錄無疑是海軍部整體意見的記錄。

> 因為那些職責與商船防禦更為相關的高級軍官的議事紀錄，也都表達了相同的觀點，或是幾乎相同的意見。

一九一七年二月一日，無限制潛艇戰開始，沉沒噸位數立刻飆升到令人心驚的高度。正是在這時，莫里斯・漢基爵士寫出了他著名的備忘錄，挑戰了所有反對護航系統的主要論點。勞合・喬治先生（現在已是首相）便在二月十三日帶上這些辯論利器，再次和海軍部權威討論這個議題。這份卓越的報告，以及新首相施加於海軍部的尖銳壓力，卻都無法撼動那些資深且掌握大權的海軍將領分毫。當然，這份報告中的許多事實與論述，的確都建立在海軍部初級參謀提供的資訊上，他們都隸屬於處理U型潛艇的海軍參謀部門。在海軍中，意見遵從嚴格的紀律，若沒有帝國國防委員會的管道與安全閥，或許這些意見根本就無法收穫成果，甚至只會埋藏於黑暗之中。這是一種根深蒂固、反覆灌輸的教條：海軍將領的意見，可能比上校更正確，而上校的意見，可能比中校更正確。但是，處理嶄新的問題，需要敏銳而大膽的思維，需要尚未受到長期例行事務束縛的心智，這時，這種教條的正確性便有可議之處。

然而，這一論點受到實際經驗的佐證。一九一六年年末的幾個月，和法國進行煤炭貿易的船隻遭受了沉重的損失。法國立刻建議採取護航制度，海軍部在二月七號聽從了他們的祈願。運煤船一起被派遣出航，並受到護航艦保護。這種新制度立即發揮了功效，三月，共有一千兩百艘運煤船在護航下往返英法，但只有三艘船沉沒。然而，海軍部參謀卻仍固執己見。不過，若考慮到他們做為推理依據的數據，他們會如此固執，也就不足為奇了。

大戰初期，在我們公布U型潛艇造成的損失，並和出入港口的船隻數相比時，我們曾誇稱每個禮拜有兩千五百艘船進出英國港口。以現實狀況來看，最多只有六、七十艘的驅逐艦，就算再加上武裝拖網漁船和其他小型艦艇的幫忙，怎麼有辦法護航進進出出的上千艘船？但是，「兩千五百」這個罪孽深重的數字，現在也受到了攻擊。亨德森海軍中校（Reginald Henderson）是一名年輕的軍官，任職於反潛艇部門，也和航運部有密切聯繫，正是他打破了這個長期受到承認的龐大障礙。數據顯示，兩千五百次航行包含所有超過三百噸位的近海船和短程運輸船的多次航行，但這些船隻並非我們生命之所繫，只有往返於世界各地的遠洋船隻才是關鍵。亨德森海軍中校於四月初期證實，維繫一切命脈、噸位超過一千六百噸的遠洋船隻，每個禮拜最低的出入航行次數，不超過一百二十至一百四十次。「兩千五百」這個數字，好比完全不穩固的地基，在這個基礎斷成兩半後，整座以邏輯論述蓋起的大廈便轟然傾倒。

四月的無限制潛艇戰相當激烈，在內閣的祕密圖表中，可以清楚看出英國本島的食物與軍隊補給逐漸迫近、時間極限，而各戰區盟軍的補給亦是如此。海軍部卻仍坐在他們先前主張的斷壁殘垣中，抗拒著護航。也許這是因為他們認為自己不只要負責每一艘海軍軍艦的安危，還要負責每一艘出航商船的安危，這種恐懼沉甸甸地壓在他們心頭上。無論根本原因為何，他們都依然故我。一九一七年四月十日，美國參戰，西姆斯海軍中將（William Sims）會晤第一海務大臣。第一海務大臣向這位美國海軍解釋了無限制潛艇戰的嚴峻現實，也敦促他為小型艦艇提供所有可能的援助。同時，第一海務大臣也說服他接受了海軍部的觀點：護航制度並不可行。西姆斯海軍中將把這一主張視為英國海軍科學最權威的論述，並轉達給母國政府。除了種種事件與論據累積的壓力，現在還多了由大艦隊軍官提出的結論。當時大艦隊已在奧克尼群島的朗霍普停泊數個禮拜，由大艦隊軍官組建的委員會，討論了斯堪地納維亞貿易航線的沉船問題，他們一致建議採取護航制度。不過，雖然第一海務大臣同意以這條航線實驗護航的成效，但他卻向戰時內閣彙報「仍在考慮」是否將普遍採用護航戰術。

因此，我們就這樣度過了讓人沮喪的幾個月，並未獲得一絲解脫。然而，現在事件已然邁入高潮。四月二十三日，戰時內閣與海軍顧問討論這個議題，討論結果完全無法讓人滿意。因此，四月二十五日，戰時內閣單獨決議採取決定性行動。他們一致同意，首相應該親自拜訪海軍部，「了解目前使用的所有反潛艇手段，因為最近的調查表明，目前應對無限制潛艇戰的努力，缺乏充分的協調。」這一拜訪飽含不言可喻的威脅。對負責的部門或專業軍人來說，這是最大的打擊。海軍當局意識到自己「不行動就得走路」。

二十六日，反潛艇部門的負責人向傑利科海軍上將總結道：「在我看來，我們顯然必須做好準備，以便隨時採用全面的護航策略。」二十七日，傑利科海軍上將批准了這個政策。四月三十日，當勞合．喬治先生根據內閣的決定拜訪海軍部時，海軍已完全接受公民政府的要求。他能夠向同僚彙報：

「由於海軍部對護航制度的觀點，已和戰時內閣完全一致，也因為才剛於某些航道採取護航制度，並在其他航道組織護航船隊，因此無須提出其他意見……」

當然，每個人都知道，護航制度最終成功抵禦了德國U型潛艇的攻擊。一九一七年七月，護航系統已正常運作。無限制潛艇戰已持續五個月之久，大英帝國卻仍屹立不搖。九月，終於開始撥雲見日。每月的沉沒總噸位數從八十萬噸下滑到三十萬噸。一九一八年二月，新建船隻噸位數的曲線和沉沒噸位數的曲線出現交叉。截至一九一八年十月，一千七百八十二艘大型船隻在護航艦的守衛下航向海洋，只失去了一百六十七艘船。盟軍並未放緩投入戰爭的氣力。美軍已經平安越過大洋，在這幾個月內，德國迎來末日只是時間的問題。

這個非凡的故事有兩個耐人尋味的後續。當海軍部作出著名的決定，同意採用護航系統時，第一海軍大臣向戰時內閣要求減輕海軍任務，放棄薩洛尼卡行動[13]，並自巴爾幹戰區撤出盟軍軍隊。他提出令人信服的證明，主張這能省下約四十萬噸的船運量。薩洛尼卡和巴爾幹半島的戰役是勞合・喬治先生熱衷的計畫，但是他在得知海軍部同意採取護航制度時，是那麼如釋重負，以至於在一九一七年四月三十日同意放棄計畫。法國也不得不同意。不過，一位在國際貿易部門任職的次長李奧・切奧扎・莫尼爵士（Leo

13　塞爾維亞為英國友方，但在一九一五年十月遭到德軍、保加利亞軍及奧匈帝國軍的攻擊，被迫棄國逃亡，英軍與其他盟國軍隊便決議於薩羅尼卡（現名塞薩洛尼基，為希臘北方都市）的港口登陸，援助塞爾維亞人。不過後來保加利亞軍並未再度追擊，盟軍成了東方戰線的一股力量，往北方和西方推進。

Chiozza Money），在航運部的支持下提出一份報告，說明若改自美洲大陸提供盟軍軍需品，而非像現在自世界各地運往當地，便可節省這四十萬噸船運，同時又提供現成的補給。我們採用了這個方案，因此薩洛尼卡的軍隊得以繼續戰鬥。正如我們目前知道的事實，一九一八年十月保加利亞的投降，導致日耳曼帝國最終崩潰。若非如此，德軍將會撤退到默茲河或萊茵河，可能會有另一年的腥風血雨席捲世界，造成另外兩、三百萬人傷亡，並從我們逐漸減少的財富中，再花去一百億或一百二十億。

第二件事的規模就小得多。一九一七年五月初，海軍部已經接受戰時內閣的意見，決定採用護航制度，並要求華盛頓的海軍部也採取護航行動。但是，美國海軍當局已從西姆斯海軍中將的報告中得知，英國海軍之所以採用護航制度，是由於政治干預，而非出於他們明智的判斷。因此，他們拒絕採用門外漢提供的外行建議，不願讓船隻暴露在這種風險之下。直到好幾個月以後，護航戰術取得豐盛而明顯的戰果，才消除了他們深重的疑慮。

在所有盟國中，所有海軍領袖都不願採用護航制度，正如在所有盟國與敵國中，所有陸軍領袖都不願理解坦克的重要性。在這兩個例子裡，擺脫困境的方法，都是外人或下級強壓在他們身上的。

第十一章

多佛阻攔網

The Dover Barrage

繞經奧克尼群島的潛水艇得花上將近一週的時間才能抵達位於英吉利海峽或其入口的狩獵場，但潛水艇若甘冒穿越多佛海峽的危險，航程便能縮短至一天。這樣一來，潛水艇就能在為期兩週的潛航時間中省下七天。如果較小的U型潛艇能安全穿過多佛海峽，那麼德軍擁有的潛艇數量幾乎等於是增加了一倍。因此，封閉多佛海峽以及毗鄰海峽的比利時港口是重中之重。自戰爭之始，在多佛海峽封鎖所有敵艦的需要，讓此地成為一個重要的指揮中心。培根海軍少將（Reginald Bacon）[01]在一九一五年成為多佛巡邏隊的指揮官，並於隔年設下一道橫跨海峽的阻攔網，始於古德溫，終於比利時沙灘。

這道阻攔網預計將發揮卓越的成效，而其名聲則奠基於一場奇妙的巧合。就在阻攔網設置完成的那一天，即一九一六年四月二十四日，身為德軍公海艦隊總司令的德國海軍上將舍爾（Reinhard Scheer），被勒令限制潛艇作戰。德國政府已決定在擊沉商船前，必須先讓船員與乘客下船。舍爾以召回公海艦隊下的U型潛艇做為抗議。因此在其後幾個月內，沒有一艘U型潛艇穿越多佛海峽，而潛艇暫時停止進攻一事，被多佛司令部歸功於這道新的阻攔網。

許多聰明果斷的人，便對這一阻攔網產生了堅定不移的錯誤信心。培根海軍少將正是這一錯覺的受害者，相信自己的阻攔網足以阻止U型潛艇。他是個有才幹的軍官，曾經過風雨，也嘗過勝利。他傾向以技術角度思考事情。他能制定出色的計謀，也對複雜的設計很有一手。他對比利時海岸的轟炸是高等數學的體現。在戰爭初期，他曾經幫忙研發十五吋的榴彈砲，花費的時間短得令人難以置信。在和機械、發明、組織或精確相關的領域之中，他幾乎無人能及。他是個出色的工具主義者。

一九一七年秋天，海軍部作戰參謀部甫才成立的計畫處，確信德國潛艇經常穿越多佛阻攔網，也認為對這些潛艇而言，阻攔網既非障礙，也毫無威懾之力。計畫處長海軍少將奇斯（Roger Keyes）[02]開始對上級施壓，一開始是殘酷的真相，接著是一系列的補救措施。最初的防禦工事，只有一道浮在水面上的鐵絲網、偶爾的巡邏，以及精心布置的雷區。那些批判我國戰前海軍配置的人，對海軍水雷的非難實屬公正。費雪勳爵（John Arbuthnot Fisher）[03]在之前的和平年代掌管海軍部時，總對水雷抱有敵意。負責此事的部門藏身於一個極度隱密且偏僻的角落，受到深奧技術門檻的嚴密守衛。不可否認，他

01　雷金納德・培根為英國海軍將領，以技術能力聞名，被認為是當時海軍中最聰明的人之一，亦出版許多著作。其於一九〇九年升為少將，一九一六年末升為中將，一九一九年退休時則升為上將，因此文內會以不同軍階稱呼。

02　羅傑・奇斯爵士為英國海軍將領，第一代奇斯男爵，一九一七年成為海軍部計畫處長，於一九三〇年晉升為海軍上將。

03　即約翰・費雪，為英國海軍上將，擅長工程設計，在一九〇四年至一九一〇年期間改革海軍，為英國於一次大戰時的海軍實力打下基礎。本在一九一〇年退休，卻在一九一四年受邱吉爾邀請，擔任第一海務大臣，之後卻因達達尼爾海峽一役和邱吉爾意見分歧，一九一五年自請離去。

們在戰爭初期製造的水雷幾乎難以保持在一定的深度，受到碰撞時也常常不會引爆，但就連這些瑕疵品也為數不多。當時海軍部的主要策略並未納入複雜的布雷和水雷反制，然而，現在大戰已經持續將近三年，由於缺乏連貫一致的海軍進攻計畫，水雷的重要性漸次提升。到了一九一七年年中，極為有效的新式水雷自工廠源源不絕地流出，到了十一月，多佛海峽便已布下新的深海雷區。

❖

一九一七年冬天，海軍部計畫處和多佛司令部爆發了一場激烈的爭論。奇斯少將宣稱培根中將現在的水雷阻攔網並未阻止U型潛艇穿越。奇斯公然表明，不僅應讓拖網漁船和流網漁船監視雷區，讓所有可用的小型船隻在水雷上巡邏，也應以明亮燈光照亮雷區並進行積極防禦。這樣一來，就能偵測到浮在水面上摸索前進、隨時準備下潛的U型潛艇的動向。一旦發現潛水艇，警報就會發出，激起一陣奔忙，大炮將開火，潛水艇將下潛，撞上我們其中一枚有效且會爆炸的水雷，從而離開這個世界。另一方面，培根中將主張燈光將警告潛艇，讓它們知道該避開雷區，再說，如果驅逐艦一直在多佛海峽上巡邏，那麼，德軍派出強大艦隊吞噬巡邏艦艇，也只是時間的問題。他也反駁道，潛水艇正在試圖穿越多佛海峽一說毫不可信。

任何人都能看出上述爭論有其道理。海軍情報處提供了所需的有力證據，證明計畫處的看法正確。一艘在淺水區沉沒的U型潛艇（UC-44號潛艇）已被打撈起來，而潛艇艇長的日誌則記述了每艘U型潛艇穿越多佛海峽的確切日期，就連完整的時間表和結局也一清二楚，穿越海峽的潛艇可說是川流不息。事實上，在U型潛艇的指揮官收到的指示中，甚至表明他們可以隨意潛行或航渡多佛海峽。不過，對德國的數據半信半疑也相當合理，雖然計畫處對其深信不疑，多佛司令部卻仍頑固自滿。

一九一七年秋末，計畫處開始批評多佛阻攔網的功效，並聲稱德軍的潛水艇正在培根中將的指揮區域中自由來去，中將對此既不高興也毫不客氣。在官方文件中，可看見許多語調冰冷的分歧意見來回傳遞。雷區是否應該獲得照明這一直白的問題，讓爭論達到了高峰。以強光照亮這些廣大的水域，讓駕著幾乎毫無自衛能力的拖網漁船的漁民警戒，這一光景似乎完全和戰爭背道而馳，我們幾乎可以說，常識駁斥著這種補救措施。但在這一點上，海軍部計畫處的意見正確，而這位人在多佛的中將則抱持錯誤看法。一個簡單的事實於此浮現：若沒有海面上的大力防守，這些阻攔網和雷區將毫無用處。

傑利科海軍上將（現任第一海務大臣），一開始站在培根海軍中將那邊，但最後計畫處說服了他。一九一七年十二月十八日，在第一海軍大臣艾瑞克．格德斯爵士（Eric

Geddes）的誠心認可下，傑利科指示培根實施計畫處的巡邏系統。幸運的是，在嘗試的第一晚就見了血。十二月十九日，一艘德國U型潛艇被摧毀。長期英勇指揮大艦隊，加上後來統領海軍部的工作，讓傑利科海軍上將耗盡心神，最後卸下了重擔。他的副手威姆斯中將（Rosslyn Wemyss）接替了他的職務，這位中將不太知名，但個性強硬，據說相當願意讓參謀發揮最大價值。培根中將也被解除了多佛司令部的職務，而計畫處處長奇斯，即目前為止最主要的批評者，則被派到當地接替他的位置，看看他自己是否能勝任這項任務。

儘管或許受到幸運女神的眷顧，但這一次的改變，再度帶來令人讚嘆的成果。在接下來的六個月中，有十一艘已識別的潛艇在多佛海峽的雷區或其周邊區域被擊毀。再加上護航船隊的保護，在英吉利海峽被擊沉的船隻數量急劇下降。對德國潛艇來說，穿越多佛海峽的航程變得極其危險。到了一九一八年，從澤布呂赫出發的潛艇，在注定到來的毀滅命運之前，最多只能航行六次。到了夏季，U型潛艇已經中止所有穿越多佛阻攔網的嘗試。

官方歷史巧妙而謹慎地避免強調這些事實，儘管如此，所有重要之事都存在其中。我們看見海軍內部發生了又一場衝突——在嶄新且略為不敬的年輕思維，與威嚴、古老且可敬的權威之間。這種例子會不停在公民生活與政治事務中反覆上演，我們可以在大型企業的管理、政府架構與政府的時運中看見這些事例。但是多佛阻攔網的故事，無疑為護航制度的故事寫下可供佐證的續篇。是首相、戰時內閣與第一海軍大臣維護了嶄新的專業思維的自由，讓其不受陷入困境的傳統權威壓抑。在這兩個例子中，文官的權力傾倒、壓迫，最終將事情推往正確的方向。

然而，新的多佛司令部也曾陷入糟糕的時刻。在明亮雷區上的巡邏船隻，為德軍提供了明顯的攻擊目標，而輪值的漁船則極度脆弱。燃燒照明彈的拖網漁船、流網漁船、軍用汽艇、蒸氣明輪船改裝的掃雷艦、老舊的燃煤驅逐艦、P級單桅戰船，以及中間的一艘淺水重炮艦——這些毫無作戰能力的小船，總共約有一百艘之多，全都處在探照燈的強光之下。這裡就如同和平時期的皮卡迪利街[04]一樣燈火通明，而這片海域上的居民所擁有的武裝，幾乎也不比街上的平民多。在東方數公里外，五支正在巡邏的驅逐艦支隊是他們唯一可能得到的保護。但如果進犯的敵艦避開這些船艦，屠殺似乎在所難免。接受這種駭人的風險正是奇斯觀點的核心，所有風險都經過審慎考慮，而這一危險後果最是輕微。但這個後果的確相當糟糕。

一九一八年二月十四日，德軍派遣他們黑爾戈蘭灣最為優秀的小艦隊指揮官，率領

04 為倫敦主要街道之一，商店林立，也有數間夜總會，氣氛熱鬧。

四艘最新、最大的驅逐艦前來，殘酷地襲擊多佛阻攔網區域上的拖網漁船。由於在黑暗中誤判訊號等諸如此類的原因，六艘正在巡弋的英國驅逐艦不可饒恕地誤將它們當成友軍，讓德軍以勝利之姿逃往北方。漁民都憤怒無比。他們認為皇家海軍沒能保護他們——這種保護不僅是海軍保證的，也是他們應得的。他們覺得自己每晚都暴露在無情的襲擊下。有那麼一段日子，他們對新的多佛司令部，以及整個皇家海軍都毫無信心。

已經預知到這一事件的培根海軍中將，認為自己的論點受到充分佐證。他覺得自己有權說：「我早就告訴你們了。」奇斯的名聲則懸於一線。幸運的是，一群擁有嶄新思維、態度堅定、因共同思想而多少團結一致的人，現在已經掌握了海軍部這一組織。奇斯在這場災難中倖存下來，而聖喬治節時在澤布呂赫發生的不朽史詩之戰[05]，不僅重燃海軍部對這位軍官的信心，也恢復了漁民對他們領導人的信賴。

這也贏得了大眾的讚揚與報紙的正面評價，就算其中多有溢美之詞，歷史也不會提出異議。

05　澤布呂赫突襲戰為奇斯策畫之行動，發生在一九一八年四月二十三日，目標是以在澤布呂赫港口與奧斯坦德港水道自沉封鎖船隻，以封鎖運河，並對兩個港口進行破壞，以此打擊德軍的潛艇攻勢。

第十二章

魯登道夫：孤注一擲

Ludendorff's 'All—or Nothing'

戰爭開打後，德國謀求和平的唯一機會落在一九一七年的冬天。那是個好機會。俄羅斯已然陷落，《布列斯特—立陶夫斯克條約》（Treaty of Brest-Litovsk）[01]已然簽署，強大的「蒸汽壓路機」（Russian steamroller）[02]成了溝渠中的笨重廢鐵，中央同盟[03]的帝國首次無須繼續擔心東方的戰線。魯登道夫[04]得以將百萬名士兵與數千門大炮派到西線去。自一九一四年的戰役以來，德軍人數首次贏過英軍和法軍。

美國已經參戰，嶄新且幾乎無窮無盡的人力資源為協約國而敞開。但美軍在遙遠的地方組織與訓練，每次只有幾千人橫越大西洋，且必得等上好幾個月的時間，這龐大、嶄新的戰鬥部隊才能於戰場現身。從俄羅斯陷落到美國首次展現卓越實力之間，是漫長而致命的間隔。正是在這段期間，危機悄然升起。

一九一七年四月，尼維爾將軍（Robert Nivelle）的攻勢[05]造成災難性後果，使法軍兵變，導致法國在這一年的剩餘時間裡，只能堅守防禦。英軍因此必須擔起主要的責任。法國的呼籲、法國即將崩潰的危機以及當時海軍部的絕望悲觀主義，又都刺激著英國高級司令部的這一僵化的觀念，因此激起英軍對德國防線連續不斷的拚命攻擊。

英國司令部誤以為英軍足以突破德軍前線，也從法軍暫時的衰弱之中找到充分的理由，強化了這一信念。「我們相信英軍能夠突破，但就算無法突破，我們也只能繼續攻擊，為落入目前這種處境的法國分擔責任。」結果是一系列精心策畫、堅定頑固的進攻：

四月的阿拉斯戰役、六月的梅森戰役，以及持續整個秋天的帕森達勒戰役。即使士兵不停犧牲，英軍仍未停下攻擊，直到帕森達勒戰役進入冬天，遠征法國的英軍士氣幾乎被法蘭德斯的泥濘和德國機槍的火力磨滅殆盡，攻勢才終於止息。德國的官方記錄如此記述：「雨，一直是德軍的盟友。」英軍穿越帕森達勒那不可名狀的彈坑區和沼澤迷宮，進行最後一次絕望的突襲之時，我軍已「流盡鮮血」。死傷人數將近三十萬。梅寧紀念拱門刻著數萬名士兵的名字，人們從未自受到炮火摧殘、經歷激烈戰鬥的廣大沼澤中尋獲他們的遺體。

01 一九一八年三月三日，同盟國和蘇維埃政權在布列斯特—立陶夫斯克（現今位於白俄羅斯境內）簽訂《布列斯特—立陶夫斯克條約》，簽訂此和平條約後，俄羅斯得以退出一次大戰，免受德軍進攻，但也失去了烏克蘭、芬蘭、波蘭與波羅地海區域的歐洲領土。

02 「蒸氣壓路機」為俄羅斯帝國陸軍的暱稱。在一戰期間，俄軍被視為最強大的軍隊之一，他們人數龐大、力量驚人，且行進速度緩慢，因此獲得「壓路機」的綽號。

03 一次大戰期間，德意志帝國與奧匈帝國為首的聯盟被稱為「同盟國」，又因為這兩個帝國位於歐洲中央，因此又稱為「中央同盟」（Central Powers）。

04 埃里希・魯登道夫為德國著名將領，在一次世界大戰後期，德意志帝國的軍事策略大多為其所主導。一九〇八年，他進入德國總參謀部，一九一六年，他和興登堡獲得德軍最高控制權，一九一八年，他對西線的英法聯軍發動總攻擊。

05 羅伯特・尼維爾將軍在一九一六年接替霞飛將軍（Joseph Joffre）成為法軍總司令，但一九一七年四月到五月發動的尼維爾攻勢（Nivelle Offensive），並未如他預期突破德軍防線，反而造成十二萬名法軍傷亡，因而引發法軍譁變，之後由貝當將軍繼任法軍總司令。

這一年便如此過去。法軍仍未復甦，英軍舉步維艱，美軍仍在遠方。此時俄羅斯已然崩潰，德軍最高指揮部得以在西方戰線投入巨量增援，德國政府也獲得巨大的協商空間。俄羅斯在歐洲的領土，全都壟罩在德軍的威勢之下，或處於德軍可達之處。布爾什維克主義者已經斷絕了和盟國的所有聯繫，他們拒絕承擔任何義務，其中也包含迄今為止盟軍應對俄羅斯承擔的神聖義務。現在還有誰在意俄羅斯呢？沙皇落入他的謀殺者手中；忠誠的軍官和軍隊已被驅散或毀滅；試圖履行自己職責的自由派人士與知識分子的成效不彰，他們要不是被屠殺，就是正在流亡。俄羅斯斷絕了和西方盟國的所有聯繫。德軍已在戰場上拯救了自己的國家，現在是德國施展治國之道，讓帝國從自己召來的駭人災難中脫身的時候了。

帕森達勒的炮火逐漸平息，英軍的進攻陷入冬日般的寧靜，敵我兩方的政府此時都獲得自省和喘息的時間。就連堅毅不屈的英格蘭，也曾經歷動搖之刻。戰爭驟然歇止，給予人們感受創傷的時間——那的確是既深刻又可怖的創口！就算已到了一九一八年一月或二月的大戰晚期，如果德國願意完全自比利時撤軍，並和法國就阿爾薩斯－洛林地區的問題[06]達成和解，再加上德國自俄羅斯得利的計畫，也許就能建立談判的基礎。

但是，身為第一軍需總監的魯登道夫，躍升為德國總參謀部的領導者，不只掌控了軍事，也掌控了政治，而且他反對談判。戰爭帶來的現實已讓德意志帝國的皇帝淪為戰時局勢的擺設。德意志帝國的政體和英國與法國相異，無法藉由國會機制放逐那些魯莽粗暴卻大權在握的人。軍事考量凌駕於德意志帝國的其餘一切。德國總參謀部按照自己的意思處理每件事，而現在，這個熱切又強大的組織，這個既是德意志帝國的力量，又是德意志帝國末日的組織，其實是以魯登道夫的獨裁專政為行事方針。

從這兒，我們看出了這位非凡之人的核心特質。他愛他的國家，但更愛他的任務。他的任務就是不惜一切代價取得勝利，就是即使戰敗已然注定，也要在此之前竭盡所有資源，嘗試所有機會，燒毀身後的所有船隻，不留一點後撤的餘地。而他的確還有一個極佳的機會！

投入西線的一百萬名額外士兵與三千門額外大炮、魯登道夫和興登堡[07]花費整個

06 一八七〇年爆發普法戰爭後，法國最終戰敗，將此地割讓給德國，但直到一次大戰爆發之時，割讓一事都激起了法國的反德情緒，也對法國經濟產生影響。一戰結束後，此地區才重回法國統治。

07 保羅．馮．興登堡為德國著名將領，在一戰中官至陸軍元帥，擔任德國總參謀部總參謀長，魯登道夫為其副手，兩人主宰了德國的政治與軍事，但最後兩人施行的無限制潛艇戰使美國參戰，最終導致德國戰敗。

一九一七年打造的龐大炮兵部隊，以及使用突擊部隊和滲透戰術[08]的新穎攻擊計畫。難道這些不能帶來機會嗎？在打出很有可能是王牌的最後一張卡牌之前，德意志帝國就棄局不玩了——難道德國要在歷史上被這樣記載嗎？不，德國總參謀部在向公民政府回報已用盡每個機會、已榨乾每絲力氣之前，他們的責任是不會結束的。有句話說的好：「讓其他民族冷靜的想法，卻會點燃德國人的激情。」這個偉大的計畫，這場皇帝會戰（Kaiserschlacht）[09]的攻擊規模與強度是前所未見，使用的方法和戰略也是前所未有，很有可能自災難那緩慢咬緊的巨顎中奪下勝利。這個計畫本身，以及這個計畫將會引發的結果，難道不是罕見的心理命題嗎？制訂出這種計畫、動員這種力量、推動一連串的連鎖

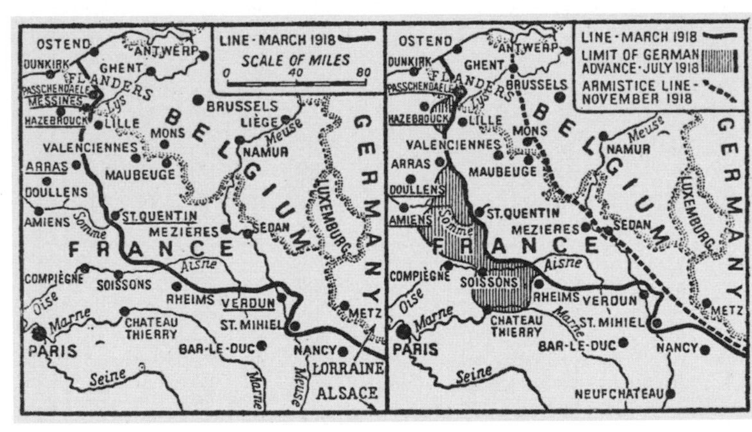

一九一八年三月西方戰線德軍攻勢地圖

影響、進行這樣一場豪賭——這本身就相當出色，不是嗎？

因而，十一月十一日，魯登道夫在蒙斯召開了一場會議。這是充滿命運色彩的一天，因為正是在一年後的這一天，大戰畫下了休止符；這也是充滿命運色彩的地方，因為正是在這裡，英軍開了大戰開打後的第一槍和最後一槍！這是真正掌權之人召開的祕密會議。德意志帝國的皇帝、德意志帝國的各個國王和親王、軍長和軍團長、宰相、外交部長、帝國議會的重要人物——全都被排除在外。

在這裡，我們處理的是精確、冷血、殘忍而龐大的事務。這裡只有德國總參謀部的高級參謀，只有知道自己在說什麼的人，只有共享同一種專業語言的人，只有以戰爭術語思考戰爭觀點，並且拋棄其他所有考慮的人！這場聚會的規模非常小，只有精挑細選的少數人才能出席，但這些能幹的專家卻戴著馬眼罩，牢牢盯著前方的工作——他們分內的工作。他們通曉自己專業領域的艱澀知識，卻幾乎對其他領域及更宏大的領域視而不見。

魯普雷希特王子（Rupprecht）集團軍的參謀長庫爾（Hermann von Kuhl），皇太子

08　滲透戰術指的是攻擊部隊在未被敵軍發現的狀況下，穿越或進入敵軍控制的領域，目標是占據敵方陣地後方的優勢位置，並只讓少量友方部隊暴露在敵軍的防禦火力之中。

09　此攻擊行動又稱為魯登道夫攻勢（Ludendorff offensive）或是德國春季攻勢（The German Spring offensive）。

的部下及其軍團參謀長舒倫伯格（Friedrich von der Schulenberg），魯登道夫的高等計畫制定者魏澤爾（Georg Wetzell），以及魯登道夫本人。

大前提：我們的火炮、軍需品和兵力終於再度充足，能重啟西邊戰線的攻擊行動。我們可以在美軍抵達之前，就將法軍和英軍殺得屁滾尿流。我們有六個月的時間。

隨之出現的問題：我們到底該怎麼完成這個目標？魯登道夫已經表示：「我們必須擊敗英國人。」

疑問：我們該在法蘭德斯靠近阿茲布胡克的地方擊潰英軍，還是該在法蘭德斯南部靠近聖康坦的地方擊敗英軍？這次北方進攻有許多優勢。但有一個至關重要的阻礙。

三月進攻還為時尚早，因為那時的天候會太惡劣，土地也會太潮溼。我們沒辦法等到四月或五月，因為我們在和時間賽跑。美國人即將抵達，而且我們已經教會協約國製作芥子毒氣的方法。因此，我們必須盡快向英軍發動攻擊，也必須盡可能在南方前線戰鬥，以確保天候適合進攻。故而魯登道夫提議占領並固守索姆河戰線，並認為主力部隊應往西北方進攻，這樣就能包圍英軍前線，逼使他們後撤，「將他們丟入大海」。

庫爾主張進攻法蘭德斯，若有必要，他也願意再等上一個月。魏澤爾則支持繼續對凡爾登發動攻擊。在十一月十一日會議過後，為期六個禮拜的討論之中，他都主張攻擊凡爾登會帶來最好的結果，因為這能結束和「戰略自由」的法軍的爭端。根據他的說法，攻擊法蘭德斯能收穫戰術和戰略的雙重效益，但他認為，那只適合在總攻擊的最後階段使用。如果德軍在三月時襲擊法蘭德斯的英軍，法軍可在南方發動進攻，緩解英軍的壓力；然而，如果在凡爾登攻擊英軍，三月氣候造成的地面狀況將阻止英國搬來援軍。魏澤爾強烈批評攻擊聖康坦一事。發動奇襲將會相當困難，因為那裡是「非常安靜的前線，敵軍會發現我們的準備」。英軍和法軍都能派來增援部隊。德軍在前進時會穿過索姆河戰場的毀損地區，也會在途中遭遇許多德軍和協約國軍隊遺留的舊防線。然而，魏澤爾無疑遵從了其上司的觀點，並忽略了他自己提出的論點。出於某種奇怪的矛盾，魏澤爾最終提出針對英軍的兩波進攻：第一波是在三月的第三個禮拜進攻聖康坦（在這個兄弟會的祕密行話中被稱為「米迦勒和瑪爾斯」），第二波是在第一波攻擊的兩個禮拜後，對阿茲布胡克的進攻（代號為「聖喬治」）。

此時，魯登道夫已在兩名參謀長的陪伴之下巡視過整個前線，也已和五名可能參與進攻的軍長討論此次攻擊，最後他在一月二十一日明確表態，放棄進攻凡爾登和阿茲布胡克，雖然有許多反對意見，但他仍決意襲擊聖康坦。那是魯登道夫做出的決定，也是他獨自作出的決定。

❖

以下是負責前去折磨英軍的炮兵部隊：三百七十五支野戰炮組，兩百九十七支重型大炮組和二十八支超重型大炮組。若以大炮數量說明，就是第十八集團軍的兩千五百門大炮、第二集團軍的一千八百門大炮、第十七集團軍的一千九百門大炮，總計六千兩百門大炮。

以下是折磨英軍的方法：

凌晨四點四十分開始，共計兩個小時：五十分鐘的毒氣攻擊，針對我們的炮兵、戰壕迫擊砲、指揮部、電話交換局和軍火儲備處；十分鐘的突襲射擊，針對我們的步兵陣地。這兩種分別歷時五十分鐘和十分鐘的攻擊會重覆一次。

用以確認射程的射擊總共十分鐘，一共會進行三次。

接著是共計七十分鐘的射擊，用以威嚇就戰鬥位置的步兵。

然後是七十五分鐘的持續射擊，但這次會有火力特別激烈的特殊時段，分別長達十五分鐘和十分鐘。

最後，以五分鐘準備步兵衝鋒。

在這可怕炮火的掩護之下，三月二十一日破曉之際，六十六個德國師將襲擊由十九個英國師固守的前線。

讀者會注意到戰爭的藝術已然沉淪到如此地步。在這個悲哀而墮落的時代，戰爭藝術的最高形式，僅僅只是龐大機構集合成一體，機械化地屠殺人類。戰爭已經淪落到有如芝加哥養殖場的境地。整體而言，這次攻擊的風格一如黑格（Douglas Haig）在帕森達勒之戰中的指揮風格[10]，但攻擊力度更加強烈，規模更加宏大，是戰爭史上最可怕、最無情（這場戰鬥完全沒有一絲個人元素）的一場戰役。然而，正是戰爭事業的這種規模和機制，讓魯登道夫為之神魂顛倒。這些正是他傾盡一生得出的計算結果。這正是他畢生所學提煉而出的精髓。這些都是熱切、精確、具體的觀點。在仍有剩餘時間時和協約國講和，以及用犧牲卑劣的俄羅斯為代價，雙方在西方戰線彼此各退一步——這些更宏觀的論點，似乎根本無關緊要。那些具備才幹的德國工業家在冬季對他提出現實的警告，告誡他繼續作戰的危險性，但他卻將這些意見掃到一邊。對他來說，這一切都只是模糊、蒼白、稀薄的霧氣，而他那顆巨大且炙熱的炮彈正在中央。射出這顆炮彈，拉緊彈簧，按下按鈕，並釋放受到壓抑的巨大能量，似乎本身就是一種目的。

10 黑格伯爵在此戰役中採取的戰略成效不彰，甚至使英軍傷亡慘重，被視為一戰期間著名的消耗戰，也被視為軍事指揮官漠視士兵的象徵。

這種心境和一個軍人再相配不過。在專業領域中，全神貫注於特定主題並沒有錯，我們也不能責怪一位將軍以將軍的角度思考自己的職責。這是魯登道夫的問題。這絕對不是德國的問題。德意志帝國從宣戰的那一刻開始，便因發現敵人如此眾多而驚恐不已；便因敵人無法磨滅的鬥志、意志力，以及那股令人畏懼、不停增強的憤怒而大受震撼。在此之上，德意志帝國還必須面臨糧食、肉類和生活雜貨的短缺。德國一直渴望找到一條出路，而那兒的確也有一條路。

❖

冬季緘默了帕森達勒的炮火，然而各盟國之中，各式各樣尖刻、悲哀或討價還價的聲音都清晰可聞。連一絲希望都不存在嗎？德國的人民想著：德國這座家園正在燃燒。華美的豪宅深陷火海，消防員開來性能最優秀的消防車，以無畏的氣勢和火焰搏鬥，但火勢正在蔓延，似乎會燒到天荒地老。這棟建築物隨時可能坍塌，所有待在裡面的人都會隨之葬身火海，他們所有的身家也都會一起燒毀。現在，東邊門口的上方，突然出現字跡清楚、被燈照亮的「緊急出口」四個大字，但他們卻不被允許使用。

德國的軍事領袖對軍事知之甚詳，對其他事務一概不知，卻自認有能力決定國家政策，也確實成為了帝國政策的裁決者，而這正是德意志帝國的致命弱點。在法國，整個大戰期間，就算是在最黑暗且最動盪的時刻，就算政府的根基已然顫動不穩，公民政府自始至終都掌握著最高權威。總統、總理、戰爭部長、議院，以及那名為「巴黎」的驚人綜合實體，都擁有擊垮任何軍官並將其棄置一旁的力量。在英國，國會基本上處於休會狀態。報紙讚頌著將軍，或說是讚頌著士兵——這些將軍如此稱呼自己。但是，政治的等級制度與政治位階仍穩固存在，若願意冒著地位動搖的風險，就能和「銅帽」（Brass hat）[11]一搏。在美國，公民具有壓倒性的力量，以至於這個國家的主要需求是培養和提拔尚未成熟的將才。在德國，卻無人公然反對德國總參謀部，讓這些軍事領袖的意志和特殊觀點與國家的整體利益保持一致。

我們可以想像一艘航向戰場的大型蒸氣戰艦。艦橋上只有穿著華麗制服的人體活動模型，擺出的動作由發條裝置控制，說出的演講則由留聲機播放。這艘船艦已全盤落入工程師的掌握之中，他也藉此進而接管了整個艦隊。許多事情正在發生，但他看見的不足十分之一。他怎麼可能知道外頭的狀況？畢竟他把自己鎖在深深海面之下的引擎室裡，離裝甲甲板那麼遠。他已加滿所有鍋爐，他已擰緊所有安全閥，他已將船舵卡死為

11 銅帽為英國對軍官的非正式稱呼。

正舵。他只會叨念著瘋狂的命令：「全速前進。」

亞歷山大大帝（Alexander the Great）、漢尼拔（Hannibal）、凱撒、馬爾博羅公爵（Duke of Marlborough）、腓特烈大帝與拿破崙，都對戰爭的全貌有著透澈的理解，魯登道夫雖然精通其中一部分，卻也只了解那一部分而已。為了勝利而甘冒所有風險，是一種極端的高貴特質，我們也絕對不能貶低其價值。但是，要想帶領國家撐過末日，還需要其他素質。然而，在德意志帝國中，那些素質若不是根本不存在，就是受到殘酷的壓抑。

現在不是描述三月二十一日那場大規模戰鬥的時候。所有人都知道，英國的第五集團軍防線是如何被逼著往後彎曲，犧牲了十五萬名士兵，丟失了一千門大炮；所有人都知道，德軍在向亞眠進軍時，是如何向不斷擴大的突出部挺進；所有人都知道，貝當將軍（Philippe Pétain）是如何決定斷絕與英國軍隊的聯繫，保留所有法國軍隊以保衛巴黎；所有人都知道，儘管如此，那條薄弱的戰線卻從未斷裂；所有人也都知道，英法兩國是如何攜手前行，一如他們在過去那破碎絕望的四年中的表現，在奪下勝利之前，這種羈絆注定不會斷開。在這裡，我更關心更廣泛的反應。

魯登道夫的進攻引發的危機和危險，激發了盟國和美國最卓越的行動。針對德軍防線那讓人心碎的長期攻擊已然停止，取而代之的是為生命而戰的嚴肅奮鬥。自從第一次馬恩河戰役以來，盟國就將勝利視為理所當然。也許勝利會遲到許久，也許盟國會付出慘重，但他們從未懷疑，勝利必將實現，且將是完全的勝利。犧牲眾多生命的徒勞攻擊，並非為了贏得戰爭（因為勝利似乎已然收入掌心），而是為了向不願求和的敵人施加最嚴厲的壓力。但這種攻擊卻也為分歧的意見提供廣闊的空間，就算是那些已毅然踏入戰爭的人，也會提出不同的意見。一九一七年的秋天，我們在《每日電訊報》（*Daily Telegraph*）上看見第五代蘭斯當侯爵（Lord Lansdowne）的投書[12]，也聽說社會主義者召開的斯德哥爾摩會議[13]；有波旁的西斯托王子（Prince Sixte de Bourbon）的協商[14]，也有史末資將軍（Jan Smuts）和門斯多夫伯爵（Albert von Mensdorff-Pouilly-Dietrichstein）在

12 第五代蘭斯當侯爵為前外交大臣，其投書呼籲英國政府和德國展開談判，換取妥協的和平，但招致眾多批評，軍方與政府也沒有採用此提議。

13 一九一七年，來自各國與各種背景的社會主義者決定在斯德哥爾摩召開和平大會，試圖共商出讓世界永遠和平的途徑。

14 奧匈帝國的卡爾一世希望能經由協商尋求和平，因此委託妻子齊塔的兄長，波旁—帕爾馬的西斯托王子為密使，和法國祕密協商，但最終失敗。

瑞士的會談[15]。

現在，所有疑慮都已被遣散摒棄。現在，問題已經不是為了對敵人施加嚴苛條件而戰鬥。落敗似乎已成定局，而且會發生在美國前來分擔戰事之前。這場災禍雖如此沉重，卻重振了英國和法國的士氣，讓兩國的軍隊恢復精力，也激發了美國最劇烈的努力。沒有人想到和平或和平協商。這個對抗德國的強大同盟具備的戰鬥決心，從未如此激烈而堅定。英國全境的軍需工廠、礦場和工廠都受到一輪徹底的搜刮，兵役年齡提高到五十五歲，將十九歲的男孩送往前線，這讓將近二十五萬名男子得以迅速渡過英吉利海峽。失去的一千門大炮在一個月內便已補齊，而英軍也經受住德國大軍一波接一波的襲擊。「瑪爾斯與米迦勒」的怒火釋放之後，「聖喬治」在阿茲布胡克降臨於我們面前。儘管如此，防衛也未曾潰堤。

直到三月二十一日為止，美國都以精心計畫、有條不紊且必然漫長的方式準備軍隊。雖然這個偉大的聯邦共和國參戰的時間已超過一年，但法國境內只有六個美國師，而且只有兩個師在前線。美國指揮官理所當然會以部署軍隊為目標，最理想的狀況是以軍團和軍的單位部署，但至少得以師為單位，並且最終將所有單位集結為一支偉大的美國軍隊。大西洋兩方的訓練和準備都無休無止，但與此同時，盟軍也因德軍的魯莽攻擊而面臨崩潰的嚴重風險。勞合．喬治與克里蒙梭提出最熱切的請求，呼籲美軍提升遠赴歐洲的速度，並請求美國預先派來大量步兵，不必等待編組成師，而是和英、法兩軍的旅乃至營混編之後上前線。

戰敗隔天，潘興將軍（John Pershing）、他的軍隊同袍與他的政治同僚一起通知法國政府，言明身在法國的美軍將會進入戰線，去到任何他們能貢獻力量的地方，不管他們是否已經受過完整訓練或仍處於訓練階段。英國請求威爾遜總統（Woodrow Wilson）派遣數十萬名美國步兵，與僅接受部分訓練的大量美國師橫越大西洋，而英國人在憶起這位總統時，將會永遠伴隨著他對瑞丁勳爵（Marquess of Reading）的回應：「大使，我會盡我所能！」

從美國師橫越大西洋的紀錄，可以看出承諾履行的過程。在二月、三月和四月期間，只有四個師抵達。但是到了五月，總統的決心獲得全國人民的支持，從此開始發揮效果。五月有八個師橫渡大洋，六月有八個師到來，七月又有四個師渡海，八月有六個師抵達，九月還有五個師前來，每個師都有將近三萬人。在四個月裡，總計約有百萬名士兵揚帆啟航，從新世界航向舊大陸給予援助，英國皇家海軍則保護他們免受潛水艇危害。儘管只有少數幾名美國鐵道工程師在英軍前線戰鬥，在魯登道夫對英軍的襲擊徹底

15　一九一七年，英國派遣史末資將軍和奧匈帝國的伯爵兼外交官門斯多夫進行和平協商，但兩方並未達成共識。

失敗之前，也只有四個美國師進入戰線，但是，這些由健壯男子集結成的龐大兵力持續湧入歐洲，讓正在掙扎奮鬥的盟國得以相信，他們最後無疑會取得勝利。

❖

但是英法復原的高峰和轉捩點，是發生在三月二十六日的杜隆。法國的克里蒙梭、龐加萊（Raymond Poincaré）、福煦（Ferdinand Foch）和貝當，與英國的密爾納（Alfred Milner）、黑格和威爾遜（Henry Hughes Wilson）見面。情緒如此麻木，氣氛如此黯淡。不論是軍官還是政治家，這些男人都已因戰爭而傷痕累累，也變得冷硬堅強，而現在他們面對著最嚴峻的現實。法國人眨著憂鬱的目光，低落地沉思著他們的盟友遭受的巨大失敗，也想著以鋪張犧牲重新買回的法國領土，又再次落入侵略者的掌握之中。他們的軍人以苛刻的眼光看待盟友明顯的失敗。第五集團軍完全精疲力盡、無法入眠而又憔悴不堪，在勢不可擋的德軍大潮面前退縮，看起來似乎完全沒有軍事價值。某一天，克里蒙梭告訴我一件事，他也已在回憶錄中提過這個軼聞——某位軍階最高的法國將軍曾指著黑格對他說：「在兩個禮拜之內，站在那裡的那位指揮官若不是被迫投降，就是眼睜睜地看著自己的軍隊在空曠的戰場上潰敗四散。」不知道那位將軍究竟是誰！

英國人則記得他們在一九一七年用盡全力、損失慘重的孤軍進攻：他們千瘡百孔、步履蹣跚的師，是如何迫於法國加諸的壓力，將他們的前線延伸到這慘不忍睹的戰線來，以及貝當送來的法國援軍又是如何拖沓而稀少。他們對貝當的冷酷決斷目瞪口呆——兩天前，貝當切斷聯繫，並放任他們自生自滅，必要時「被扔進大海」。

但這不是責備的時候。在隻言片語之間，是漫長的沉默。黑格已經準備好犧牲他長期掌握的獨立指揮權，只要這能讓他獲得更多法軍的助力。克里蒙梭則下定決心要不遺餘力。他說：「問題不是能從法軍前線調走哪些師，而是這些師能多快抵達現在的戰場。」在「法蘭西之虎」的注視下，冷靜鎮定而訓練有素的指揮官貝當將軍，已經重整了自己的思緒。現在，他宣稱必須不計一切代價保衛亞眠。然而，當下需要的是福煦那永不熄滅的鬥志。人們冒著所有風險，決意團結一心，並一統法國和法蘭德斯整體戰線的指揮。

在這場挫敗的戰鬥裡，進逼的炮火發出轟隆聲響，不停灌進所有人耳裡，在這危及存亡之秋，福煦接受了那莊嚴的任務，而且在獲得輝煌的勝利之前，他都不會放手。

第十三章

和克里蒙梭共度的一天

A Day with Clemenceau

德軍於一九一八年三月二十一日突破我軍防線。其後那陣子，我常睡在軍需部的辦公室中，以便醒來後隨時投入工作。三月二十八日清晨，我奉召前往唐寧街會晤首相。他只見他在床上，被四散的幾堆報告與電報圍繞，壟罩在疲憊與負擔形成的灰暗之下。他從天亮就埋首於報告之中，艱辛、緩慢地消化資訊，用紅色鉛筆畫記、標示出引起他注意的要點。這堆資訊來自世界各地的權威機構，卻互相矛盾，他努力從中理出一個清晰的觀點。只有最好的資訊才會送到他手上，這些極其重要的訊息，都是經由無數管道收集與篩選而來，每個重要的戰爭行動區域，都將報告內容壓縮至極限，僅包含最關鍵的事實、最機密的情報和最具影響力的意見。然而，不論如何去蕪存菁，送到首相手中的文件仍如此繁多，就算他早已掌握濾出重點的訣竅，也須花費二至三個小時迅速瀏覽，才能勉強處理完每日湧進的訊息。

勞合．喬治先生問：「你能暫時脫身，到法國去幾天嗎？」

我說，我們已經採取措施來替補失去的軍火，而在補充軍火期間，就我個人而言，是有一定的空閒。

「很好。」他回答。「我不明白法軍在做什麼。他們會盡全力阻止德軍侵入嗎？如果他們不這樣做，德軍就會突破我們的防線，推進到海邊。我們的總司令部似乎不知道法軍打算做什麼。報告提到法軍幾個師抵達這處，另外幾個師則到了另一處，但他們的目的到底是什麼？軍隊正在行軍嗎？會有好幾十萬的兵力前來支援嗎？他們從哪裡來，又會在什麼時候到達？我想知道這些。你能去那邊看看，找出答案嗎？去那裡見所有人，以我的名義，去見福煦[01]，去見克里蒙梭[02]，親自了解法軍是不是正要採取重要的一步。」

西敏公爵是我唯一的旅伴，我們約在早上十一點出發，搭乘驅逐艦橫越英吉利海峽。在搭車前往巴黎途中，我們停留在英軍設於蒙特勒伊的總司令部。傾瀉而下的雨水匯聚成激流，在這寧靜而古老的小鎮中，沿著寂靜而空曠的街道流淌。這正是指揮英軍六十個師的所在，而有超過一半的師正在血戰。拉巴賽以南的戰鬥最為激烈。第五軍團的殘餘兵力正越過索姆河周邊崎嶇的舊彈坑地，退回亞眠。拜恩（Julian Byng）和他所指揮的第三軍團正身陷激烈的纏鬥。從英軍前線的每一處，從英軍後方的每一個補給站和學校，每個可調動的師，每個可動員的後備部隊，每個能扛起步槍的士兵，都被集結起來，用鐵路和汽車迅速送往前線，以阻止德軍駭人的進攻浪潮。上述之事我都明瞭，

01　費迪南・福煦為法國陸軍高階將領，在一次世界大戰末期，擔任法軍元帥與協約國聯軍總司令，是帶領協約國邁向勝利的主要人物。

02　喬治・克里蒙梭為法國著名政治家，有「法蘭西之虎」的稱號，時為法國總理，為協約國勝利做出巨大貢獻，是戰後凡爾賽條約的制定者，亦為主導巴黎和會的三巨頭之一。

然而，這可說是軍隊神經中樞所在地散發的寧靜氣息，或幾可說是昏昏欲睡的氛圍，和八、九十公里之外那綿延四十公里的前線上，危急、激烈且轟鳴聲震耳欲聾的戰況，形成了如此奇特的對比。各辦公室的日常工作都如常進行，完全見不著一絲激動或忙亂。下午總司令正在騎馬。若不是熟悉這場大戰情況的人，恐怕難以相信，這場史上規模最龐大、最血腥、最重要的戰役之一，竟然是由這裡巧妙而高效率地指揮和執行。

我在參謀長位於軍事學院的辦公室和他見面，他手上的所有資訊都已傳送到倫敦。在我們談話的空檔，那些從停戰或處於休戰狀態的前線區域抽調而來的師，都由他以電話指導後續的動向。看著他，便明白他深知自己受到命運掌控。這場戰爭正吞噬著他的後援；敵軍仍源源不絕地湧入缺口；敵軍的前線不停挺進；每從較平靜的區域調走一個師，那些防守變得較薄弱的區域就會遭到一波痛擊。大量證據表明，德軍部隊和火炮在英軍陣線的北部大量集結，隨時都可能爆發另一波強大的攻勢。我們已失去超過十萬名士兵，他們或是陣亡，或是被俘。我們也失去了上千門火炮，而數以萬計的傷員正湧入醫院、返回英格蘭，就算我國可用的資源如此龐大，也處於極限負荷之下。

法軍會怎麼做？他們會以決定性的力量反應嗎？他們會從南方發起強烈攻擊，打入德軍不停擴張、形成一個突出部[03]的南翼嗎？若非如此，英軍和法軍將被迫分開。參謀長用地圖向我展示法軍的布署情況——實際採取行動的只有少數幾個師，但他並不敢妄稱自己明白法軍的主要意圖，以及他們執行任務的軍力。就在這時，一封電報傳了進來，稱德軍已經占領蒙迪迪耶。「他們盡力了，毫無疑問。」這是他唯一能說的話。

此時，雨仍不停傾盆而下。我們繼續往巴黎前進。亞眠正遭受敵軍的轟炸，但我們經過時，並未見到任何炮火；從亞眠到博韋的路上，也沒有任何炮彈落下。薄霧和雨勢如同毛毯，掩去大炮的火光，汽車引擎的轟鳴，將遠方的隆隆炮聲淹沒。法國軍隊將博韋的街道擠得水洩不通，旅館內則擠滿了軍官。一個軍團的指揮部剛剛抵達。軍人不停從停靠在車站的運兵列車中湧出。我們在午夜抵達巴黎，下榻於奢華的麗思飯店，那裡幾乎空無一人。

翌日清早，我要求時任英軍代表的薩克維爾—韋斯特少將（Charles Sackville-West），前去拜訪克里蒙梭先生，解釋我此行的目的與性質。他在中午時回來，帶回「法蘭西之虎」的回答：

「溫斯頓・邱吉爾先生不僅應該親眼看看所有情況，我明天還會親自帶他去戰場，我們會拜訪所有參戰的軍長和軍團指揮官。」

整個下午，我都埋首於巴黎軍需工廠的事務之中，當時這些工廠的規模相當龐

03 在軍事術語中，突出部指的是突入敵方領土後，三面被敵方包圍的區域，突出部的軍隊可攻擊敵軍後方區域，但太過「突出」也可能會被截斷補給線，成為孤立無援的部隊。

大。每隔半小時，德軍的長程火炮就會炮擊巴黎，傍晚還發生了一場混亂、喧鬧但相對無害的空襲，讓我們分了心。明天早上八點，我們就要從戰爭部前往前線。

三月三十日早晨，五輛軍用汽車將聖多米尼克街占得滿滿當當，每部汽車都裝飾著小緞面三色旗，彰顯出最高權威。克里蒙梭先生準時走下戰爭部的寬敞樓梯，一秒不多，一秒不少，他的軍事首席顧問及兩、三位高級軍官也陪同在側。他以流利的英語和我打招呼，友善而不失莊重：

「我親愛的威爾遜．邱吉爾先生〔原文如此〕，你來這裡讓我很高興。我們會帶你去看所有東西，我們會一起到各個地方去，親自看看所有東西。我們會去見見福煦，見見德貝尼（Marie-Eugène Debeney）。我們要見見所有的軍長，還要去找優秀的黑格[04]，也得去看看羅林森（Henry Rawlinson）[05]。所有已知的資訊，所有我知道的事，你都會知曉。」

他和顧問一同上了車，飛速離去。戰備部長盧歇爾先生（Louis Loucheur）邀我和他同搭第二輛車，在聯軍體系中，他和我的職務相對應。參謀們則坐進其他車輛。我們一越過巴黎的屏障，便以時速七十公里或更快的速度前進。車輛在泥濘的道路上顛簸前行，還會不時跳起。在我們往北方疾馳時，被一道道壕溝刻下猙獰疤痕的鄉村地帶一閃而過。我們一路飛馳時，巴黎和這座城市飽含的深刻焦慮，從心中和眼中逐漸淡去。我有許多事情需要和盧歇爾討論。我們所有的軍需工作都緊緊交織在一起。若德軍的攻勢持續推進，來到巴黎的常規轟炸距離內，我們兩個都將面對最嚴重的問題。我們所有的大型設施，包括幾間至關重要的飛機工廠，都得及早搬遷，也許要往南方挪個幾百公里。但是，若要從目前的勞動力中抽調出工人，讓他們準備新的工廠，勢必會降低我們的產量；再說，除非軍隊所需的飛機和其他方案突然出現嚴重混亂，不然巴黎的工廠必須運作到最後一刻。現在敵軍的前線已經如此靠近首都，以至於種種複雜的問題都直接擺在我們面前。沉浸在各式各樣的討論之中，讓我們將沉重的絕望感拋在腦後，那是在這段日子裡，沉甸甸地壓著心口的感受。

不到兩個小時的車程，博韋主教座堂的尖頂便映入眼簾，又過了一會兒，車子便在市政廳前停下。克里蒙梭下了車，我們也跟著走出車外。我們以快速而沉穩的腳步走上石砌的臺階，抵達一樓的一個大房間。雙扇門打開來，新晉大元帥福煦站在我們面前，他現在是盟軍西線戰事的總司令。在簡短的問候之後，我們進入了房間。魏剛（Maxime Weygand）及另外兩、三名軍官也和福煦在一起。我們總共大概有十二個人。門關上了。

04　道格拉斯・黑格為英國陸軍元帥，在一次大戰期間，長久擔任駐法英軍的總司令。

05　亨利・羅林森為英國將領，一九一六年升為中將，指揮第四軍。以在一九一六年的索姆河戰役及一九一八年的亞眠戰役中的貢獻聞名。

牆上掛著一幅約一．七平方公尺大小的地圖，僅包含因德軍突破防線而受到直接或間接影響的前線區域，也就是阿拉斯北部到漢斯市附近。福煦將軍緊握著一支大大的鉛筆，彷彿那是一種武器，接著便突然走向地圖，開始說明目前的局勢。我曾聽說過他那不同凡響的講解風格：他的高昂興致、他的手勢、他生動的描述、他話語中飽含的力度和激情，還有他習慣運用全身來盡可能強調和闡釋他正在描述的事件，或是正在組織的論點。拜這種作風所賜，他總能在擔任教授或校長的軍事學校中收穫驚奇的目光、取笑或是尊敬。他的語速相當快，思緒還不時跳躍，一下子就從一個論點跳到完全無關的另一個論點，因此我無法準確翻譯他的所有話語。但他那持續不斷、飽含情緒的表情和手勢，以及他說出的關鍵字，仍讓人清楚了解他的看法。我無法用文字重現他那激昂的長篇演說，但下面這句話是他的演講主旨：「在二十一號的戰鬥之後，德軍在二十二號突破防線。看看他們到哪裡了。侵略的第一階段。哦，哦，哦！多大的攻勢！」他指著地圖上的一條線。

「他們二十三號再度前進。這是入侵的第二天。哎呀，哎！[06]他們又取得重大進展。這是二十四號。入侵第三天。哎喲！哎喲！」

但第四天的情勢顯然有所改變。地圖上的線條顯示，敵軍在第四天奪下的土地比第三天來的少。總司令轉向我們，身體左右搖擺，彷彿他自己是一座天平，而雙手是秤盤。

他叫道：「哦！第四天。哦！哦！」

我們都知道那如怒濤般進攻的軍隊發生了變故。講到第五天時，德軍占領的區域明顯縮小，第六天與第七天拿下的區域也越來越小。現在福煦壓低了音量，聽起來幾乎像是耳語。對他來說，指著那逐漸縮小的範圍，再揮揮手或聳聳肩，就足以表示出他想傳達的寓意和意義。

現在來到了尾聲，「這是昨天，入侵的最後一天。」不管是他的態度還是舉止，都完全流露出憐憫之情，同情著敵軍在最後一天拿下的這可憐、弱小又悲慘的一小片區域。和最初幾天的壯盛攻勢相比，這是多麼渺小可憐的功績。敵軍已經耗盡精力，強大的攻勢逐漸凝滯，支持這場進攻的力量正在衰退，最糟糕的時刻已然過去。這就是他那驚人的演示在所有人心中留下的強烈印象，在他說明的期間，他身上的每條肌肉似乎都因激動與熱情微微震動著，就像一位登臺演出的偉大演員。

接著，他突然大聲說道：「穩定！當然，一定，很快就會到來。而之後，啊，之後就是我的事了。」

他止住話頭，一片靜默。

06　編註：原文為法文。此章中克里蒙梭和福煦在對話間不時穿插法文，特以楷體標註之。

接著克里蒙梭走上前去，說：「將軍，我必須擁抱你。」他們緊擁彼此，就連在場的英國同伴都沒有意識到任何一絲不宜或不妥。在這些事件發生前幾週，這兩人曾發生激烈的爭吵。他們曾發生爭執，而且也注定會再次發生爭執。但，感謝上帝，這艱苦年代裡最偉大的兩位法國人，在這一刻都手握大權，且保持友誼。再無多言。我們一齊下了樓梯，擠進車內，汽車再次呼嘯前行，往北方絕塵而去。

這一次我們要去羅林森的司令部。這位英國第四軍團的司令官駐紮的小屋在亞眠到博韋的道路上，位於亞眠南方約十九公里處。他正在重新組織第五軍殘餘的部隊，並盡可能維持搖搖欲墜、正在潰散的防線。周圍田野中又大又新的彈坑，說明了敵軍已多麼接近這個司令部。羅林森這名指揮官的特點，就是行為儀態不會輕易改變。不論是怎樣的危機，無論成功有多麼輝煌，無論災禍有多麼嚴重，他的行為氣質始終如一。他和氣而幽默，冷靜而謙遜，是典型的英國鄉紳與運動家，但也具備深厚的軍務素養。在大戰期間，我碰巧見過他陷入低潮的模樣，也看過他站在最輝煌的勝利之上。我可以保證，不論他正面臨戰線的潰散，還是剛取得奪目的戰績，他的表現都別無二致。

今天是他最不好的時候。他以誠摯的敬意和明顯的好感接待了克里蒙梭。「法蘭西之虎」那凌駕於其他法國人之上的個性，總讓英軍的高階軍官們油然升起尊敬和喜愛之情。臨時準備卻充足的便餐已在桌上擺好，包含肉類、麵包、醃菜、威士忌和蘇打水。

但是要等到車隊最後一輛車端來最高級的雞肉和三明治，克里蒙梭才願意開動。

「黑格過幾分鐘後就到。」羅林森在餐會時說。

他話音剛落，英國總司令的那部灰色長車便停在了門口。克里蒙梭和黑格一起走進隔壁的房間，我和盧歇爾則與羅林森待在一塊兒。

我問：「怎麼回事？」

羅林森答道：「我們拿下一次勝利，奪下了一座森林。傑克・斯利（Jack Seely）和加拿大騎兵旅剛剛攻占了莫勒伊森林。」

「有辦法構築一條防線嗎？」

「沒人說得準。只有精疲力竭、雜亂無章的軍隊，橫在我們和敵軍之間。有個叫凱瑞（George Glas Sandeman Carey）的小夥子，帶著從學校和兵站湊來的軍官和士兵，在這裡守著大概十公里的前線，他們大概也只有幾千人。」他指著地圖說道。「騎兵正在盡全力維持陣線，有好幾門大炮四散在各地，第五軍團的所有步兵都因為缺乏休息和睡眠而倒頭大睡。幾乎所有編組都已經亂掉或解體，士兵們只是在慢慢爬回來，他們完全累壞了。D・H（道格拉斯・黑格爵士）正試著從克里蒙梭那裡要一些援軍。許多法國軍隊正在我們的右方和後方下火車，如果他們能立刻在預定的時間前過來，我們也許能繼續堅持到自己的後備部隊趕來，但我們的後援也不多。」

我當然只是重述了這場談話的要點。

「你覺得你明晚還會在這兒嗎？」我問，希望能試探試探他。

他做了個鬼臉，那並不是個鼓舞人心的表情。

才過一會兒，克里蒙梭就和道格拉斯．黑格爵士一起回來了。顯然一切都相當順利，「法蘭西之虎」心情極好，道格拉斯爵士雖有所克制，但看起來也相當滿意。職員的電話在隔壁房間內響個不停，話聲不絕於耳。

「很好。」克里蒙梭以英文對所有人說。「這樣就沒事了，我已經照你們的期待做了。別管之前是怎麼安排的，如果你們的士兵累了，而我們精力充沛的士兵就在附近，那他們就該立刻過來幫助你們。」他又接著說：「現在，我要討獎賞了。」

羅林森問道：「先生，您指的是什麼？」

「我想過河去看看戰況。」

軍團指揮官搖搖頭，說：「您渡河恐怕不太妥當。」

「為什麼？」

「這個嘛，我們完全無法確定河流對面的情況，事態完全無法預料。」

「很好！」克里蒙梭叫道。「我們要重新掌握狀況。走了這麼遠，還把兩個師交到你們手上，我可不會在渡河前就回去。溫斯頓．邱吉爾先生（這次他叫對了我的名字），你和我來，盧歇爾你也來。幾顆炮彈對將軍有好處。」他興高采烈地指著他的內閣軍事首席顧問。

所以我們再度上車，往河流與炮擊開去。才過沒多久，我們就開始駛經如涓涓細流般的英國步兵隊伍，他們都已疲憊不堪，有時候軍官和兵士還維持著陣型，但大多數的人都混合在一起。許多人看起來就像在夢遊，完全沒注意到我們這插著鮮豔旗幟的車隊。有些人則認出我來，朝我揮手，或是對我露出笑容，有時還會傳來一陣零星的歡呼聲。如果今天來的是喬治・羅比（George Robey）、哈利・勞德（Harry Lauder）[07]或其他任何知名人士，能讓他們想起逐漸模糊的英格蘭，以及那段充斥著政黨政治、美好和平的時光，他們的反應毫無疑問也會如出一轍。

終於，我們抵達了河邊，炮火現在和我們相距不遠。橋梁旁邊有一座很大的旅館，一名率領著部隊推進的法國准將已占用了其中幾間房，剩下的地方擠滿了來自二十個不同單位的英國軍官，他們大多數都倒臥在地，精疲力竭，昏昏欲睡。一名像憲兵司令的軍官正在分發威士忌，以便讓這些軍官能在最短時間內站起來，盡快爬回前線。克里蒙梭和那名准將交談了幾分鐘，我們坐上車時，他喊我過去，我便走到他的座車旁邊。

07　編註：羅比和勞德皆為英國十九世紀末、二十世紀初的知名音樂家兼喜劇演員。

他說：「溫斯頓．邱吉爾先生，我們現在在英國陣線裡，你要領導我們嗎？我們會照你說的做。」

我問他：「您想走多遠？」

他回答：「越遠越好，但交給你判斷。」

因此我讓本來排在第三輛的座車開到最前方，自己坐到司機旁邊，手上拿著地圖，要車子開過橋。對岸那些零落分散的房屋，很快就被開闊的鄉村景色所取代。我讓車隊在第一個十字路口往右轉，也就是往南邊開，現在我們沿著一條大致和呂斯河平行的大道前行，已經進入敵軍那一側。這條路會通往莫勒伊森林，而我想，我們也許能碰上一些斯利的加拿大兵。炮火從四面八方襲來。在河流後方那片林木高地中，潛藏著英法兩軍的大炮，隨著時間過去，火光越來越頻繁。炮彈在頭頂上來回呼嘯。在我們左邊約莫兩百七十公尺外，一座樹木茂密的低矮山脊面朝著敵軍，幾個黑色人影在林間移動。在離開羅林森的司令部前，我研究過地圖，因此我推測他們便是自學校調來、受凱瑞校官指揮的混合部隊。若真是如此，那麼這裡既是我們的前線，也是我們的最後防線。混合部隊的前方還有什麼，我就不知道了。現在已能聽見森林中傳來的步槍聲，炮彈開始在我們前方的道路及兩旁溼漉的草地上炸開。雨還在下，一如往常地傾盆而下，夕霧開始瀰漫。

整體來看，我覺得我們已經走得夠遠了。我們無法得知敵軍距離前線多近，或是即將發生什麼狀況，如果山丘上那條薄弱的前線出了什麼事，要想再沿著這條和前線平行的道路回去，幾乎可說是難如登天。而如果前線突然後撤，讓法國總理不得不直接穿越田野，涉水而過（如果那條河的深度真能涉水通過的話——我對此一無所知），那也實在是件尷尬事。因此我讓車隊停下，向克里蒙梭先生提議留在道路的這一側綜覽現況，這裡的視野就和其他地方一樣清晰。莫勒伊森林或其周邊的森林就在我們前方不遠處。中間地區散布著掉隊的兵士，靜止不動的馬群分散在各處，牠們應該是西利麾下騎兵旅的馬匹。榴霰彈繼續三三兩兩地在平原上炸開，高性能炸藥在各地轟出一團團黑色的煙霧。「法蘭西之虎」下了車，爬上路旁的一座小丘。從這裡能看到的戰況，就像在射擊線以外的地方觀看現代戰爭，也就是說，的確看不見什麼。

我們大概在這裡待了十五分鐘，詢問掉隊的兵士，也欣賞著這幅光景。沒有炮彈在距離我們九十公尺內爆炸。盧歇爾和克里蒙梭興高采烈，就像休假期間的公學學生一樣放肆輕率，但是法國參謀們越來越擔心他們總理的安危，並催促我說服克里蒙梭抽身。已經沒有其他東西可看，而且在我們的視察之旅告一段落之前，還有很長一段路要走。這時，克里蒙梭正在和一些疲憊的英國軍官握手，他們剛剛認出了年邁的「法蘭西之虎」，並向他致意。我們把雪茄盒裡的所有東西都送給了這些軍官，接著，我說我們應該啟程了。他相當愉快地同意了。我們走回路邊時，一顆炮彈在不遠處的馬群中炸了開來。馬匹四散奔逃，一匹受了傷又沒有騎師的馬，沿著道路朝我們踉蹌地小跑過來。這匹可憐的動物滿身是血。已達七十四歲高齡的「法蘭西之虎」向馬走去，以飛快的速度抓住轠繩，讓牠停了下來。路上匯積了一灘鮮血。首席顧問過去勸他，克里蒙梭不情願地向座車走去，同時瞥了我一眼，低聲說道：「多有意思的時刻啊！」

接著，我們便回到十字路口，中間沒有任何意外插曲。我們在這兒遇見一位來自羅林森指揮部的參謀，他坐在車內，帶來了消息：他們現在已經為克里蒙梭先生安排妥當，總理能越過河流，穿過正承受德軍炮兵轟擊的亞眠回家。顯然，如果克里蒙梭一心想渡橋，他們希望他能往北走，而不是往南方去。現在他的兩個願望都要實現了！他滿臉笑容，但我們後來再也沒遇到任何一枚炮彈。

在我們離開亞眠，開上通往德貝尼將軍司令部的路時，天色已經暗下。這位將軍指揮法軍，在羅林森那薄弱的戰線右方建立防線。這位司令官與兩位部長展開耗時而熱烈的討論，德貝尼將軍以法國人卓越的表達能力，詳細清楚地說明了現況。他和羅林森的境遇類似，在他和進軍的德國軍隊之間，幾乎沒有任何部隊。他的先頭部隊陷入激烈交戰，但他認為士兵能堅持到第二天，屆時他們也將得到增援。

此時我們再度出發，前往停靠在博韋火車站旁軌的列車，那是貝當的司令部。這裡的一切都充滿冷靜與秩序，貝當和參謀以最隆重的禮儀接待了總理。我們被引入這座移動軍事宮殿的豪華餐室，享用了一頓無可挑剔、簡單美味的晚餐。整整十二個小時以來，我們要不是沿著道路高速疾馳，就是不停和身處高位的人熱切交談。我已經相當疲憊，但「法蘭西之虎」的鋼鐵之軀，顯然免疫所有種類和形式的疲勞。他以旺盛的精力取笑盧歇爾和將軍們，上一秒還說著笑話或俏皮話，下一秒便立刻切入最嚴肅重大的議題，即使他的話語盪漾著沁人心脾的活力，但卻不停追尋著真實。

在我得到機會時，曾私下和他說：「騰出一天進行這種冒險無傷大雅，但您不應太常置身炮火之中。」以下是他分毫未差的回答：「這對我來說是極大的樂趣。」

貝當曾這樣說：「這種戰鬥會經歷好幾個規律的階段。這個階段屬於人。在第一個階段內，必須建起任何形式的防線，這也是我們現在所處的階段。這個階段屬於人。第二個階段屬於槍炮，我們正在進入這個階段。我們會在四十八小時內組成強大的炮兵組織。接著是供應彈藥的階段。四天內，彈藥將會不虞匱乏。接著是道路的階段，七天內，所有道路都會因為不堪交通負荷而毀壞。但我們今晚就會開啟採石場。如果防線能堅守在原地，我們應該能及時修好道路，但如果防線後撤，我們就必須從第一個階段從頭來過。」

我們在隔天凌晨一點抵達巴黎，到目前為止，已經連續十七個小時都處在各式活動和壓力之下。克里蒙梭的精神狀態和出發前別無二致，思緒清明，神清氣爽。他以友善的姿態摒退了我：

「我明天得去工作，但貝當已經為你安排妥當，不管你想去哪裡，都會有人接待。他的火車永遠為你保留一份晚餐。」

第十四章

在天空之中

In the Air

除了一九一六年[01]，在空軍創立的前十一年裡，我始終握有一部分的空軍掌控權。一九一一年到一九一五年，我在海軍部創立並發展皇家海軍航空部隊；一九一七年七月到大戰結束，戰時所需的各種飛行器與空軍器材的設計、製造和供應由我負責；一九一九年到一九二一年，我既是空軍大臣，也是陸軍大臣。因此，我有幸目睹這種強大而嶄新的武裝力量逐漸發展，也得以在初期多少左右其發展方針。這種力量無疑將會徹底改變陸戰與海戰，最終還可能主導或取代陸軍和海軍現有的地位。

在一九一一年的草創時期，英國皇家海軍只擁有六架飛機，也大約只有六名飛行員。飛行技藝仍在萌芽階段，將飛機應用於戰爭之中，更只是個極度模糊的概念。飛行員的技術粗淺，引擎與飛機的品質也同樣粗糙。就連專業術語都有賴發明，而我或許能自稱是將「水上飛機」（seaplane）和「（飛機的）小隊」（flight）兩個詞彙加入字典的人。

我從一開始便對航空抱持濃厚的興趣，也清楚意識到航空將會改變所有形式的戰爭。在第一次入主海軍部時，我便決意動用權力賦予我的一切手段，發展、擴張海軍的航空武力。因此，我認識了由桑森指揮官（Charles Rumney Samson）[02]帶領的一小群年輕人，他們都是海軍部的飛行先驅，也都充滿了冒險精神。我為飛行這個概念著迷，但在渴望飛上天際的同時，也對初次飛上天空抱持著恐懼。事實上，經過了三、四個月，我才第一次搭上飛機。我們目睹了數起意外，對於這些在承平時期冒生命危險的年輕軍官，我也抱以深刻的同情。我認為，若身為第一海軍大臣的我能以某種程度參與其中，將會成為鼓舞航空發展的動力。其他掌管空軍的部長通常也持相同意見。

因此，在一九一二年年初，我坐上一架由飛行指揮官史賓賽・格雷（Spenser Grey）駕駛的水上飛機，完全將自己交給當時仍屬新奇刺激的體驗。我們有些艱難地自水面起飛，但在陡然飛入天空之後，我大為吃驚地發現，從兩百多公尺的高處俯瞰地面，並沒有讓我頭暈目眩。不過我也必須承認，在飛行途中，最寫實的墜機預期每分每秒都充塞在我的心頭，我也記得，由於我當時的無知，我希望若是墜機，起碼是在飛越柔軟的水面，而非堅硬的地面時發生。然而，我們最終及時安全降落。提起與初嘗飛行帶來的無上喜悅結伴而來的憂慮，一點都不讓我感到羞恥。我相當確定，若我們揭露所有人深藏於心的祕密，會發現許多人都抱持著同樣的恐懼。說起來，我記得幾個禮拜後，我預計搭乘一架三人座飛機，並詢問一名年輕軍官是否願意和我同乘。他簡潔地應下了我的邀請，飛行結束後，他卻告訴我，他花了一整個早上立遺囑！其後，這位軍官因為在嚴峻情況下展現非凡的勇氣，而獲頒維多利亞十字勳章。所以，我認為我心懷的這種恐懼，

01　邱吉爾於一九一五年十一月後離開政府，前往前線參軍，直到一九一七年勞合・喬治組建政府，才邀請邱吉爾重返政府，擔任軍需大臣。但在這段日子期間，邱吉爾始終是下議院成員。

02　查理斯・桑森是英國皇家海軍的先驅，也是初期負責訓練飛行員的軍官之一。

至少獲得了可敬權威的副署。

天空是一位極度危險、喜愛爭風吃醋又必須妥貼服侍的女主人。一旦拜倒在她的石榴裙下，大多數的情人都會對她至死不渝，但他們也並非總能壽終正寢。就算是空戰專家或空戰之王，已在充滿危險的大戰期間，經歷過五十場致命的高空決鬥並全身而退，也都一再回到他們深愛的女主人的懷抱之中，而純粹出於自娛的普通飛行，也以過高的頻率帶走了他們的生命。我仍對此事記憶猶新：我曾主持一場為兩位英國飛行員舉辦的晚宴，這兩人在一九一九年駕駛著一架小飛機飛越廣袤的大西洋，最後安全降落在愛爾蘭。當時我和其中一位飛行員，即當時已受封成為騎士的約翰·阿爾科克爵士（John Allcock）說：「你應該停止飛行，以勝利者之姿急流勇退，你一定已經用光了所有的好運。」幾個月後，這個警告一語成讖[03]。

我曾經出於責任感、興奮與好奇開始飛行，但其後我卻為了純粹的喜悅和樂趣繼續飛行。我在海軍部轄下的所有航空站搭乘每一種飛機飛上天空。「Vol plané」指的是「關閉引擎往下滑翔」，當時這仍是相對新穎的奇事。不得不說，初次在夕陽的輝光之中，安靜迅速地往下俯衝，劃過輕柔的空氣，看著底下的土地猶如輿圖不斷鋪展開來，令人心曠神怡。我很快就燃起自己操縱飛機的野心，也在海軍學校和陸軍學校接受許多課程。一九一二年，雙控飛機快速發展，我也命人做了一架，讓飛行員和乘客可以並排坐著，輪流控制飛機。在教學時，這種設計特別實用，我也搭著這架飛機經歷了許多愉快的飛行。但是，這架飛機最後卻以極度糟糕的方式，揭示了某種和方向舵與自旋相關的危險，讓我們從此拋棄了這種型號。

有趣的是，我驚險躲過的一系列危險、乃至致命的意外，也坐實了我對飛入高空的疑慮。那名在東教堂教授我第一堂飛行課程的年輕飛行教官，在課程翌日殉職。當時我正坐在財政部的會議室中，和財政大臣討論一九一二年海軍預算的細節，一張紙條遞了過來，讓我明白，昨日和我一同練習飛行兩、三個小時的同伴，已經在同一架飛機上殞落。幾個禮拜後，一架新型的實驗性水上飛機在南安普敦溺灣製造完成，在檢驗其性能時，我也搭著它進行了長時間的飛行。這架飛機在各種條件下都表現得十分完美，接著我便搭乘海軍部遊艇女術士號（Enchantress）前往希爾內斯。甫才抵達，我便旋即聽說那架水上飛機俯衝入海，機上的三名軍官都已殉職。一次我正打算出門，如之前常做的一樣，搭乘前文提過的那架舒適雙控飛機飛上天際，卻因為公眾事務繁忙而無法實現。那架飛機整個上午的表現都完美無缺，但卻突然決定以一種當時仍屬未知的方法自旋，狠狠撞上地面，將自己弄得支離破碎，也因此重創了兩名駕駛的飛官，他們都是我親近

03 約翰・阿爾科克爵士在首次達成不間斷飛越大西洋的飛行的六個月後，駕駛一架水陸兩用飛機，欲將其送至巴黎，但在途中因天候不佳而墜機，重傷身亡。

的朋友。

我更加了解飛行以後，開始明白在飛行期間，每時每刻都充斥著無數的危險（但我想現在情況應已有所改變），也在數次飛行期間，注意到我們搭乘的飛機有損壞之處——例如斷裂的線路、燒焦的機翼以及裂開的支架等等。因此，在我們安全返航，踏上「堅實的地面」（Terra firma）後，這些損壞的零件便成為我和我的飛行員互相道賀的話題。但是，我已完全為飛行所傾倒，因此只要能勻出空檔，我總是牢牢把握每個飛行的機會。

接著，在一九一四年的春天，發生了古斯塔夫．哈梅爾（Gustav Hamel）[04]的插曲。如果有人是為了飛行而生，四分之三如同鳥類，餘下一分是天縱英才，那肯定就是哈梅爾。與其說他屬於大地，不如說他是天空的子民，而且他能以難以言喻的自然天賦與自信操縱各種新型飛機，在當時仍可說是未知領域的世界中翱翔。哈梅爾只是個平民，但他的飛行技術讓我們所有的海軍飛行員都望塵莫及。在飛機開始發生危險的失速自旋，使飛行員墜毀死亡時，是他飛上三千公尺的高空，故意讓飛機陷入當時公認致命的境地，讓機身旋轉再旋轉，以時速一百六十公里往地面猛衝，直到他終於找到方法停止這悚人的自轉，泰然自若地讓飛機做出流暢的空中滑翔。每次他一有新發現，就會立刻成為飛行員的普通教程，一九一二年這致命且無法控制的失速自旋，成了大戰期間空戰的常見策略——飛行員能藉此以最快速度一次下降六百至九百公尺，也能以這種肉眼無法捕捉的旋轉，擺脫緊追不捨的機槍。

我將哈梅爾帶到希爾內斯去，因為我希望他能向海軍飛行員展示他那卓越的飛行技術。他以貴客之姿登上女術士號，我們在暴風雨中抵達，當時很少有人敢在這種天候下飛行。而在那天下午和第二天的早晨，他為我們演示英格蘭前所未見的飛行技藝。他讓自己的飛機陷入當時算得上相當可怕的「失控側滑」，如石頭那般急速墜落六百多公尺，通過飛機管線的空氣都發出響亮的尖聲，才在極度接近地面或海平面的地方擺脫這種可怕的俯衝，以優雅的旋轉重回飛行，散發出嬉戲但寧靜的氛圍。我們當時正在探索一個未知的世界，而這些示範的價值無可估量。佩古德（Adolphe Pégoud）[05]才剛發現繞圈飛行，哈梅爾便不停地在不該繞圈的低空為我們展示這種技術（我對他感到非常抱歉），「直到所有人都看明白到底是怎麼一回事」。

我們飛了一整天，那是愉快的一天。早晨、午後和傍晚，我們都搭著他那小巧的瓦

04　哈梅爾出生於德國，但在一九一〇年舉家搬遷至英國，為英國先驅飛行員，在航空領域奪下許多首次成就，包含寄送第一封航空郵件。但他在一九一四年五月二十三日駕駛飛機橫越英吉利海峽時失蹤。

05　阿道夫・佩古德為法國飛行員，成功做出繞圈飛行的技巧後，引發各國飛行員爭相嘗試，但其實世界上第一位成功繞圈飛行的應為俄羅斯的彼得・內斯特洛夫（Petr Nesterov）。

桑（Voisin）單翼機，在天空中縱情翱翔。雖然我已經搭過上百次的飛機，或許也已換過上百名飛行員，但哈梅爾帶來的那種運動的詩意，是我從未有過的體驗，而那也是他的乘客才享有的特權。那就像是最完美的滑冰選手在滑冰場上表演，但滑冰場地是三度空間，選手在其中做出所有轉彎和變化都完美無瑕，但這種完美無瑕並非出於死記和規則，而是出於自然的本能。他會讓飛機大幅度傾斜，以至於我們和相距甚遠的地面之間毫無任何阻隔，接著便繼續盤旋而下，那種下降是如此輕柔、如此安靜而又如此流暢，和空氣達到和諧而平衡，讓人幾乎以為其中一隻機翼的尖端被固定在一個中軸之上。那冷酷的重力也是他的奴隸。你完全無法在他的飛行中看見任何一絲艱苦掙扎，也找不著為了展示複雜技巧而付出的一絲努力：一切都渾然天成，彷彿沒有另一種可能性。那就有如從水壺中倒出水一樣輕鬆寫意。

但我們的相識卻以悲劇收場。我希望他能在卡爾肖特（樸茨茅斯）航空站再度示範他曾在希爾內斯讓人獲益良多的技術。因此，我和其中一些海軍部的先驅飛行員一起在停泊於南安普敦溺灣的女術士號上等他。他說他會從巴黎飛過來，並在日落時和我們會合。當時，飛越海峽本身就算得上是一場冒險。夜色在他抵達前就已降臨。等待良久後，我們在他缺席的狀況下用了晚餐。我們上床睡覺，想著他一定是被迫降落。早晨沒有捎來任何電報。到了中午，我們開始焦躁難安。我們在下午聽說他在薄霧與風暴之中開始橫越英吉利海峽，而且沒有折返法國海岸。傍晚時分，據稱他已失蹤。到了第二天，他似乎真的永遠失蹤了。事後證明的確如此。他在微光中啟程，飛入英吉利海峽的強烈風暴與霧氣，確信沒有自己無法戰勝的困難和危險。從那一刻開始，他便永遠消失在我們的視野之中。

隨後大戰爆發，截然不同的人類生命價值之評判標準主宰了世界。死亡成了司空見慣的常事，每個人都意識到自己可能會被殺死，並據此行動、生活，接受這樣的日子成為常態。在世界歷史的所有階段之中，在石器時代那原始黯淡的大屠殺和混亂之中，在居住於水滴中的微生物展開的激烈爭鬥之中，沒有任何生物像空軍戰鬥員那樣，日復一日、月復一月地冒著魯莽的風險。大戰期間，我身為第一海軍大臣，沒有搭乘飛機的閒暇；但一九一七年和一九一八年間，我成了軍需大臣，必須往返英吉利海峽兩岸。我通常都選擇搭乘飛機，在前線的特定地點降落，和我必須見到的人交談，或是觀看特定的行動。當時，我的飛行員是一名年輕的軍官，他在加里波利之戰和索姆河戰役中受了極重的傷勢，以至於無法承受爆炸的聲響，但他對任何種類的危險都無動於衷，以一名飛

行軍官而言，他表現出色，技術高超，是所有人夢寐以求的駕駛。戰爭期間，所有性能最優良的飛機都理所當然在前線服役，我們也無法苛求技工的成果。我記得某個下午，我們要從總司令部返回倫敦，卻兩度發生情況尷尬的拋錨。第一次是在橫越英吉利海峽的時候。飛機突然爆出尖銳的劈啪聲，更確切地說，是一種音量極大的短促尖聲，接著引擎也發出了熄火的聲音。一個閥門爆炸了。我們開始往下降。英吉利海峽那平穩的灰色海水就在我們下方。我們和法國海岸相距約八公里。那是個陰沉的午後，我們的飛行高度大約只有六百公尺。如果引擎沒有重新啟動，我們就會以低於三千兩百公尺的斜距撞上大海。通常，如果你望向英吉利海峽，海面總是擠滿了船隻，但就像是關鍵時刻必然出現的狀況一樣，當時完全看不到一艘汽船、一艘拖網漁船或一艘小漁船，只能見到晦暗的水平線上幾許模糊的影子。我們完全沒有漂浮的手段，身邊也沒有暱稱「泳裝」的充氣式救生衣。我的飛行員做了一個手勢，表示他已無計可施，而我思考著，穿著如此厚重的衣物和沉重的靴子能在海上漂浮多久，也想知道試著脫去衣物是否值得一試。我認為引擎絕對會熄火，而且即將發生。我抱持著這種想法大約有三十秒，甚至可能有一分鐘——但感覺過了很久。接著，老舊的引擎開始咳嗽不止，再度發出劈啪聲，經過數次失敗的發動之後，終於猛然啟動。駕駛讓飛機掉頭，往法國海岸飛去，在讓人焦躁難安的十分鐘後，我們從格利涅角上頭飛過。我們在高度三十公尺時，及時抵達瑪吉斯機場，安全降落在那巨大的戰時中轉站。飛往英美兩國的飛機，都由這裡接收或送出。

瑪吉斯機場擁有豐富的資源，我們很快就獲得了一架普通的飛機，之後便再度起飛，在一個小時內飛越了英吉利海峽。我們逆風而行，引擎運轉狀況不佳，抵達英國海岸就費了我們四十分鐘。大約過了十五分鐘，引擎再度故障，我的飛行員再度做出同樣的手勢，示意我們除了降落以外便毫無選擇。他以巧妙的側滑穿越兩棵高大榆樹之間的空隙，剛好躲過兩邊的樹枝，並且優雅地降落在一片小平原上。我沒趕上倫敦的那場會議。

在戰線上飛行自有一種妙趣。除了普通的航空風險，還得仔細檢查每一朵雲，以防一架福克戰鬥機[06]突然自其中衝出，向我們撲來。而在四處炸開一團團白色煙霧的「亞契炮」（Archie）[07]炮火，則暗示著最好避開的其他危險。我曾在一九一八年八月或九月的一場大規模戰鬥之中，親身經歷這種飛行狀況。我非常渴望了解我們前進部隊的動

06　為德軍在一戰中使用的一種戰鬥機，普遍認為這是戰爭期間性能最優良的戰鬥機。

07　亞契為英國人對防空炮的暱稱。據說，在舊式拼音字母表中，「Ack」代表字母 A，因此防空炮（Anti-Aircraft）的縮寫是「Ack Ack」，而「Archie」則是此名的暱稱。

向，但在兩千公尺的空中，除了大口徑炮彈在遙遠地面炸出的團團濃煙，以及榴霰彈的彈幕以外，完全看不出地表有任何不尋常的情況。由於我們的行進速度達到每小時一百三十公里，因此根本無法藉由追蹤任何改變的位置來了解行動的進展。我的飛行員是一名空軍中隊隊長，他以手勢提議我們更加靠近，仔細觀看，但我認為只要看見大略情景就已足夠。在四、五十分鐘後，我們回到了位於阿拉斯附近的機場。

我必須在此記述那個午後發生的一件事，這個插曲讓我得知飛官戰時的生活是如此嚴酷。我們從戰線返航時，一架受損的飛機正奮力降落在飛機場上。那架飛機千瘡百孔，我數了數，機身和機翼的彈孔不下三十個。但飛機的引擎分毫未損，重要的線路也沒有斷裂。機上那位觀察員[08]的腿部受傷，褲子浸滿鮮血。我聽見以下的對話：

皇家空軍中隊隊長：「你下來這裡做什麼？」

飛行員：「我上禮拜的觀察員因為大出血而殉職，所以我想最好盡快為這位觀察員進行急救處理。」

皇家空軍中隊隊長：「你的飛機場在哪？」飛行員提到一個名字。「嗯，從這裡出發，車程只有十五分鐘。」

飛行員：「我想說或許您能送我們一程，我們明天早上會再回來把飛機開走。」

皇家空軍中隊隊長：「好吧，可以，但這很不方便。下次記得試著飛回家。」

他們將受傷的軍官從座位上抬出來時，我試著對那名在幾分鐘前才經歷一場可怕考驗的飛行員說幾句表達同情和讚賞的話。我握緊他的手，說：「你剛剛的表現相當出色。」或是傳達相同涵義的話語。但他似乎並不驚訝自己受到的冷遇，並將其視為理所當然。他說：「如果所有傷亡人員都在這裡降落，會打亂他們的安排。」

人類從未展現出如此堅忍的勇氣，但在這場大戰中，這卻只是司空見慣的日常。

戰後擔任空軍大臣的那段期間，我飛行的頻率遠比之前頻繁。現在，我的飛行員是英勇的傑克・史考特（Jack Scott）[09]，他已三十八歲，即使在大戰初期一場可怕的航空事故中受到重傷，但他仍憑藉高超的技藝和傑出的才能，在第一流的空軍飛官中贏得名聲。我們時常搭著雙控飛機到各地出差，或是為了樂趣而飛上天空，而我也逐漸習得操

08　觀察員是起源於英國皇家飛行隊的術語，指在飛機上負責偵查情勢的人，早期會配備武器，準備和敵機交戰。此工作和二戰時在地面進行偵測的皇家觀察員軍團並不相同。

09　全名為艾倫・約翰・蘭斯・史考特（Alan John Lance Scott），為英國空軍軍官，在一戰中有精采的表現，也是邱吉爾的飛行指導教官。

縱飛機的技巧，能在監督之下，在普通的狀況下駕駛飛機，也能讓飛機做出普通的垂直旋轉。

在巴黎和會期間，我必須頻繁往返倫敦和巴黎，而我幾乎總是選擇搭乘飛機。在陽光明媚的好日子裡，在三千五百公尺或四千公尺的高度，高速飛越始於鄧傑內斯、降落於埃塔普勒九十五公里長的海岸上，並在夕陽的暉光之中，緩慢地旋轉滑翔，降落在位於巴黎的畢克或勒布爾熱機場，實乃一大樂事。沒有冗長乏味的鐵路旅行，沒有受到延誤的轉運，也不用擔心暈船！坐在這些快速的戰機中，就好似坐在魔毯上飛行。

但也有一些不那麼順遂輕鬆的旅程。我記得某天早晨，我們自畢克機場啟程飛回倫敦的時候，又低又厚的雲層與逐漸瀰漫的薄霧自四面八方圍繞住我們。史考特透過麥克風說我們應該飛到雲層上方，在清朗的日光中倚賴指南針飛行。因此我便讓飛機爬升，很快就闖入了一片灰濛濛的霧氣，雲霧將我們封閉在其中，難以維持飛機的飛行高度。我們越飛越高，儀表板接連顯示三千公尺、三千七百公尺和四千三百公尺。但是，將我們包裹在厚重濃密的雲層中的霧氣，是我們唯一所見之物。最後我們到了四千六百公尺的高空，但這裡太過寒冷，我們覺得最好降低飛行高度。現在，我們面臨著幾乎不可能脫逃的航空事故，就算真的有辦法僥倖脫離，也會極為困難。我們在哪裡？我們已經飛了將近一個小時，頻頻在大霧中迷失方向。我們該在這個國家的什麼地方降落？霧氣和地面又距離多近？在我們安靜、迅速而盲目地往下滑翔的時候，這些不確定性陰鬱地壓在我們的心頭。

我們一開始進入雲層時，飛行高度大約是六百公尺，但現在已經下降到兩百四十公尺高，卻仍然看不見地面。我將飛機的控制權交給飛行員，接著我們盡可能緩慢下降到九十公尺。我們維持在這個飛行高度，穿越了猛烈的暴風雨，但仍然看不見地面。我們知道巴黎和亞眠之間有許多林木茂密的山丘，而且那些丘陵的海拔肯定高於九十公尺，我們隨時都可能以時速一百一十公里的速度撞進森林或撞上斜坡，造成災難性的後果。但是，話又說回來，在大霧之中飛上一個又一個小時，直到燃料耗盡，也沒有什麼幫助。

最後，我們終於在大約四十五公尺的高度看見地面。我們身在一條狹窄的山谷中，兩旁夾著樹木蓊鬱的山丘，坡上散落著零星的屋舍，數百碼外轟然矗立著一根工廠煙囪，看起來和我們目前的高度一樣高。前方，霧氣和狂亂的風暴似乎觸及地面。啟程時輕鬆開心，隨後卻快速落入這種境地，是每個飛行經驗豐富的人必定會不時碰上的狀況。史考特的聲音從麥克風中傳來：「我們會成功找到一條生路。」我們的儀表板告訴我們，現在的飛行高度不到三十公尺，而地面以時速一百一十或一百三十公里的速度向我們身後不斷滾去。我們沿著山谷前行，霧氣逼使我們不停迫近地面，最後我們幾乎只和地表相距十五公尺。史考特突然說：「太好了，是鐵軌！」飛機猛然往左偏轉，避開一片纏著霧氣的冷衫林，那些林木有如在我們面前升起的一堵牆，而我在下方看見了鐵道。無論如何，我們沿著鐵路低空飛行，肯定能避免撞上山丘，但隧道可就不一定了。因此，我們大約沿著這蜿蜒的鐵道支線飛了半個小時，穿越了大霧瀰漫的山谷。我旋即在我們上方高處、壟罩的霧氣之外看見一塊光斑，這讓我興高采烈。我們立刻往那塊光斑飛去，把鐵路甩在身後，迅速往高空爬升。光線越來越亮，突然間，我們面前出現了一朵閃閃發光的小雲，彷彿一小片貼在美麗湛藍之上的剪影。不到一分鐘，我們就衝破雲層，飛進晴空之中。我們身後，是壟罩在風暴與濃霧之中的山脈。太陽在我們上方，耀眼的光線遍灑在雨水洗過的天空之中。一塊塊如島嶼般的烏雲和白雲出現在我們面前，它們是風暴的後衛部隊，而我們或是輕鬆地穿過雲層，或是輕巧地繞著雲朵飛行，逐漸上升到九百至一千兩百公尺的高空。接著，我們看見了博韋主教座堂，不久後，如同一條銀色緞帶的索姆河，在鄰近皮基尼的地方閃爍著粼粼的波光。又過了幾分鐘，阿布維爾的海域映入眼簾。這段距離通常只需五十分鐘的航程，但我們卻花了超過兩個半小時。

但是，現在新一批雲朵大軍開始集結，排列緊密，擋住我們的去路，我們很快就再度屈居下風，再次被迫下降到三十公尺的高度，艱難地匍匐前行。不過我們這次飛到海面上，將海岸線保持在右方，就這樣在新一輪的風暴中沿途摸索前進，直到抵達布洛涅。

接著我們再度沐浴在陽光之下，飛機轉向，橫越英吉利海峽，安然無恙地抵達了林普尼機場。我們現在已經飛了四個小時，決定在機場降落，吃點午餐並補充燃料。儘管現在的林普尼機場已不像戰爭期間忙於將大批飛機送過海峽，投入前線，但在一九一九年的春天，這裡仍然是相當繁忙的航空站，我們也很快就找到了人和機器所需的一切補給。

大概在下午三點左右，我們再度啟程飛往倫敦。我們迅速升到四百五十公尺的高空。接著，我發現飛機並沒有往內陸飛去，而是拐了個大彎向海洋前進，下一個瞬間，飛機便來了個側滑，就我看來是失控了。「怎麼了？」我透過麥克風詢問史考特。沒有回應。飛機現在顯然完全失去控制，正在迅速往地面墜落，似乎就要進入俯衝。我們的速度已經上升到時速一百九十公里，我們剛剛才從平整的機場跑道起飛，現在道路卻朝我們進逼。同時，我看見機身左側、靠近駕駛座附近的地方冒出一縷長長的煙。幾乎在我發現這可怕真相的同時，飛機再次受到控制，在離地六十公尺的高度停止了俯衝。我聽見同伴說：「飛機著火了。我剛剛已經滅了火，現在要著陸了。」這就是我們毫無章法地下墜三百公尺的原因。在墜落期間，史考特放任機器不管，噴出滅火器中的液體，才得以在火舌已經開始舔舐我們的引擎時，阻止致命的火焰抵達燃料艙。

發現自己再度站在「堅實的地面」上，實在讓我備感歡欣。我們很快就弄清楚火勢的來源。本該排出引擎燃燒廢氣的排氣管，並不像正常狀況下背離機身，而是因為一根小鋼釘斷裂而驟然往內彎曲，將火焰噴在機身的金屬和帆布上。要是再晚幾秒發現，我們就會燒成火球。要是再晚幾秒撲滅火勢，我們就無法阻止飛機俯衝撞上地面。但實際上，燒得焦黑的那片帆布是唯一受損的零件。飛機完好無損，在更換損壞的排氣管，並將新的排氣管安在正確的位置後，我們第三度出發，飛往倫敦。這一次，我們終於平安無事地抵達目的地，但是降落在克洛敦機場時已將近下午五點，這趟從巴黎出發的旅程所耗費的時間，至少和搭火車所需的時間一樣多，而且無疑充滿更多難以預料的插曲。我離開座位，費力地爬下飛機，站在飛機場上的時候，那種感覺就和辛苦工作一整天差不了多少。

❖

才過幾個禮拜，我便再度迎來另一段刺激的經歷。當時我人在畢克機場，正要進行一場訓練飛行。我的飛行員（這次史考特上校不在我身邊）坐在阿芙羅（Avro）雙翼飛機的前座，負責主要操縱，我則坐在他的後方。我們起飛，很快就開始加速。由於飛機跑道的草地超過三十公分高，因此飛機離開地面的速度相當緩慢，而我們在完全起飛之前，速度便已超過時速八十公里。就在我以為我們即將飛離地面時，突然發生了猛烈的衝擊，激起一種不可思議的感受——只有互相牴觸的言詞，才能描述這種感覺：衝擊力道讓身體不受控制地往前傾，安全帶卻又將身體死死往後拽。在所有日常經驗中，被顯然無法掌控的力量牢牢握在手心的感覺實在無可比擬。在這種感受充塞心頭之時，飛機以機頭為支點往前翻了半圈，就像全速向前衝刺的兔子翻了個筋斗。電光石火之間，我發現自己倒掛在空中，但仍然被安全帶牢牢固定在座位上，我回頭一看，發現我的飛行員也陷入同樣的境況，現在我們的座位配置完全相反了。飛機撞得粉碎。雖然我在事後發現自己受到割傷和擦傷，但當下絲毫沒有感受到受傷的痛楚，也沒有聽見任何墜機的聲響。我的飛行員也同等幸運。我們一動也不動地倒掛在機身上時，那副場面實在太過荒謬，以至於我們不禁放聲大笑。

我們迅速解開安全帶，從殘骸中脫身，剛好來得及比出安撫的手勢，阻止從機棚趕來援助的大批救援人員和擔架搬運人員。這場意外的原因顯而易見。在高高的草叢之中埋藏著一條廢棄的道路，這條路徑凹陷，幾乎有六十公分那麼深。先前沒有人告訴我們這條路的存在，而阿芙蘿飛機的木製滑橇式起落架便以劇烈的力道撞上道路末端的凹陷，讓飛機以高速翻轉了半圈。無論如何，我們都自強烈撞擊與隨之而來的爆炸中逃脫，免於嚴重受創的命運，實在是相當幸運。

❖

不論是當時還是現在，超過四十歲的男人成為優秀且可靠的飛行員，都是一件稀罕事。年輕賦予的非凡敏捷和天資，幾乎可說是培養「飛行感」的首要條件。但是我仍堅持努力，並且認為自己持續進步。因此，在我決意放棄（或者說是至少暫時放棄）學習這令人著迷的飛行技藝前，我注定得再經歷一次更加傷感的冒險。這件事發生在一九一九年的夏天。我在陸軍部辛勤工作了一整天，之後和史考特上校一同驅車抵達克洛敦機場，準備來一場夜間飛行。我獨力讓飛機起飛，引擎正常運轉，我們也順利地迅速爬升到二十或二十五公尺的高度。當時的克洛敦機場，有幾個區域都被高大的榆樹環繞，飛行員必須讓飛機繞兩個半圈——先往右，再往左，才能爬升到安全高度越過這些樹木。

飛機的第一個轉彎相當完美，儀表板顯示目前時速超過九十五公里，是非常可靠的飛行速度。現在我讓飛機往左轉，讓飛機保持傾斜，並開始緩慢而輕柔地拉回操縱桿，以讓飛機恢復平穩，我之前已這樣做過好多次。只要開過飛機，就會知道飛機的控制系統相當靈敏，在正常狀況下，再輕微的動作都會獲得迅速的回應。讓我驚訝的是，我至少把搖桿往回拉了三十公分，飛機卻沒有任何反應。飛機仍然傾斜四十五度，而且傾斜幅度越來越大。我透過麥克風告訴我的飛行員：「飛機失控了。」我立刻感覺到他接過飛機的控制權，手覆著操縱桿，腳踩著方向舵踏板，用盡全力試圖讓飛機以機頭朝下的方式墜落，希望以此恢復我們失去的飛行速度。但已經太遲了。我們和地面的距離幾乎只有二十五公尺，這是發生最常見卻致命的失速側滑意外的常見高度。飛機無助地向地面俯衝而去。要是我們的飛行高度超過六十公尺，那麼就不會有任何危險。事實上，在三百或四百五十公尺的高空，我們時常反覆故意讓飛機失速，讓飛機失去控制，等到側滑轉變為最後的俯衝（所有側滑都會這樣），在速度達到時速一百三十或一百六十公里的時候，控制器再度有所回應，才溫柔地將飛機拉出墜落，回到正常的飛行。

但現在已經沒有時間了。我看見沐浴在陽光之中的機場就在下方不遠處，不禁覺得那籠罩著機場的黃色強光刺眼而不祥。接著，另一個明確的念頭掠過我的腦海：「我很可能會在此喪命。」一個月前在畢克機場那場墜機意外中的相同感受，隨即閃過我的腦中。「現在」又要發生類似的事情了！我忠實地記錄了當時浮現的所有想法，而當時經過的時間，可能就和閱讀這些文字花去的時間差不多。我的心頭滿是那受到異樣光芒照耀的不祥世界，根本來不及感到恐懼。不管發生了什麼事，我們每次都只能消化一定的資訊，這實在可說是相當幸運。

飛機才從側滑轉為俯衝，便以龐大的力道撞上地面，當時的速度可能高達時速八十公里。飛機的左翼變形，螺旋槳和機頭直接插入地面。我再次感覺到自己被猛力往前推，就像是在新的維度之中，被一股可怕的壓倒性力量推著穿過我無法測量的空間。在安全帶承受這種壓力的時候，我的胸口受到難以忍受的壓迫。汽油的蒸氣從後方奔流而出。我清晰地感知到衝擊力道的吸收過程。突然，壓力消失，安全帶斷裂，我輕輕撞上面前的儀表板。「安全了！」這是我的第一個想法。我跳出殘破的機身，跑向我的同伴。他失去意識，正在流血。我站在一旁，做好準備，只要飛機一著火就能把他拉出來。否則，最好不要隨意搬動他，等待專業人員前來幫忙。

飛機墜毀後，既沒有起火也沒有爆炸。一年前，投身飛行的修．西賽爾勳爵[10]曾和我談起傑克．史考特。他當時說：「如果一切順利，任何人都能開飛機，但發生問題的時候，像史考特這樣的人具備的優秀特質，就會成為關鍵。」方才發生的事情完全證實了這段評論。在飛機即將撞上地面的幾秒鐘前，他始終沉著鎮定，切斷電源，從而預防了汽油形成的蒸氣雲燃燒爆炸。這只是證明他那卓越天賦的另一個例子。儘管他已不再年輕，在大戰初期發生的意外中留下的傷勢，時至今日都還困擾著他，但這些稟賦仍為他贏得廣泛的聲名，讓他在皇家空軍中備受敬重。

兩個小時後，我必須出現在下議院，主持一場為潘興將軍舉辦的晚宴，並上臺致詞。我設法完成了這個任務，但隔天卻發現自己渾身青紫。史考特上校的傷勢嚴重，但最終完全痊癒。事實上，在第二場意外發生過後，他的腳步還更加穩健。但我責備自己讓他經受這種苦難，而自那場意外以後，我就很少飛上天空。我飛行的次數肯定少於十二次，但他們告訴我，現在飛行已經相當安全了。

10　一戰期間，修．西賽爾曾進入皇家飛行隊服役。

第十五章

競選回憶

Election Memories

如果你想了解選舉，那我確實是不二之選。在下議院的所有現任成員中，就數我投入最多場選舉。我參與過十五次選舉，每次大選至少都得花上三個禮拜，再加上選前教人難受的一個禮拜，結束後至少還需要一個禮拜恢復振作，同時付清所有帳單。自我成年以來，已經過了三十五年，若將一場選舉視為占滿一整個月的活動，那麼我已在艱鉅的條件與焦慮煩惱之中，為這種短期活動花費一年多的時間。換句話說，我已將成年生涯的三十分之一都奉獻給了這些奇妙的經驗。

現在我們都已相當熟悉選舉的慣例和流程。首先，和當地牧師與權貴進行協商，並展現你的禮儀；接著，和委員會、議會和執行委員會展開面談；最後，在提案表決會議中面對全體協會人員。下一步是拜會傑出人物，巡遊選區，並仔細了解選區的產業、關注的議題、地區的特色以及獨特的秉性。接著決定主要的選舉策略。寫出選舉公報，在當地報紙上引起興奮和騷動！競選開始！提名日到了！和摯友一起走到市政廳或其他規定的地點。這兒就是你第一次和對手碰面的地方。你們都對彼此擠出親切的微笑。「早安，很高興見到您。希望我們能有一場愉快的競爭。」「以這個時期來說，實在過分寒冷（或炎熱）了，您不覺得嗎？」「如果我能為您做任何讓您更方便的事，請不吝告知。」諸如此類的對話。接著是全心全意的認真競爭。每天早上九點至十點之間，是委員會（即工作人員大會）的會議，每個部門的主管都會出席。負責海報的人、負責拉票的人、來自各個組織競選活動的會議室的報告、拉票的進度、新聞的發布、廣告、汽車、會議、預防混亂的措施（即使這是內部會議）、提醒每個人遵守選舉的相關法令，以及必須關切的重要人士名單，諸如此類的事物構成了會議。

接著就是出門，在選區內轉轉繞繞。我剛開始參選時，只能依靠兩匹馬拉的四輪馬車巡迴選區，時速大約是十公里。如今，乘坐汽車拜票時，有時候會開得更快。不過由於雙方參選人都做得更多，所以除了候選人的工作變得更繁重，這其實沒帶來什麼區別。大清早開會的時間，和工人吃午餐的時間一樣，還有在他們晚餐時間的會議，以及下午的又一場會議。現在，這三場會議都擠在每天的傍晚時段，倉促地一場接著一場。你走上講臺，其他演講者看見你便會坐下。（熱烈的歡呼或是噓聲！）有時候，能容納六、七百人的大廳裡，只會坐著二、三十個面色極其冷漠的人，這對演講者而言實在是一場考驗。但是，想想他可憐的朋友，想想到哪兒都陪著他的妻子與女兒，一遍又一遍地聽著同樣的演說，只略微修改，以符合當地的情況。我深知協會主席或副主席那忠誠的笑聲，雖然這已經是他們第三十三次聽見同樣的一則老笑話。我親愛的朋友，我和你們感同身受，我的心為你們哀痛淌血。想想，我必須在其他所有集會上說出這個玩笑，而你必須熱情地哈哈大笑。哈！哈！哈！說得好，說得太好了！好啊！算了吧。你別無選擇。這就是憲法的運作方式。我們都是受勞苦所縛的「划槳奴隸」[01]。我們先向前划，再向後划，接著再度往前划。監督者的鞭子發出破空聲，槳帆船繼續前行，穿過越來越凝滯的水域。

當然，也有喧鬧的集會。那可是一大解脫。你不必再重複一遍那千篇一律的演講。這兒有興奮的聽眾。忌妒眼紅的對手，下巴因為憤怒而抽動，他們以怒吼打斷你的演說，大喊大叫，吼出各式各樣的侮辱，任何他們能想到用以傷害你的言詞，任何針對你的立場一致性和公開言論的指控。我很遺憾必須這麼說，但是，有時候他們甚至會對你進行人身攻擊。接著，四面八方都爆發出高聲的嘲笑和譏笑，而且看起來相當激動、面色蒼白的年輕人，或是看起來像鬥牛犬的年輕短髮女子，會將各種經過深思熟慮才提出的惡意問題送到主持人面前。這是讓人煎熬的折磨吧？顯然如此。但這種集會將自然發展，水到渠成。你不必擔心自己得事先準備演講。一些主要的競選口號就足夠開場。剩下的就是——不要沉默。但你的支持者多享受啊！比起他們支持的候選人以理服眾，反對者出言打斷更能讓他們興奮起來。充滿智慧卻冗長的論述，會讓聽眾昏昏欲睡，但在混亂的集會上來一場精采的反駁，能收獲大批民眾的好感，有時甚至還能折服競爭者。我能提供參選人一些參與喧譁會議的建議：首先，你要露齒而笑，或者說是「微笑」，沒有事物能和微笑相提並論。接著，你要表現自然，相當放鬆，就好比你在某個安靜的地方，和一位朋友談論你們都相當感興趣的話題。第三點，你要培養出明顯的超然氣質，遠離周遭的喧囂。畢竟，在不會傷害你的前提下，世界上沒有比一大群處於狂熱狀態的善人更滑稽的事物了。英國的民眾幾乎不會試圖傷害你。如果他們這樣做了，那麼這就成了一個簡單的自衛問題。哈利・卡斯特（Harry Cust）在南蘭貝斯選區的一場競選集會上，突然注意到一位壯碩的男性以充滿敵意的姿態接近他。他脫下外套，擺出迎擊架式，同時悄聲和身後的朋友說：「攔住我！攔住我！」最重要的一點：永遠不要發火。事情越糟糕，你就越必須把這當作一場傀儡戲。你得培養出像潘趣先生那隻雉雞的氣度——牠張開翅膀，從封面飛到封底，對朋友說：「不知道為什麼，每次我從那個滑稽的小矮子頭上飛過去，他都會發出尖銳的噪音。」[02]

已逝的德文郡公爵（Duke of Devonshire），即知名的哈廷頓勳爵（Lord Hartington），曾多次與我談起公開會議。有一次，有人指控他在下議院發表重要演說時，中途打了呵欠。在他被詢問這一指控是否屬實時，他的回答是：「你有聽我演講嗎？」另一次，他甚至變本加厲，說：「我夢到自己正在下議院發表演說，接著我醒了過來，然後發現，天啊，這不是做夢！」在那撕裂保守黨的激烈自由貿易爭議期間，我曾和哈廷頓勳爵一同參加利物浦舉辦的一場盛大集會。他是主講人，我則有十二分鐘的時間致謝。前一

01 划槳奴隸為古代被迫划動槳帆船以使船前進的奴隸，這些人可能是戰俘、奴隸或罪犯。

02 編註：指《潘趣》雜誌的一則漫畫中，一隻不了解自己正在被獵人獵捕的雉雞。

晚，我們住在德比伯爵（Earl of Derby）位於諾斯利的舒適居所。我們一同搭車前去參加大會。那是一九〇四年的事，我想我們當時應該是搭兩匹馬拉的馬車。他問我：「你會緊張嗎？」我承認我有點擔心。他說：「好吧，我一直都覺得這個方法很有用：在你面向成千上萬的聽眾時，仔細看看所有人，再用肯定的語氣告訴自己：『我這一生中，從未見過這麼多奇蠢無比的大傻瓜齊聚一堂。』」然而，他對著數不勝數的聽眾發表了一場精采卓越的演講。我不知道他是否真的使用了這個方法，但這已經離題了。

在這十到十四天內，會召開各式集會，有時甚至包含凌晨一點和路面電車司機們的會議。之後，我們終於迎來投票日。這天總是會在車上度過。從清晨到夜晚，我們會不停在各處的投票亭和「選舉會議室」[03]中巡迴來去。參選人可進入任何投票站已是慣例，雖然我不知道這對他們來說有什麼好處。你看見選民出現，拿到選票，進入那小小的隔間，將那至關重要的叉叉符號，畫記在正確（或錯誤）的地方。你不需要掌握讀心或剖析人格的技術，就能準確猜出大多數的人投給誰。一個躲閃的眼神或友善的眨眼，通常就已能提供足夠的訊息。隨著一天緩緩過去，選民越來越多，興奮感也隨之提升。你會看見一大群孩子尖叫著、揮舞著政黨旗幟，歡迎或抨擊各參選人。最晚到晚上九點，一切都會拉下帷幕。在過去，每個選區幾乎都會在當晚開票。現在，許多行政區和郡的選民都變得如此眾多，難以負荷，因此必得在結果公布之前，捱過一個精疲力竭、懸心吊贍的夜晚。一旦走進點票室，你就非得待到塵埃落定不可。因此，你最好別太早進去，進去時也要確保你帶上充足的提神物品。通常，點了兩個小時的票，就能獲得不錯的預估。你會在選務官的桌上看見整整齊齊、堆積如山的選票，也能在你的朋友或對手的臉上，看見和堆疊狀況相呼應的神色。然而，有時投票結果相當接近，直到點完最後幾張票，才能揭曉祕密。結果究竟如何？是勝利，或是落敗？無論勝負，都得發表一場簡短的演講！

我幾乎總和對手保持融洽的關係。我不像前幾天那位伊斯陵頓的參選人那麼誇張，甚至親吻了當選的女士，但我幾乎總會和對方握手致意。競選期間，我總會試著避免提起對手的名字，或在競選期間忽略他們的存在。但在一切塵埃落定後，無論結果如何，你總該表現出和氣的樣子。如果你當選了，就詳細說明這場競選有多麼公平（不管你的真實感受如何），並表示你會如父親那樣看顧所有選民，不論他們支持哪個政黨都一樣。如果你落選了，就恭賀勝利者，並讚美他將如何為國會增光。我曾看過在這種場合中大受打擊、痛苦不堪的人，就連一些過去的偉大人物，也會在落敗時流露強烈的情緒，其中又以約翰．莫萊（John Morley）和威廉．哈寇特爵士（William Harcourt）為最。但這

03 「選舉會議室」為英國選舉術語，指政黨籌備選舉的地點，通常是在投票當天使用的房間，進行追蹤支持者投票情況、組織前往投票站的交通手段等工作。

對你毫無益處，只會讓你的對手為此高興。假裝這只是無關緊要的小事會是更好的選擇。看見你的支持者傷心是最痛苦的事。有時候，這的確讓人分外唏噓。自願奉獻數週、進行無私勞動的男女，個個淚流滿面，彷彿世界末日已然降臨！這是整件事最糟糕的部分。但是，更常見的結果是——你當選了。我總共參選了十五次，落選五次，當選十次，隨之而來的歡騰是多麼強烈！歡聲雷動、人們輕拍彼此的背、互相握手，還把帽子拋到空中！讀者可能已經明白，我並不喜歡選舉，但正是這許多次的參選過程，教會我了解並尊重這個島上的人民。他們一直保持高尚良善。自由黨員、保守黨員、激進派和社會主義者，其中都蘊含著多少善良與優秀的運動家精神！

我已在自傳中提過我在奧丹參與的兩次選舉。第一次是沉重的挫敗，但第二次的選舉發生在我自南非戰爭中歸來後，當時我身上纏繞著投身這種輕鬆戰爭的人都有的魅力，選舉結果可說是篤定的勝利。但是在國會解散時，英國政壇掀起一陣動盪，時至今日，我們仍受到其餘波影響。張伯倫先生對自由貿易制度的攻擊，不僅成為政治的主流特徵，也成了檢驗其餘事物最重要的測驗和焦點。自由黨推派我成為曼徹斯特核心區域，即「交易區」的候選人，此地公認是曼徹斯特的重心所在。我個人的這場選戰，也是舉國上下對保守黨政府掀起的強烈反抗的一部分。人們從未見過這種場面，而同樣的陣仗，要到一九三一年才會再現。在保守黨二十年來的統治走向不可避免的終結之際，貝爾福先生[04]繼承了索茲伯里勳爵[05]（Lord Salisbury）的首相之位。索茲伯里勳爵的去世，也為英國歷史上的一個明確且鮮明的時期畫下句點。保守黨鑄下許多錯誤，也犯下許多暴行。但無論他們做了什麼，或是沒做什麼，都無法扭轉一敗塗地的命運。愚昧和驕傲又將這場失敗轉化為毀滅性的打擊。當時，最早投票的選區公布開票結果，和較晚投票的郡點完選票，大概會相隔五、六個禮拜。曼徹斯特在大選首日或次日舉行投票。曼徹斯特市和鄰近的索爾福德市共有九個席次。幾個禮拜前才坐上首相之位的貝爾福先生，率領保守黨投入這場選戰。而我則肯定是自由黨方最知名的人物。這場選戰相當激烈，但從一開始就能清楚知道民意站在我們這邊。不過，沒有人能預料到我們最終會大獲全勝。就算是最狂熱的自由黨員，也不敢相信這種事竟會發生。我們早晨起床時，九個席位都被保守黨占據。我們夜晚就寢時，自由黨贏下了所有席次。我穿過被人群擠得水泄不通的街道，回到下榻的旅館。亞瑟・貝爾福和他的所有朋友都輸得一塌糊塗。他的妹妹愛麗絲深感痛苦。我們只交換了疏離卻客氣的問候。

04 亞瑟・詹姆士・貝爾福是第三代索茲伯里侯爵的外甥，也是侯爵指定的繼承人，在一九〇二年至一九〇五年擔任首相，保守黨卻因關稅改革的問題而分裂，並在一九〇六年的大選中遭遇大敗。

05 羅伯特・加斯科因－塞西爾為第三代索茲伯里侯爵與保守黨政治家，在迪斯雷利死後領導保守黨，曾三度就任首相，在第三次任期中，因為波爾戰爭而導致內閣分裂，最終使他在一九〇二年辭去首相職務，由其外甥貝爾福接替。

一些自由黨人在米德蘭酒店共進晚餐。那棟全新、巨大而現代的建築物，誇耀著當時蘭開夏郡的財富與力量。一位英勇而身量矮小的先生也出席了晚宴，他名為查理斯・漢斯（Charles E. Hands），在《每日郵報》（*Daily Mail*）任職，曾經擔任南非戰爭的通訊記者，我便是在那裡和他結識。在梅富根城戰役中，他的胸部被子彈射穿。他的文筆非常好，但他無疑站在保守黨那邊。我邀請他前來一同晚餐。「你覺得如何？」他說：「這就像在被賭倍的無王合約中打出大滿貫。」的確非常相似。第二天，數量眾多、逢迎諂媚的報紙，都恭維這場勝利，並宣稱這是道德標準戰勝貝爾福先生的搖擺不定與損人利己的結果。貝爾福先生過去確實錯得離譜，也出了許多紕漏，但我當時已經足夠聰明，沒有受到這些言論蒙蔽。

赫里福德的詹姆士勳爵（Henry James）在他最近的回憶錄中，描述了身在桑德林漢姆宮的愛德華七世（Edward VII）得知這些驚人結果時的景況。他在給我的信中寫下：「你一定覺得自己『漫步在雲端，站在權力的巔峰』。」全國人民都和曼徹斯特的選民看法相同。執政多年的保守黨崩潰解體，離開國會的保守黨議員有將近四百人，重回議院的卻僅有一百人。[06]

平常支持保守黨的輿論掀起了巨大的浪潮，但我們從中奪取的這種席位，通常會在第一時間回到輿論原先效忠的對象手中。一九〇八年春天，我進入內閣，擔任貿易局主席。在那時，這代表我們需要一場補選[07]。自由黨政府已經執政兩年，而當時他們也面臨政府時常陷入的處境：支持者感到失望，政敵則虎視眈眈。這場選戰極為艱難，所有反對政府的力量匯流一處，投注在其中最為積極的一位參選人身上。但是，這場選舉最讓人記憶深刻之處，在於這是女性採取激進形式推動參政運動的開端。曼徹斯特是潘克霍斯特家族的家鄉。在兩名女兒克麗斯塔貝（Christabel Pankhurst）和西爾維亞（Sylvia Pankhurst）的幫助下，可敬而堅毅的潘克霍斯特夫人（Emmeline Pankhurst）決心採取激進路線。當時，女性積極參與政治仍算是新奇的事。對所有人來說，將一名婦女趕出公開集會，或以粗暴的方式對待她，無疑都是讓人生厭的想法。自由貿易廳上演了痛苦的一幕：克里斯塔貝．潘克斯特小姐將集會攪得一團糟之後，披頭散髮、可憐可嘆地被逐出會場。這是系統性打斷公開演講的起點，也是所有自由黨會議受到中斷和陷入混亂的開始。對那些在意自己的演講風格和形式的人而言，受到持續不斷、精心計算且尖銳刺耳的干擾，實在讓人最為惱火。就在你正要進入長篇演講中最為感人的部分，或是進入論述中最為複雜的觀點時，就在一切都順利無比，聽眾深受你吸引時，突然響起一道高亢的質疑：「那女人呢？」「你什麼時候要給婦女投票權？」諸如此類的聲音。上一個

06 其實保守黨共贏下一百五十七席。

07 新的內閣大臣必須經由重新選舉，當選進入下議院。

出聲打斷的人才被請出場，下一個埋伏在會場其他地方的人便接手了干擾的任務。這讓繼續闡述互相關聯的論述變得非常困難。這一切都發生在我再度角逐曼徹斯特西北選區席位的選戰之中，最終，我以數百票之差，敗給兩年前在大選中輸給我的喬因森—希克斯（William Joynson-Hicks）先生，即後來的布蘭特福德子爵（Lord Brentford）。

從公布投票結果的市政廳走到曼徹斯特革新會（Manchester Reform Club）[08]，只需要五或六分鐘。我在喧鬧群眾的陪伴下走進俱樂部。才一進門，一封電報便交到我的手上。那封電報來自丹地，當地的自由黨一致同意邀請我接替現任議員埃德蒙．羅伯遜（Edmund Robertson），成為他們的下一任參選人。羅伯遜先生目前在政府中的職位不高，且即將升任為上議院成員。從我在曼徹斯特落選，到收到前往丹地參選的邀請，只過了七分鐘，這並非誇大其詞。丹地的這一席當然是這座島上最穩固的自由黨席次之一。自從一八三二年的改革法案以來，保守黨從未成功奪回這一席。工黨運動仍在萌芽階段。在這裡，我找到了為期十五年的休憩之所[09]，在那段和平與戰爭交替的動盪歲月中，我在五次大選中都獲得極高的多數票，一再重返議院。儘管如此，我在這裡打的第一場選戰一點也稱不上輕鬆。這座城市的保守黨員充滿旺盛的鬥志。政治光譜的另一端是一位工黨候選人（郵政工會的幹練代表），最後是一位古怪而不顯眼的人物，即蘇格蘭禁酒黨（Scottish Prohibition Party）的斯克林傑先生（Edwin Scrymgeour），他為上帝在塵世的王國辯護，並特別關注酒精造成的危害。

第一個禮拜，我花費所有心力和保守黨員競爭，完全忽略來自工黨的攻勢。在第一個禮拜的尾聲，自由黨已經團結起來對抗保守黨，是時候將矛頭轉向社會主義者了。因此，在投票前的那個禮拜一，我批判了社會主義的所有方面。整體看來，我認為這是我發表過最成功的競選演說。全部的聽眾超過兩千人，他們一邊歡呼，一邊歌唱，一邊和我一起走過丹地的街道，一路將我護送回旅館。此後，我們可謂一帆風順，大步邁向勝利。投票日當天，在從倫敦前來的朋友、助手及追蹤選情的大批記者之間，蔓延著一波恐慌。據說我再度落選，而且這是確定的結果。但是，當地自由黨協會的主席喬治・里奇爵士（George Ritchie），一位年長的蘇格蘭紳士，只是冷冷地微笑，說：「我們大概會拿到三千張多數票。」事實也的確如此。

當時，我已在競選活動上花費將近兩個月的時間。這是最勞神費勁的兩場選舉。那些進行女性參政運動的女士們，現在被稱為「婦女參政運動者」（Suffragettes），她們從曼徹斯特一路跟隨我到丹地，其中一位蘇格蘭悍婦尤其狠毒，她隨身攜帶一組晚餐鈴，以巨大的噪音打斷她能入場的每個會議。持續而長時間的壓力和焦慮，讓我筋疲力

08 為曼徹斯特地區自由黨政治人物的俱樂部。

09 邱吉爾於一九〇八年至一九二三年間都持有丹地的席位。

竭。補選總是遠比大選困難。這兩場補選接踵而來，毫無喘息時間，也因此吸引了全國的關注。我每天都必須發表好幾次演說，而且所有報紙都有相關的報導。不停產出新的素材，保持競選的熱情，同時擔任內閣閣員，領導一個重要的部門，耗盡了我所有的氣力和精神。回到倫敦，由當時的首相阿斯奎斯先生引入下議院，並坐上內閣閣員之位，安穩享受貿易局的工作一事，的確讓我感到無比寬慰。

我該補充一點：禁酒主義者斯克林傑先生，只奪得三萬張選票中的三、四百票。然而，他卻堅持下來，進入一九一〇年的兩次大選名單。他在一九一七年的補選中成為我的對手，當時我再度入閣，擔任軍需大臣。他再度投入一九一八年的「勝利大選」（Victory Election）[10]。他的得票數隨著每一次參選而攀升，到了第五次參選，他獲得的票數已從當初的三百票爬升到四、五千票。戰爭期間大幅擴張的選舉權，改變了丹地政治樣貌的本質。一九一八年，勝利與和平喚起的喜悅以及對德國的憎恨，掩蓋了這些影響。但在一九二二年，勞合．喬治先生的聯合政府分崩離析後，這些新選民的整體力量便隨之顯現。在競選開始的三天前，我因闌尾炎而倒下。我及時動了一場重大的手術，腹部的傷口足足有十八公分長。我的妻子和一些朋友必須盡力維持選情。

湧動的浪潮猛烈地向我們撲來。各地的集會都被打斷、陷入混亂，但這次的罪魁禍首並非單一個人，而是更加糟糕的事物——大眾的不滿與敵意。直到投票前兩天，我才獲准從倫敦前往選區。在手術後第二十一天，我在兩場大型集會中發表演說。第一場集會是售票入場，現場秩序井然，我得以闡明完整論述。傍晚的集會在丹地的訓練大廳舉行，裡頭擠滿了八、九千人，且絕大多數的人都對我抱持敵意。我無法站立，傷口也還未癒合。我必須坐在輪椅上，由他人抬上講臺或是移動到各個地方。一場大手術無疑是對身體系統的一大衝擊。我感到極度虛弱，萬分不適。當我在訓練大廳中被抬上講臺，穿過聚集於此、大聲叫囂的社會主義者時，我看見某些較年輕的男女流露出強烈的仇恨之情，這讓我大感震驚。老實說，若不是因為我如此虛弱無助，我相信他們一定會攻擊我。雖然我在過去八年間獲得丹地保守黨的全力支持，但在新選民的猛烈攻勢之下，保守黨和自由黨都被掃地出門。投票結束前的最後兩個小時，許多曾因未繳納稅款而被剝奪選舉權的人，以及大量的貧困婦女和女工，全都湧向投票站，長而密集的隊伍將投票站牢牢圍在中間。在「勝利大選」中，我失去了一萬五千張多數票，並以一萬多票的差距慘敗。那麼勝選者是誰？正是那位斯克林傑先生。這已經是他投入的第六場選舉，而這次他獲得的票數，已從當初的三百票躍升為三萬五千票。

我一點都不怨恨他。我知道以某種程度而言，他的進步反映了一股道德與社會復甦

10 由於剛剛結束的一次大戰，這場大選又被稱為「勝利大選」，這是部分婦女獲得投票權後的第一場大選，也是數百萬工人階級男性獲得投票權後的第一場大選。

的強烈潮流。在他努力爭得席次的這十五年間，他幾乎走訪了丹地的每一戶人家，還拜訪了好幾次。一群信奉基督教社會主義的人，忠誠地支持他，並且追隨著他。他過著極端克己的生活，他代表著這座城市的貧困與苦難，也代表這座城市對嗜酒無度的反抗（這種風氣為丹地招來罵名）。我得承認，我從未在英國其他地方看見類似的情況。輪到他按慣例向選舉監察官致謝時，斯克林傑先生卻轉而向全能的上帝獻上感謝。我實在太過病弱，無法出席，也永遠辭別了丹地，被送回倫敦和法國南部進行長時間的休養。

這是個彰顯政治生涯沉沉浮浮的好例子。我曾在自由黨與保守黨都展現忠誠的聯合政府中擔任要職。在兩年內，我成功處理我國在巴勒斯坦與伊拉克的事務，也順利實現《英愛條約》所需的精巧而危險的安排。我想我可以說，在我擔任內閣閣員時，一九二二年是我在下議院經歷過最繁華的時期。突然，一切都土崩瓦解。我被救護車緊急載進醫院，才剛恢復意識，就聽說政府已然垮臺，而且一直以來和我們由衷合作的保守黨友人與同事，在一夜內化友為敵。我不再是內閣閣員，而且在幾個禮拜後，長期支持我的選區拒絕了我，以最決絕的方式將我驅逐。請注意，這一切都發生在那一年的年底，而絕大多數的人都同意，那一年是我在國會和政府部門中最為成功出彩的時期。一眨眼的時間，我發現自己失去了職務、失去了席次、失去了政黨，也失去了闌尾。

但是，在我參與過的所有選舉中，就屬一九二四年的西敏選區補選最為興奮、激盪而教人感動。自聯合政府垮臺以來，已然過了十八個月，而政治局勢也已發生劇烈而讓人傷感的變化。博納．勞先生棄世，由鮑德溫先生繼任首相大位[11]，但這位新任首相卻突然呼籲全國接受貿易保護政策。他一敗塗地，而自由黨決定讓社會主義者掌握大權[12]，不僅是我國歷史上首見，也讓大眾深感震驚。在西敏的修道院選區出現一個空缺時，我決定以自由黨員的身分參與選舉，希望能與保守黨一起阻止社會主義發展。一開始，實現這個目標的可能性微乎其微。我不屬於任何組織，也對成立組織一竅不通。保守黨、自由黨和工黨三個大黨，都各自推派參選人，並傾盡所有資源支持他們。投票日定在可行期間的第一天，留下的競選時間不到半個月。然而，我立刻體會自己受到真正且自發的民意支持，不禁大為振奮。頗具名望的重要人士從各地前來，加入我的陣營。倫敦媒體都站在我這邊，幾乎無一例外。當地的保守黨協會因意見分歧而分裂。這道裂痕迅速擴展，延燒到整個保守黨。每個人都選邊站，家庭一分為二，將近三十名保守黨議員來為我站臺，也為我的競選委員會貢獻一分心力。精力充沛的朋友們則掌握

11　一九二二年時，鮑德溫主張保守黨應該退出聯合政府，導致勞合．喬治的政府垮臺，由博納．勞組建政府，在博納．勞因癌症辭去職務時，鮑德溫接任首相，但在為了引進保護性關稅而舉行大選時，保守黨失去多數席位，之後其政府也垮臺。

12　一九二三年年末大選後，保守黨政府垮臺，以阿斯奎斯為首的自由黨決定支持工黨，一九二四年一月，麥克唐納成為第一位工黨出身的首相。

了這個組織。在第一個禮拜結束時，我那助選經驗豐富的主要副手傑斯特上尉（Freddie Guest）[13]向我保證，我的參選獲得了大力支持。

上議院、下議院、中央政府、白金漢宮、最重要的俱樂部和劇院、聖詹姆士街、河岸街、蘇活區、匹黎可區和柯芬園，都位在這個選區內。這是世界上最奇特、最非凡的選區之一，最貧困的人和最富有的人齊聚一堂，而在這絕妙的倫敦金融區內，你能找到每個行業、職業和興趣的代表機構，乃至於他們的大本營。偉大倫敦的浪潮，在街道上來回奔淌。隨著競選活動展開，我開始獲得各方支持。公爵、職業賽馬騎師、職業拳擊手、宮廷侍臣、演員和商人，都堅定熱情地成為我的後盾。戴利劇院的歌舞女郎們通宵未眠，將選民的地址謄寫到信封上，並發送選舉公報。看見這麼多來自各種階級、年輕貌美的女子，出於全然無私的理由，熱情地投入和我有關的事業中，實在令人歡欣鼓舞、精神煥發。保守黨的領導者也分成兩派。鮑德溫先生支持保守黨的參選人，貝爾福勳爵則在鮑德溫先生的默許下，寫了一封信支持我。最後那場點票的興奮程度，是我前所未見。直到最後一刻，我都確信自己已然當選。在最後一批選票被放到桌上時，有人說：「你贏了一百票。」引起一陣高聲歡呼。外頭等待的群眾聽見了歡聲，而勝選的電報便發到了世界各地。但是在一分鐘後，實際結果顯示，在將近四萬張選票中，我以四十票之差落敗。我必須承認，我非常享受這場選戰的每分每秒。

當時，我已連續落選三次——分別在丹地、萊斯特西區和西敏，因此，當我在一九二四年大選結束時，於埃塞克斯西區拿下一萬票，獲得多數選民的支持重回國會，實在讓我鬆了一口氣。這代表我在兩年內經歷四場選舉！這肯定已經足夠讓所有人滿意，也讓我誠摯盼望，自己已在埃平的林地之間找到休憩的所在：只要我仍繼續關心世俗事務，就能一直在此安心歇腳。

13 弗萊迪．傑斯特，於一九〇六年退役前升任上尉，之後成為邱吉爾的私人祕書。弗萊迪是邱吉爾的表弟，也是他的朋友，後來追隨邱吉爾，轉而加入自由黨。

第十六章

英愛條約

The Irish Treaty

在我參與過的英國國家政策中，引發大眾最激烈、最衝突的情緒的一項，就屬促成《英愛條約》[01]的協商。在愛爾蘭形成的叛亂形式特殊，對大英帝國這龐大而複雜的政府體系而言，與其達成協議可能會動搖政府根本的權威——數億來自不同種族與社會的人民所需的和平與秩序，正是建築在這種權威之上。忠於職責而謙卑的王室代理人已被殘酷謀殺，或即將被暗殺，這是愛爾蘭方蓄意選擇的戰略特色。軍官、士兵、警察、官員，往往手無寸鐵，就被那些人近距離射殺。雖然他們自認屬於敵軍，但身上卻沒有任何可供識別的標誌，也沒有在任何方面遵循奉行已久的戰爭法和戰爭慣例。我們最多只能說，這些人的動機並不自私或齷齪，只能說他們準備好獻出自己的生命，只能說大體而言，他們也獲得同胞的情感支持。正處於權力顛峰的偉大帝國，在取得最輝煌的勝利隔日，就著手進行了一場極具爭議和危險的實驗，即是在委員會中接見這些人的領袖，並試著透過他們建立一個文明且可敬的國家政府。

另一方面，擺在我們眼前的是愛爾蘭的歷史，身為姊妹國與近鄰的英國和愛爾蘭那世代不止的爭端與傷害，以及英國所有開明心靈對結束這場可厭世仇的渴望。十九世紀時，英國和愛爾蘭都重申雙方立場，這遠比過去黑暗時期更臻完善。英格蘭寬容大度地提供愛爾蘭許多補救措施與和解程序，愛爾蘭則主要仰賴符合憲法與議會程序的行動來支持她的主張。一八八六年，我們本有可能提出一個解方，而且不管對愛爾蘭還是大不列顛而言，都遠比我們最終選擇的方案更為安全穩妥。在下議院針對《愛爾蘭自治法》（Home Rule bill）進行那關鍵的表決之前，格萊斯頓先生說：「愛爾蘭在等待各位的宣判，她心懷期待，充滿希望，幾乎可說是謙卑祈求。她的話語來自真實與冷靜。她所求的是幸福地遺忘過往，而在這種遺忘之中，我們所能得到的利益遠遠比她深厚……請想想，我懇求各位——仔細地想，明智地想，不只想著當下，而是想到未來，再決定是否要反對這條法案。」一九〇三年，下議院表決通過愛爾蘭的自治要求，但上議院卻否決了這項法案。一九一四年，在最激烈的黨派鬥爭持續四年後，第三自治法案似乎將獲成功，但偉大的保守黨卻——不知算是正確還是錯誤地——公開宣稱並採取違反憲法的行動。當這可厭的議題淹沒在大戰的隆隆炮火聲中，我們的國家幾乎瀕臨內戰邊緣。最終，第三件《愛爾蘭自治法》獲得通過，但條件是大戰結束後才會正式生效。到了一九二〇年，儘管我們不斷努力，問題仍然懸而未決，現今的愛爾蘭只能以恐怖和鎮壓的手段治理，但這恰是英國制度與民族性深刻厭惡的方法。

若你想以真實公正的眼光看待《英愛條約》協商一事，那以上這兩個情景，都必須

01 編註：《英愛條約》於一九二一年十二月六日簽訂，將原先統一的愛爾蘭分割為兩部分：南部和西部二十六個郡所構成的愛爾蘭自由邦，以及劃歸英國的東北部六郡。此一條約的簽訂導致了一年後的愛爾蘭內戰，至今仍深刻引響愛爾蘭的社會與政治。

細細審視。要想解釋英國政府的困惑，以及他們決定「抓住更大希望」[02]的原因，這兩件事缺一不可。

真正開啟協商的事件是國王親自召開的白金漢宮會議[03]。對大臣們而言，曲解君主的話語，使其只適用於北愛爾蘭的人民實屬不當。眾所周知，國王不僅行事符合憲法規章，也認同憲法的精神，誠摯盼望能以言詞吸引他所有的愛爾蘭臣民——不分南北、不分橙綠[04]。君主的觀點凌駕於黨派爭端、種族和宗教的衝突，以及所有片面意見的分歧之上，極其自然地包容了整個帝國的共同利益，而非偏狹一方。北愛爾蘭首相詹姆士・克雷格爵士（James Craig）早已單槍匹馬、手無寸鐵地尋找戴・瓦勒拉先生（Éamon de Valera）[05]的藏匿之處，以相等的政治才能和勇氣為和平奮鬥。因此，政府也擔起應負，且只有他們能負的責任，在國王的演講中插入相當真誠的呼籲，呼告共同努力結束這場災難性的可憎衝突，這場日益擴大，日益損害愛爾蘭及大英帝國名譽的衝突。這一呼籲深刻觸動兩座島嶼的人民，也獲得廣大迴響。從那一刻起，事情便不停推進，往建立愛爾蘭自由邦的方向前進。

說服現在已被公認為愛爾蘭領袖的人，讓他們相信大英帝國政府抱持著真誠和善意，打從一開始就是重中之重。這個議題太過重大，沒有討價還價或斤斤計較的空間。我們一開始就表明準備提供給愛爾蘭的所有權利，也聲明無論如何都無法再退讓一步。我們也清楚說明，如果我們的提議獲得接受，不管政府或政府要員將因此承擔什麼政治後果，我們都將毫不猶豫地立刻履行條約。在這種基礎和精神之上，漫長而重要的協商開始了。

早在協商初期，我們便發現自己面對的，不只是愛爾蘭極端祕密的政治結社那不切實際、無法實現的狂熱主義和浪漫主義，還有在兩國之間流淌數個世紀的不信任與仇

02 典出丁尼生（Alfred Lord Tennyson）作品《悼念集》（*In Memoriam A.H.H.*）第五十五首。

03 一九一四年，英王喬治五世（George V）為解決愛爾蘭問題，於白金漢宮召開會議，但出席的愛爾蘭民族主義者與統一主義者並未達成共識。

04 綠色代表愛爾蘭南方的天主教徒，橙色則代表愛爾蘭北方的新教徒。

05 編註：艾蒙・戴・瓦勒拉是愛爾蘭獨立運動的領導人，參與一九一六年復活節起義（Easter Rising），並因此被監禁十五個月。一九二二年，他領導反對《英愛條約》的強硬派共和黨員，發動了愛爾蘭內戰，以失敗告終。一九三〇至七〇年代曾先後擔任愛爾蘭總理以及總統。

恨。矽藻土炸藥和其他高性能炸藥的基本成分是強酸。這種可怕的液體需要先經過緩慢而精細的準備，再和完全無害的碳化合物結合，成為一股受到壓抑與濃縮的爆炸能量，威力足以將建築物和人炸成碎片。仇恨之於政府，就如同強酸之於這種化學反應。若借用吉卜林先生（Rudyard Kipling）的話，愛爾蘭抱有的仇恨能將「來福槍的槍托金屬底板生吞活剝」[06]。感謝上帝，這樣的仇恨已在上個世紀便自大不列顛島絕跡。而我們必須克服這一切。

負責協商的英國大臣與愛爾蘭代表間逐漸建立起的私人關係，對達成協議而言至關重要。我稍微帶過這場長期談判期間發生的幾件事，來說明雙方是如何捨去偏見，對彼此的信賴和理解又是如何茁壯，最終成為曾經橫跨於我們之間那道深淵的橋梁。

格里菲斯先生[07]是一位作家，對歐洲歷史和國家政體有深厚的研究。他是個性格堅毅、正直高尚的人。他和愛爾蘭人平素給人的印象大相逕庭：他沉默寡言，幾乎總是閉口不語。但他在我面前說到的話總會做到，從不食言。勞合．喬治先生曾說，當雙方可能採取的敵對行動看似將撲向我們，讓協商進入極度危急的局面，使磋商破局，仇恨繼續，格里菲斯先生平靜地表示，不管其他人會採取什麼行動，至少他都會接受英國政府的提案，也會回到愛爾蘭力勸人民接受。

麥可・柯林斯[08]就沒有和他這位年長的夥伴一樣，享受到教育帶來的優勢。然而，他天生的品行和才智，在許多方面都讓人印象深刻。和他的上級相比，他和這場衝突中發生的駭人事件牽扯更深。因此他在愛爾蘭激進團體中享有更高的名望和影響力，但他內心的衝突及他和同僚之間的衝突也更大。

我在某次會議時向他說：「我很確定，你更希望能和我們在戰場上正面交鋒。」

他的眼中流露出高興之情。

他答道：「我已經寫了一份報告，申明我們有限的武力不符合交戰國的資格。我們甚至連個能組成一支軍隊的郡都沒有。」

之後他又說：「一九一六年的復活節起義，你們有數百萬名武裝士兵，而我們在都柏林總共只有幾百個人，他們都覺得自己死定了。那是我們最接近軍事行動的嘗試。」

06 典出吉卜林詩作〈一個年輕的英國士兵〉（*The Young British Soldier*）。

07 亞瑟・約瑟夫・格里菲斯於一九〇五年創立愛爾蘭的新芬黨，期望愛爾蘭能獲得自治權，於一九二一年成為愛爾蘭代表，前往倫敦討論愛爾蘭自治問題。

08 麥可・柯林斯參與過一九一六年的復活節起義，領導愛爾蘭革命，其後於一九二一年擔任格里菲斯的副手，以愛爾蘭代表的身分前往倫敦商談合約。

我問道：「如果在我們撤回所有警力和絕大多數的軍隊後，你們打破條約，宣布建立共和國，狀況將會如何？」

他說：「這個嘛，你們還是會有大批軍隊駐守大多數的重要場所，而且還能從四面八方直接進入我們的國家。就我個人來說，我會盡全力避免破局。如果只有一部分激進分子，我們應該能自行阻止他們。但如果大多數的愛爾蘭人決定和英國開戰，我也不能和他們為敵。我會交出所有權力，站在他們那邊，以普通士兵的身分奮戰到死，那也花不了多少時間。你們將有權以任何符合戰爭規則的方法對待我們。而且全世界都會說是我們的錯。但不論如何，這種狀況都不會發生，事情不會糟到那個地步。」

有一天我對格里菲斯先生說：

「我希望我們能把你們打得一敗塗地，再給你們我們現在願意釋出的權利，就不用像現在一樣綁手綁腳。」

「『我』明白你的意思。」他回答。「但你的同胞會明白嗎？」

我無法確定。能迅速切換到完全不同的行動模式，轉向完全不同的心境，了解唯有透過寬容才能永遠保有以武力獲得的一切，這樣的勝利者在歷史上實屬罕見。在勝利當下，政策會被爭鬥的強烈情緒蒙蔽視線。但和敵人的爭鬥已然結束，剩下的只有和自己的爭鬥，那卻是最艱難的。因此世界前行的腳步不僅非常緩慢，還會不時碰上無數挫折，就算偶然會有人窮極努力，提出更優越的解方，也幾乎總是被白白浪費。我們必須同時使用兩種截然不同的天性。那些能夠贏得勝利的人無法帶來和平，那些可以帶來和平的人永遠無法贏得勝利。我們難道沒有親眼看見歐洲以最龐大的規模演示這個教訓嗎？然而，畢竟我們也曾看見葛蘭特將軍（Ulysses S. Grant）在阿波馬托克斯的舉止：他將自己軍隊急需的糧草迅速送進士兵挨餓的南軍營地，並要李將軍（Robert E. Lee）將他拉著火炮的馬帶回南方，耕種被摧毀的田地。我們也曾看見俾斯麥的政治手腕：一八八六年，他推動普魯士的國王、內閣及將領和奧地利開戰，接著在薩多瓦會戰的翌日，當奧地利任他發落之時，他卻在一小時內突然轉變立場，將他們又推往相反的方向。我們也曾看見偉大卻受到無知誹謗的卡斯特爾雷子爵（Viscount Castlereagh）與法國鬥爭長達一代後，在勝利之日，沒有讓法國分裂或受到壓迫，而是威脅要與普魯士和俄羅斯兩個盟友一戰。在我們這個年代，也看見南非的光景，我們在那裡握有不可動搖的勝利，卻緊接著推行完全讓步的政策，直到今天都還收穫良好的結果。

我們和波耳人的協議，以及我在波耳戰爭中那鮮活生動的親身經歷，成為我在愛爾蘭議題中最大的安慰和啟發來源。這的確幫助了所有人。我還記得，某一晚格里菲斯先生和柯林斯先生到我家和首相會面。當時正是危急之際，協商似乎懸於一線，隨時可能破局。格里菲斯獨自上樓和勞合・喬治商談，柯林斯則留下來，和伯肯黑德勳爵與我在一起。他當時的情緒相當糟糕，張口便是指責和挑釁，場面一觸即發，我們三個都很難壓下脾氣。

柯林斯大聲叫道：「你們沒日沒夜的追殺我，還懸賞我的頭。」

我說：「等等，你不是唯一得到這種待遇的人。」接著我便從牆上取下一張裱框的懸賞單。那是波耳人發布的，只要重新俘虜我，就能獲得一筆賞金。「至少你的價碼不錯，你值五千英鎊呢。看看我，不論死活，二十五英鎊。你覺得怎麼樣？」[09]

他讀起那張懸賞單，讀完後便放聲大笑。他的怒氣煙消雲散。我們進行了一場深具實質成效的對話，而自此以後，在我看來，我們從未失去共識的基礎。雖然我也必須承認，在我心裡深處，仍認為我們之間橫著某種隔閡。

麥可．柯林斯和英國政府往來時，一直信守承諾。有時候，加諸在他身上的壓力和緊張大得無法想像。他時時面臨死亡威脅，而他對那些人的手段再了解不過。他那些執意步上黑暗歧途的同黨譴責他背叛國家又背信棄義，他成為數次謀殺陰謀的目標，他被迫做出痛苦的抉擇，讓他的心不得安寧。雖然受到衝動天性影響，但他始終堅守他和英國大臣們的承諾——即使他曾經如此厭惡這些人，至少他最終學會了信任。他下定決心，絕不會讓愛爾蘭之名，因為違反這奠基於真誠與善意之上的條約而蒙受侮辱。

在協商進入尾聲時，柯林斯對我說：「我想我很快就會被謀殺。但這會成為一種助力。比起活著，我的死亡更能帶來和平。」

他的確很快就用自己的鮮血彌封了這一條約[10]。約翰・拉弗里爵士（John Lavery）在他為這名已故愛爾蘭領袖繪製的肖像畫上，題了「對愛爾蘭的熱愛」幾字。這當然再合適不過，但或許結尾還能加上「為了英格蘭的榮譽和善意」。位於海峽兩岸的國家一同完成了意義重大的信仰行動，我們也誠摯希望，數百年來的詛咒終將因此化解。

09　原註：其實英國政府從未提出這一懸賞，但我當時並不知情。

10　編註：柯林斯簽署一九二一年的《英愛條約》後，於一九二二年八月二十二日在愛爾蘭內戰期間遭遇反條約組織的伏擊，中槍身亡。

第十七章

代議政府與經濟問題

Parliamentary Government and the Economic Problem

這場演講的標題可能會讓你們聯想到當今的政黨爭論。但是，你們可以將這種擔心趕出腦海。一旦我穿起學術的鎧甲，就是以追尋真相的探索者之姿站在你們面前。如果在追尋途中，我偶然瞥見更明顯的真相，那麼，我也將毫不猶疑地成為一位嚮導。

直到最近，我們都普遍認為，治理國家最好的方法，就是透過話語。我們的代表，或是自稱有資格成為我們代表的人，集合在一起，面對面坐著，將我們的事務一一辨明。全體人民迫於需要，只能從擺在他們面前的人之中，選出這些代表，儘管他們對自己的決定懷抱些許疑慮，多有抱怨，但也不得不屈服。大眾已經習慣服從國會的決定，而仰賴國會多數的統治者，也敢對不服從的人使用強制手段。也許我們不能宣稱自己是議會制度的發明者，但我們無疑擁有議會的專利權。正是在這座島嶼上，這些代議機構和議院制度發芽成長。議院制度受到眾多國家採用，不論它們的國祚是長是短；但在許多世界強國中，這種制度仍未受到取代。

然而，我們已經看見，一旦這種政府制度奠基在普選權之上，似乎就會失去大量的威信。在選民和議會中間，橫插著各式各樣奇怪且不成文的流程，議會本身也承受許多外部的壓力，以至於「民有、民治、民享」這句名言，已在許多國家化為純粹的空想。十九世紀時，歐洲有許多議會從希望中建起，但在進入二十世紀的二十五年內，就已經被拆毀。我們已經看見，民主對這些機構的態度是如此漫不經心，但民主現在取得的政治地位，正是由這些機構所賦予。經過長久而崎嶇的時光，民主才贏得實際的權利，但現在民主似乎卻已做好準備，將這些權利交給政黨組織、交給聯盟和協會、交給軍事領袖，或是交給各式各樣的獨裁統治。儘管如此，我們還是可以說，代議機構仍是世界各國的共識。在美國，代議機構幾乎完全仰賴政黨運作來發聲，然而，在英國，雖然政黨組織確實必要，也擁有強大的力量，但議會的概念仍占據主宰地位。

我發現，在世界各地的參議院與議院之中，就只有我們的國會是活躍的統治實體——尤其是我們的下議院。我們的議院，就好比是一輛疾馳的汽車，承載著公眾的意見；就好比是一座競技場——或許足夠幸運，是一座設置軟墊的競技場，而必定發生的階級衝突和社會衝突，都在其中角力；就好比是一座學院，所有閣員都自其中揀選。而至今為止，議院都是行政權屹立不搖的基礎。我認為，對我們來說，這些議院機構的珍貴性，幾乎沒有任何事物可以與之比擬。它們似乎已為人民生活和國家行動建立了目前為止最密切的聯繫。議院顯然擁有無窮的適應能力，而且也能有效抵抗各種形式的革命或反動暴力。維護這些機構的健康活力，保衛它們不受外力入侵，在世代遞嬗時，以國家人才、利益與敬重的青春之泉，讓這些機構重獲精力，是每個忠誠子民的義務。

但是，我們也必須及早意識到，自大戰以來，英國人民的公共生活已經發生了巨大的改變。在大戰以前，國會爭論的是政治與社會的議題。各個政黨以一系列陳腔濫調和慣用的爭執，慷慨激昂地互相攻伐，而國家的生活就在這些虛無空洞的激烈言詞下前進。但是，從戰爭爆發以來，國會不再討論政治問題，而是討論經濟議題。現在的情況，已經不再是兩黨互爭，也不是一群政治家駁倒另一群政治家，而是相繼掌權的政府接連面對經濟問題，也會因為在這場決鬥中取勝或落敗而受到評斷。國家對政治不感興趣，國家關心的是經濟。基本上，我們的國家已經得到了它渴望的政治體制，現在它想要的是更多的金錢、更好的時光、穩定的就業、擴張的安逸，以及繁華的物質。我們的國家認為，在現代世界的發展中，自己並未獲得應有的分額，也覺得自己正在失去相對的世界地位。我們的國家認為，科學和機械的進步應當更加迅速。我們的國家抱怨，目前本國生產、消費和就業的情況都彼此無干。我們的國家轉向國會尋求引導，但是，對許多議題高談闊論的國會，現在卻對這個最重要的主題閉口不言。

說到處理政治議題的能力，沒有任何機構能贏過下議院。下議院的架構，能在最激烈的爭論中屹立不搖。下議院的悠久傳統、集體個性、靈活程序、人情交際，以及不成文且不可侵犯的習慣，都讓下議院成為一個有機體，若以同化吸收的效率而言，沒有任何機構能出其右。每一次放寬選舉權限制，議院內議員的個性、觀點與經濟狀況都會隨之改變。十八世紀的輝格黨（Whigs）鄉紳與托利黨鄉紳，才華橫溢的被提名人，或是貴族的後裔，都已經讓位給商業階級和中產階級，而這些階級又接受數百名工人加入。

然而，儘管議會成員的特質已經有了重大的改變，議會的天性和精神卻仍未改變。我們可以確定，如果福克斯、伯克、迪斯雷利或格萊斯頓現在回到我們身邊，他們只需要幾個月就能安頓自在，並迅速得回他們應有的地位。事實上，他們或許會發現這是一場太過簡單的征服。

目前，下議院正致力於消化、吸收一個新的大黨，這個黨建立在體力勞動的基礎上，至少理論上是如此。這是一頓份量極大的美餐，必得花費許多時間吞嚥消化。這條憲法蟒蛇，已經吞噬並消化了許多世代的驢子，只要給牠一段適當的時間，牠就能吞下任何數量的兔子，將這些獵物轉化為自己的營養和利益。同樣的，下議院也馴養、安撫、教導、調解各式各樣條件的男性乃至女性，讓這些男女和國家的基礎機構團結一氣。但是，後面這些小巧精緻的珍饈美味，並不總是如同我們想像的那般易於入口。普遍而言，我們可以說，下議院處理實際政治問題的能力，確實無人能敵。

但是，一旦我們轉向經濟問題，就不是這麼一回事了。因為階級對抗或結盟、政黨敵對或合作而當選的議員，可能會在國會中找到調整彼此差異的方法，也可能會明白該如何持續推動進展，以改變國民生活。投票記數與公認的激烈選戰，可以解決大部分的政治問題，但是，我們相當懷疑這種方法解決經濟問題的可能性。若有人懷疑基於普選權選出的議會，是否真的足以做出正確的決定，解決現代商業和金融的複雜命題，或許也是情有可原。當然，如果下議院緊閉大門，花費三、四個禮拜，專心致志地討論不列顛島以及身為島嶼核心的大英帝國目前所面對的新興、嚴峻的經濟狀況，並提出一系列深思熟慮的解決方案，或許在門打開的那一刻，某人會想出一個大膽的計畫，並得到大多數人的堅定支持。但是，以隸屬政黨、迫切尋求選舉政見的政治人物而言，不管他們是嘗試找到足以解決經濟困難的方法，或是試圖激發選民對這些政見產生偏見的手段，都不太可能取得成功的結果。然而，我們的確亟需在相當短暫的時間內，找到一個國家政策，既能振興我們的經濟生活，也能加速全體人民物質福利的進步。這個政策可能會在幾年內大幅提升我們實質的經濟地位，以及在世界上的相對經濟地位，也可能會為我們打開通往未來的康莊大道。但是，這個政策將無法獲得任何青睞與歡迎，而且，即使有政黨已然掌握經濟的祕密，也不可能在其他政黨的反對之下，孤軍推行他們的政策。事實上，我們甚至可以說，只要是受到人民歡迎，且可能獲得大量選票的政黨，就不可能會推行我們所需的事物，因而也就不會贏下所有人都渴望的獎賞。

現在，讓我們來看看一些經濟議題。狂熱支持政黨的人們，大聲爭辯著這些議題，而眾多保持理智的人，則抱持著真誠的疑慮。

將近一個世紀以來，古典經濟學說已在英國財政部和英格蘭銀行中建立起自己的堡壘。在提出初期，這些學說充滿了氣勢，也包含以下這些共通的原則：不管其他國家怎麼做，也不管任何本國特定產業或利益會面臨什麼結果，都要自由進口。冷酷無情地直接徵稅並用以還債，毫不考慮這種稅務會對個人、企業或措施帶來何種影響。嚴格節約各種形式的社會或軍事支出。堅決主張債權國或債權人的權利，並全面且有效地清償所有債務。對國家補助的各式產業，以及為了創造就業機會的國家貸款，都抱持著強烈的不信任感。對不受國家約束與偏袒的私人企業，則抱持絕對的信賴。這些原則，以及其他類似的原則，都屬於同一種國民經濟學概念，每一本維多利亞時代的課本，都會詳盡敘述和解釋這些原則，而絕大多數的現代歷史與當前的時空，也會為這些原則背書。

我今天不會發表我對這些學說的看法，但是，無論我們如何看待這些學說，我們都能清楚發現，這些教條並不符合當下的情境。毫無疑問，每個政黨都會無意識地從這些經濟法則中，挑出它們認為最符合自己支持者的原則，或是挑出最符合它們目標選民的原則。而剩餘的經濟法則，就被它們忽視或違背。接著，這些政黨便會開始大肆誇耀自己的正統性。但是，增長的民意——尤其是選民的意見，激烈且本能地抗拒這種集體信仰的許多特點。例如，沒有人會贊同薪水應該只用市場的討價還價決定。嶄新的過程、嶄新的地區發展、國際交流的進步，以及巨大的投機買賣，讓當前全世界的工業都陷入混亂無序的狀況。然而，沒有人會同意，只要向失業的工人提倡節約和熱情，就能解決這種事態。只有少數人才會同意，私人企業是推動或建立成果豐碩的經濟事業的唯一機構。人們普遍反對上述種種觀點，而且也早已用實踐證明了這種信念。現在的輿論風氣，極度重視生活條件和勞動條件的最低門檻。多數人不得不承認，各地普通而辛勤的勞動者，應當受到保護或得到保險，以免受到異常的外在干擾。隨著時日過去，越來越多人都不情願地承認，國家應該干預產業──有些人認為該用關稅，有些人認為該用信貸，有些人覺得政府應該直接控制，而所有人都同意應當制定工作場所的相關法規。在上述幾個大標題之下，也已經存在影響深遠而廣泛的法律結構。我們花費鉅資在社會與福利目的上。現在直接稅的稅收之高，過去的經濟學家和政治人物根本無法想像，而這種繁榮也引發了許多反應，不只影響深遠，更有著浪費甚至有害的特性。我們現在面對的這些新力量，在教科書編寫而成時，根本還沒出現。世界物價與特定產業的領導重鎮，都發生了劇烈的改變，但英國穩定攀升的人口，以及穩定提升的消費力，卻都完全無法緩和這些變化。累積的大量資本，得以預見和預先阻止新地區或新流程的有益支出。應用科學方法的大量生產，讓許多卓越的經濟體獲得競爭優勢。許多不受國界、國家情感與財政法束縛的廣大同業聯盟網絡與貿易協議都逐漸形成。以上種種都是新的因素。這種例子還能成倍增加，但已經足夠了。可以確定的是，不論這些經濟學說的邏輯有多麼出色，不論這些學說的作者有多麼著名，這些教科書的教誨，並不足以解決我們目前面臨的經濟問題，事實上，可以說是根本沒辦法解決這些問題。

然而，我們面前的任務更加困難，不僅僅是打破過去的結論那麼簡單。說起來，這些結論可能是正確的，也可能是真實的地基，能夠建造出我們盼望有朝一日入住的宮殿。我們的任務不是拆毀這些地基，將碎片當作飛彈，在政黨爭鬥中朝對方開火。我們的任務是在這個地基上面，建造出嶄新的樓層，而且這層樓要和地基一樣，比例協調、對稱統一。這個危險的難題，由我們提出，也由我們甩在我們古老而可敬的議院機構面前，甩在我們那些面色疲憊的政黨高層或領導人面前。如果過去那些經濟學家的理論，再也無法實現我們社會的目標，那麼，我們就非得以新的學說取而代之，而且，這種新學說同樣環環相扣，也同樣泛用。這種新的制度沒有必要和舊的制度不同。有許多理由可以證明，這個新的系統應當成為一種具有一貫性，但更加複雜的次級應用。

我來舉一個清楚的例子。有一派的人告訴我們，進口會損害國內的經濟，我們應該擺脫進口依賴，並大幅降低進口量。你們可能還記得，大戰期間，德國的潛水艇已經為我們做過類似的事。但還有另一種觀點認為，我們享受的東西，是進口到這座島上的商品，而不是從這座島輸出的東西，而且，拒絕商品進口，等於拒絕出口商品獲得的利潤，因此將會妨礙商品出口，或是拒絕鉅額海外投資所生的利息。所以，也有一派人認為，進口量越多越好。但是，我們為什麼要接受這種非黑即白的二分法呢？難道我們不能以選擇性過程來處理進口的問題嗎？難道我們不能一邊維持穩定的進口量，或甚至提高進口量，同時又改變進口的特點，完全改變進口商品的類型與來源的比例嗎？我們需要的，不是一聲「贊成」或「反對」，而是奠基在系統化原則上的分辨流程。這些原則確實存在，但是，承諾要保護當地產業的議員候選人，幾乎不可能發現這些可用來調整出口和進口的法則，同樣地，在享受礦業選區支持的部長給予支持者的好處之中，也幾乎不可能見到這些原則的蹤影。

顯而易見的是，我們必須以重大、冷靜、專業、不受情感左右且客觀公正的決策來決定這件事。這件事需要公正無私的法則，以做為地方利益和個人利益遵從的準繩。

我並不相信，我們卓越的國會和選舉機構有能力找到真正的準則，就算我們那些忠誠而精力充沛的報紙提供指引，也是徒勞無功。我們可能會看見這樣一場大選：其中有八百萬的選民，被教導唱出這樣的和聲：「讓外國人付錢。」而另外八百萬人則異口同聲地說：「把有錢人的錢拿給窮人，這樣就能提升消費力。」還有另外五百萬個選民吟誦道：「你的食物會變得更貴。」這可能會化為現實，我們很可能將會面對這個情境！但是，就算如此，我們不會變得更有智慧，手頭也不會更加寬裕。

在我們眼前的困境以外，還有現代世界經濟的根本問題，也就是消費能力和生產能力那奇異的不一致性。我們現在具備所有知識和科學技術，也擁有各種方便、快速、遍布世界各地的溝通和通訊手段，但是，最強盛、最有序的國家，卻仍然受到這些違悖常理的浪潮戲弄與掠奪，這難道不是一件奇事嗎？誰會想到，使用技術艱辛製造各種必需品和奢侈品，會比找到願意購買的消費者更簡單？誰會想到，科學和世界各地的國家，竟然無法利用價格低廉、供應充足的基本商品？難道我們在研究和組織方面取得的勝利，只為我們留下一種名為過量的嶄新懲罰嗎？難道我們真的相信，供給和需求無法達到更好的平衡嗎？但是，到目前為止，所有的嘗試都已告失敗。在蘇俄那種極端的共產主義與美國那種極端的資本主義之間，我們已經進行了多方嘗試。我們嘗試了各式各樣的財政政策和貨幣政策，但我們從未獲得成功，而且，和蠻荒時期相比，我們在此議題取得的進展，幾乎可說是微乎其微。毫無疑問，世界各地才智最為敏捷的人，都應該集中精力，專注處理這些難以解釋的裂痕，而這些也正是所有體系和結構基礎的破綻。第一個解決這些問題的國家，將會博得長久的名聲和大量的利益。但是，我們在這裡再度升起同樣的疑問：民主、議會制政府乃至於大選，是否真能做出至關重要的重大貢獻？

難道我們沒有辦法制定出更高級、更複雜的經濟、財務和金融政策嗎？難道我們沒有辦法制定出一套適用於真實條件和需求的一致原則嗎？難道我們不能以國家的高度提出和接受這種政策制度，讓它凌駕於黨派之上嗎？難道我們在設計這種政策制度的時候，無法擺脫政治爭論，也無法獲得壓倒性的全國支持，以進行一場公平的試驗嗎？這就是國會的癥結所在。一旦代議機構對普選權抱以信任，便會暴露在許多危險的威脅之下。這些危險來自左翼，同時也來自右翼。我們可以在今日的歐洲看見這兩種案例。但是，英國的國會系統不會被政治煽動所推翻，因為這正是國會擅長處理的事物。只有在國會證明自己無法處理某種基本且急迫的經濟需求時，這種制度才會被棄置不顧。而現在，這種挑戰已經擺在眼前。

我們必須了解，經濟問題和政治議題不同，無法憑藉國家意志解決，就算手段再怎麼強烈也一樣。經濟問題只能仰賴正確的行動解決。多數票治不好癌症。需要的是一種療法。每個人都知道人民要什麼。他們想要更加繁榮昌盛的經濟。該怎麼達到這個目標？這正是這個嚴峻的問題，不管是選民還是議員都無法回答。就算在政界活動的政府與各個政黨知道問題的答案，也無法自由地公開完整的恰當解方。我們可以在一場選舉中聽見各式各樣的政見，而每一種呼籲背後，也可能包含著一部分的真實。不過，沒有任何政見能夠提供解決辦法。因此，輿論的風向已然改變，希望能在國家和超越黨派的基礎上處理這個問題。有人說，各政黨的領導人應該齊聚一堂，商討出達到共識的政策。然而，這些領導者已經在政界之中打滾太久，或許他們在這種大會上能做到的事，就只有以文明的術語重申自己的立場，而我們都知道，他們各自代表著對立與分歧。

因此，若我們想以新的角度切入這個嚴肅而迫切的問題，那麼，第一步就是讓非政府組織檢視這個問題。這個組織完全不受政黨順應情勢的需求所約束，而且成員都具備優秀的商務專業。有鑑於此，國會應該建立這種經濟機構做為下級組織，並全力幫助其決議。一個主管經濟的次國會，大膽地不顧輿論，日復一日地討論最具爭議的財政問題與貿易問題，以投票得出結論——這是一種創舉，但我們靈活的憲政體制能輕易接受這個新制度。負責商討政治的國會，可以依照黨派，挑選出五分之一的國會成員加入經濟次國會，並邀請技術專家與商業領袖一同入會。在德國，這種想法已經獲得許多支持。這種經濟次國會，當然應該在光天化日之下公開辯論，商討擺在我們眼前、讓我們陷入困境的所有重大經濟議題，且他們不必在乎誰贏得大選，也不必記得誰提出最好的解決失業口號。這種經濟次國會，理應在此刻獲得比政治國會更多的關注，而政治國會也應當以自己在辯論與程序領域的訓練和經驗，幫助經濟次國會。我們需要的是一個新的「人事部門」，為了完成非完成不可的任務而特別打造的部門。它會日復一日地處理這些任務，不受任何事務打擾，也不受恐懼、偏袒或感情左右。這個部門提出的結論雖然不具備法律效力，但若達到共識，或許就能提供我們一種全面、一致、來自專業權威的論點，接著又可以完整提交給政界。

讓我總結今天在這方面的政治科學中提出的論點。大不列顛與大英帝國所面臨的經濟問題，需要迅速處理、至關重要，而且凌駕一切。目前，並沒有一種憲政機構，可以根據這些問題的本質，以有效的檢驗處理這些議題，同時不受政治偏見和政治角力影響。這個焦慮的國度，將目光投向下議院，希望議院能提出一個解方，但是，下議院無法勝任這個任務，一來是因為其本身的特質，二來是因為主導其運作方式的條件。儘管如此，我們也必須完成這個任務。英國永遠不會被征服，也總能在困境中找到出路。現在國會已經站上了審判的法庭，如果國會仍然無法在這種關鍵時刻提供真誠有效的引導，這個在政界為人稱道的機構，可能會受到廣泛的譴責。如果國會和所有倚賴國會的內閣部長，無法頒布新的政策，那麼就會產生以下這個問題：國會和內閣是否應該在還有時間的時候，打造出一個專門用來解決經濟問題的機構，並給予這個機構所有必要的權力和便利？

我希望你們會覺得我今天提起這些讓人焦慮的事物，實在是有正當的理由。我們正在經歷的這段時光不斷發生大大小小的事件。而這段時間的嚴峻程度和大戰期間不相上下。這兩段時光都屬於同一個時期。在戰爭中，大英帝國攀爬到輝煌的勝利巔峰，但我們正在失去這些勝利，事實上，在重回和平的這些年裡，我們已經失去了大部分的勝利。我們看見，我們這個種族懷疑起自己的使命，不再信任我們的原則，目標不再堅定，在深受攪動的大海之中隨波逐流。羅盤已經損壞。海圖已經過時。船員必須輪流擔任船長，而每一次轉動船舵之前，每一個船長都必須舉行一輪投票，不只船員擁有投票權，人數不停增長的乘客也有投票資格。然而，這艘船載著英國人所有的力量與聲譽，以及全世界五分之一人口的所有寶藏。讓這所機構貢獻一己之力，將我們的經濟觀點提升到另一個高度，足以應對我們現在身處的環境，並據此採取行動，以免這些思考白白浪費。

本文原為一九三〇年六月十九日於牛津大學謝爾登廳為羅梅斯講座發表的演講。本文已由牛津大學出版社單獨出版，也取得牛津大學同意收錄於此。

第十八章

我們是否應該集體自殺？

Shall We All Commit Suicide?

人類的故事就是一部戰爭史。除了短暫而不穩定的間歇期，世界從來沒有真正和平過。早在歷史時代開始前，兇殘的衝突就隨處可見，且永無消停之日。但迄今為止，人類可動用的毀滅手段仍未追上人類的殘暴性。在石器時代，就算人類想滅絕彼此，也心有餘而力不足。笨重的粗棍沒有多大用處，而且當時人口是如此稀少，人類又是如此善於躲藏，根本難以找到目標。他們也逃得飛快，難以抓住。我們的腳力讓我們每天只能走上一定的距離，就算真想殺死所有人類，一個人的活動範圍也相當有限。基於上述種種理由，當時的人類幾乎不可能在種族滅絕一事上取得進展。同時，人們還得生活、狩獵和睡覺。因此總體而言，生之驅力穩定地凌駕於死之驅力之上，部落、村莊和政府也逐漸發展成型。

投注在毀滅上的努力進入了新階段，戰爭成了集體事業。人們修築道路，方便大量人力移動；人們組織軍隊；人們提出許多巧思，改良用以殺戮的器具。特別是在使用金屬——其中又以鋼為最——刺穿和割裂人體這方面，開啟了一個大有可為的領域。弓、箭、投石索、雙輪戰車、馬匹和大象都提供了寶貴的助力。但這兒有另一套阻礙開始發揮作用：政府不夠穩定；軍隊內部容易出現暴力紛爭；一旦將大批人口集於一處，餵飽所有人就是極大的困難，因此毀滅行動的效果變得不穩定，也因組織缺陷而受到極大阻礙。由此，生與死再度達到平衡，世界繼續滾滾向前，人類社會進入了更龐大、更複雜的時代。

直到西元二十世紀的黎明，戰爭才真正進入自己的王國，成為人類這一種族的潛在毀滅者。人類組成強大的國家和帝國，民族崛起，結合成為一股集體意識，得以用前所未見的規模和毅力來計劃和執行屠殺。個人最高尚的美德都被集結起來，增強大規模破壞的能力。良好的財政狀況、全球信貸和貿易資源，與積累的大量資本準備金，都讓人們得以長期傾盡全民族的力量進行毀滅任務。民主制度體現了數百萬人的意志力。教育不僅讓所有人都明白衝突的過程，也讓每個人都能為此目標貢獻充分的力量。新聞媒體提供團結和相互鼓勵的手段，而宗教巧妙迴避根本問題的爭端，公正無私地給予所有參戰者各式鼓勵和慰藉。最後，科學在人類迫切的要求之下，將她的寶藏和祕密展現在人們眼前，並將幾乎可說是具有決定性力量的工具和器材，放進他們手裡。

許多新的改變由此誕生。不再只有設下防禦工事的城鎮缺乏糧食，而是全國上下一同承受減少糧食的計畫。所有人都以某種形式加入戰爭，也都同樣成為攻擊目標。空中打開了一條道路，讓死亡和恐懼能深入軍隊後方，觸及女性、孩童、老者與病患。若是在從前的戰鬥中，這些人必然毫髮無傷。鐵路、輪船與汽車組成的非凡網絡讓數千萬人得以持續行動。精湛的醫療和手術讓人可以一次又一次地回到混亂的戰場。能在消費過程中派上用場的一切，都被利用得一絲不剩。最後的奮力一搏也被帶入軍事用途。

但是在大戰前四年發生的一切，都只是第五年的前奏。我們本會在一九一九年的戰役中看見大幅增長的毀滅之力。如果德軍保持士氣，成功撤退到萊茵河，一九一九年夏天，他們就會受到前所未見的龐大軍力與強力手段襲擊。數千架飛機將把他們的城市炸成碎片，上萬門大炮會炸毀他們的前線。當時正在安排以汽車載送二十五萬名士兵與他們的所有裝備越過國境，這些車輛會不停前進，每天可行進約十五至二十五公里。懷有絕大惡意的毒氣，將會扼殺所有抵抗，並癱瘓敵對前線上的所有生命。這種毒氣只能以一種祕密的防毒面罩抵禦，但德國人無法及時獲取。毫無疑問，德軍也有自己的計畫，但盛怒之刻已然逝去，解脫的訊號已然發出，一九一九年的恐怖，繼續埋藏在強大敵手的檔案之中。

大戰的結束一如其開始，突如其來且推及四方。世界抬起頭，審視著廢墟，勝者與敗者都長舒了一口氣。在一百間實驗室中，在一千間兵工廠、工廠和辦公室中，人們猛然起身，從他們全神貫注的任務中抽離。他們的計畫尚未完成與實施，就被棄置一旁，但他們的知識卻被保存了下來。他們的數據、計算和發現，全被各國的戰爭部匆忙打包成捆，貼上「未來參照」的標籤。一九一九年的戰役從未真正打響，但這些概念仍繼續前行。在和平的表象下，所有軍隊都在探討、完善和改良這些概念，如果戰爭再次爆發，人們所用的武器和工具，將不會是為一九一九年之戰預備的東西，而是在此之上發展、延伸出的新事物，致命性與力量皆無可比擬。

正是在這種情況下，我們進入了冠以和平之名，實則為筋疲力盡的時期。但無論如何，這都給了我們一個省視整體狀況的機會。某些嚴肅而令人憂傷的事實浮出水面，有所根據，不可動搖，就像壟罩在飄渺霧氣之中的山脈輪廓。我們可以確定，今後所有人都會投入戰爭，所有人都會盡其所能，所有人都將承受敵軍的怒火。我們可以確定，相信自己處在危急存亡之秋的國家，將會不擇手段保證國家的存續。很有可能——不，幾乎可說是必然，下次這些國家可用的手段，將會是可造成大規模和無限制毀滅的工具和方法，而且，也許這些手段一旦投入使用，就不再可控。

人類以前從未走到這一步。人類的美德並未顯著進步，也未能獲得更明智的引導，卻首次掌握了能確實毀滅自身的工具。這是人類命運的關鍵時刻，是人類所有的榮光與艱苦最後將引領我們抵達之處。人們最好停下腳步，思索自己的新責任。死亡已立正站好，姿態順從，滿懷期待，準備好奉命出擊，準備好收割「所有」民族的性命。死亡已做好準備，一旦受到召喚，就會將人類文明剩餘的一切化為齏粉，連修復的希望都不會留存。他只等待著一聲命令。那個發號施令的人，脆弱而不知所措，且長久以來都生活在死亡的陰影下，但他現在獲得了絕無僅有的機會，成為死亡的主宰。

切莫以為歐洲再度爆發危機的危險已然過去。目前大戰帶來的麻木和崩塌，鞏固了一種陰鬱的消極情緒，戰爭的恐怖、屠殺與暴政，已經烙印在每一個靈魂上，主宰了每個心靈，不分階級，不分種族。但我們並沒有根除導致戰爭的原因。事實上，從某些方面來看，所謂的和平條約及其引發的反應，反而加劇了這些問題。歐洲這個大家庭中的兩個有力成員，永遠不會滿意現況。隨著時光流轉，失去波羅地海省分的俄羅斯，將會一直怨憤不平地想著彼得大帝（Peter the Great）打過的戰爭[01]。對法國的強烈仇恨席捲整個德國，團結了所有人口。年復一年，已屆役齡的大批德國青年，受最激烈的情感所鼓舞；德國全體人民的靈魂，則燃燒著解放或復仇之戰的夢。這些想法之所以尚未化為現實，只是因為他們現在心有餘而力不足。法國全副武裝。德國大幅裁撤軍力，軍事系統也已瓦解。法國希望能以自身的軍事技術設備、堡壘的屏障、非裔軍隊，以及與歐洲較小國家的同盟來保持現況。以目前的情況而言，法國的確獲得壓倒性力量的擁護，但若得不到世界主流民意的支持，單憑實力，也無法打下長久的安全基礎。德國遠比法國強大，且無法永遠臣服於人。

幾年前，曾有一位傑出的美國人告訴我：「戰爭是用鋼鐵來打的，武器或許會改變，但鋼鐵仍是現代戰爭的核心。法國掌握了歐洲的鋼鐵，德國卻失去了鋼鐵。不管怎麼看，這都已成定局。」我反問他：「你確定嗎？未來還會用鋼鐵打仗嗎？」

幾個禮拜後，我和一位德國人談話。他對這一問題的回答是：「那鋁呢？」

「有些人覺得下次戰爭會用電力來打。」他又說。這種想法創造出一種可能的前景：電磁波可以癱瘓汽車的引擎，可以撕裂空中的飛機，也可以調整成足以破壞人類視力或足以取人性命的射線。接著炸藥出現了。這就是終點了嗎？這個領域的科學已經走到盡頭了嗎？難道我們找不到方法，使用比迄今發現的所有東西，都更強大的爆炸能量嗎？我們會不會發現，不比柳橙大的一顆炸彈藏有的威力，足以摧毀整個街區的建築物——不，濃縮在內的威力可和一千噸柯代炸藥（Cordite）相比，能一舉將一個城鎮化為烏有？有沒有可能，炸藥可以裝載於飛行器上，就連現有的幾類炸藥也是如此，並可以無線電波或其他射線引導，不再需要人類飛行員，就能不停飛往敵方城市、兵工廠、軍營或船塢？

至於毒氣和各式各樣的化學戰，都只是這本恐怖之書的第一章。毫無疑問，萊茵河兩岸的國家，都傾盡了所有人類擁有的科學和耐心，研究著嶄新的毀滅之道。而且我們怎麼能假定，他們動用的資源只有無機化學？在實驗室中研究疾病的，無疑不會只有一個大國——而他們研究的瘟疫，是可在有條不紊的準備後，故意散播到人類與牲畜之中。摧毀作物的枯萎病，殺死牛馬的炭疽病，不只毒害軍隊更摧毀整個地區的瘟疫——

01 指大北方戰爭。一七〇〇年，瑞典與俄國爆發戰爭，最後彼得大帝打敗瑞典，奪下波羅的海出海口，並稱霸該地區。

這正是軍事科學冷酷前進的方向。

顯而易見，在這種條件下，若是戰爭雙方勢均力敵，世界便可能遭受，也會導致難以估算的死亡；但如果僅有一方掌握了壓倒性的科學優勢，將可完全征服毫不設防的另一方。人類現在可支配的力量，不僅能夠毀滅國家，也為文明社會提供了前所未見、能讓對手陷入絕望的機會。

在野蠻的年代，要想保有戰爭中的絕對優勢，就有賴力量、勇氣、技巧和紀律等卓越的武德。在人類艱辛的演化過程中，只有最優秀與最適於生存的血脈才能脫穎而出。然而，如今這種保證已經蕩然無存，一個卑鄙墮落且毫無道德的種族，也可能僅僅因為在某個時期內擁有嶄新的致命或恐怖武器，並且毫不留情地使用，就讓比他們優越的敵人毫無還手之力，只能屈服在他們的任性妄為或暴虐專橫之下。守護人類自由的不再是天生的素質，而是逃避的詭計；卓越的美德和勇猛，可能會輕易成為最新的邪惡技倆的獵物。

在毀滅性科學這條陰暗的道路上，出現了一個看似能夠矯正這些致命傾向的新轉捩點。我們或許可以期待，某些特定頻率的電磁波可以在遠距離引爆各種炸藥。如果我們能及時發現這種方法，並讓其成為普遍使用的技術，那麼戰爭將在重要方面回歸野蠻時代那原始但健康的限制。劍、矛、擊棍，以及最為重要的「戰士」，都將一舉得回昔日至高無上的權威。然而，如今這些射線歸屬的類別已受到充分研究，因此上述期待不太可能化作現實，這實在令人沮喪。炸藥時代發生的種種可怖景象將會存續，而且肯定會伴隨應用科學的毒氣和瘟疫帶來的可怕困境。

而這就是人類用以威脅自身的危險。這些大規模而可怕的毀滅手段，威力不可估量，和人類所有的美好素質背道而馳：科學的進步揭露更加駭人的可能性；某些世界上最強大的民族，心中燃燒著深刻的仇恨之火，不間斷的挑釁與持續的恐懼助長了火勢，母國受到不公對待與母國面臨危機的深刻感受則成了燃料。另一方面，耗竭為我們帶來一段可說幸運的休息時間，給了各國最後的機會，得以掌控自己的命運，並規避也許會帶來世界末日之物。如果人類仍具有自我保護的意識，如果生存的意志不僅存在於個人或國家，而是存在於整體人類之中，那麼毫無疑問，防止這個終極的災難，應當是所有努力的首要目標。

即使受美國遺棄、受蘇俄輕蔑、受義大利無視，法國和德國也都不願付出信任，面對即將來襲但仍位處遙遠的風暴之時，國際聯盟（League of Nations）[02]仍無力但鄭重地建立起一套更崇高的理智與希望的標準。國際聯盟架構不穩，也無實權，僅由燦爛但經

02　國際聯盟為一次世界大戰後成立的國際組織，旨在維護世界和平，但因美國未參加、組織無武力無法強制各國遵循、處理議題不公正等問題，失去公信力與約束力。

常過於不切實際的理想主義所構成，就其目前的形式而言，國際聯盟既無法保護世界免於危險，也無法保護人類免受自身傷害。但唯有透過國際聯盟，我們才能找到通往安全和救贖的道路。支持和幫助國際聯盟，是每一個人的責任。憑藉大國與大國之間、位居領導地位的種族與種族之間的真誠協議和理解，強化國際聯盟，讓國際聯盟與世界政治現實建立重要且實質的關係，應是所有想讓兒女免於折磨和災難之人的首要目標——我們曾經歷過的一切，與未來那些可能發生的災禍相比，都將化為微不足道的前奏。

本文原於一九二五年發表。

第十九章

現代生活中的群體效應

Mass Effects in Modern Life

事件的軌跡，是由傑出之人指揮並引導嗎？還是我們的領袖，僅僅只是在行進的隊伍中不小心站到了前頭？人類的進步，是個體決心和行為的結果嗎？還是這些決心和行為，只是順應當下環境的產物？歷史是著名男女的編年史嗎？還是歷史只是一種大事記，記載著他們對自身時代的浪潮、趨勢和機會所做出的回應？塑造、影響世界的理想和智慧，是來自那些享譽盛名的少數人嗎？還是應當歸功於耐心而無名的大眾？這些問題只需提出就能獲得解答。我們只需用心靈之眼略讀各國的歷史，以及回顧我們自己這無足輕重的生命，便會發現意外和機遇無時無刻都扮演著關鍵角色。如果這件事或那件事的發展有所不同；如果沒有給出這條指示；如果沒有打出那一擊；如果那匹馬沒有絆倒；如果我們不曾遇見那名女性；如果我們錯過或搭上了那班火車——我們的人生將會發生翻天覆地的變化。一旦我們的人生改變，其他人的命運也將隨之改變，漸漸地，圓圈不斷擴大，最終整個世界的進程也受到了影響。如果普通人的日常經歷即是如此，那麼思想家、發現者與指揮官等偉大的師長們，在各個時代造成的偏移，必定更為強大深遠。確實，他們需要背景、環境和機會，但這些因素同時也是放大他們力量的槓桿。我能毫不猶豫地說，我認為世界歷史幾乎可和超凡之人的故事相等。那些偉人的思想、行動、特質、品德、勝利、弱點和罪行，都主導了人類的命運。但現在我們可以問問自己，強大的變化是否正要發生，是否正在發生，或是早已取得超前進展。人類不是已經擺脫個體的掌控了嗎？我們不是越來越仰賴公眾參與來決定事務嗎？現代的條件，至少以英語系國家來說，難道不是不利於培養傑出之人，也削弱了他們對事件的影響力嗎？最後，如果這的確是事實，那麼這會為我們帶來更多的好處和更輝煌的榮耀嗎？這些問題值得深思熟慮的人探討一番。

現在，我們確實難以找到任何個體領導的事例。已故的約翰．莫萊先生[01]是政治家與慈善家，擅於文字也擅長實務。幾年前，他在生命的最後時光裡發表了一場演講，指出幾乎所有重要的思想和藝術領域的領袖，個人的傑出性都有所下降。他拿二十世紀初期的偉大領袖和維多利亞中期的熠熠生輝之人相比，談到哲學、歷史、經濟學、演講、政治學、詩歌、文學、繪畫、雕塑和音樂等領域中，都出現了「空缺的王座」，而且無處不在。在不冒犯人的前提下，他盡可能地點明，大批無罪的平庸之輩正穿戴著前人棄置的披風和徽章，認真勤勉地在偉大的王座周圍昂首闊步。縱然這些反思的骨幹和公正性令人不快，但也不能否認有其道理。這也同樣適用於美國。儘管我們自然希望讚美我們身處的年代與同儕，儘管許多警告都反對「歌頌舊時光」[02]，但想在目前的英語系國家中召集一群傑出人士，其榮光和功績都不下於我們祖輩所欣然關注與尊敬之人，實在

01 約翰．莫萊，莫萊子爵，為英國自由黨政治家，長期擔任國會議員，也是知名文學家，其傳記作品尤其聞名。

02 編註：典出哈羅公學（Harrow School）的校歌之一〈銀箭〉（The Silver Arrow）。邱吉爾於一八八八年至一八九二年就讀該校。

是件難事。

但在某個偉大的領域中，王座無疑既未空懸，也沒有被無足輕重者占據。科學每年都在各種方面取得突破。大量知識不停積累、立即交流，研究品質與信實度始終如一。但在這個領域中，群體效應嚴重壓抑了個人的成就。王座雖被占據，但由眾人共享。

在某種程度上，我們意識到自己身處於影響甚鉅的集體化過程之中。我們早已目睹那些雇主和員工維持密切關係的古老家族事業，被強大的公司連根拔起或是吞吃入腹，而這些公司又被龐大的信託機構吞併。我們已經發現，雖然這些過程或許會為個體帶來某些困難，但也帶來了無比的經濟和社會優勢。大量生產的魔法所向披靡，民眾獲得的商品不僅價錢更低，品質甚至還要更高，獲得的服務也更加優越；工人掙得的薪水更高，安全也更有保障。

但這一改變對人民的性格與心理造成的結果則值得懷疑。我們正在目睹獨立個體大量減少——儘管低微，他們仍擁有某種地位；他們若以合理的審慎處理事務，就能「在法律下不受任何人轄制地生活」[03]。他們在大公司內擔任高級職員，領著固定薪水，這或許讓他們的手頭更加寬裕，但也損害了他們的遠見、主動性、創造力、自由與實際的公民地位。

我們幾乎能在現代工業生活中的所有領域看見這些例子，而如果我們想要享受豐裕的物質，享受科學與有序的文明社會準備賜予我們的無盡祝福，這些改變就必得殘酷地持續進行。

在某種程度上，這些變化又是無意識的。輿論由機構形塑並發表，報紙替普通男女進行大量思考。這些報紙提供的標準化觀點，有如一條源源不竭的河流，挾帶著每時每刻自世界各地收集而來、同樣源源不絕的新聞與感官刺激，導致人們既不需要，也沒有閒暇進行省思。這一切只是龐大教育過程的一部分，但人們對這種教育是左耳進右耳出。這種教育既普遍又膚淺。這種教育製造出大量的標準公民，他們全都擁有符合自己階級或黨派的普通觀點、偏見和感性。或許，這種教育最終將打造出一個充滿理性、溫文儒雅、運行良好的社會。這最終也可能會帶動一種大眾文化，吸引從未知曉這種樂趣的無數民眾。我們絕對不能忽略世界經典巨著以低廉價格廣泛流通一事，這是文明國家的現代生活特色之一，又以美國最為鮮明。然而，這種知識、資訊和休閒閱讀風氣的廣泛傳播，雖然為人們帶來了新的樂趣，也明顯提升了人們的平均智力水準，卻可能破壞產生偉大思想結晶必不可少的個人壓力和心智條件。

這的確是件奇事：俄羅斯的布爾什維克主義者以強制手段將集體觀念發揮到極致，

03　引自吉卜林的詩作〈老問題〉（The Old Issue）。

但在過程中，他們似乎不僅失去了偉大人物的領導，甚至也失去了過程本身應當帶來的經濟生產力。共產主義旨在實現普世的一致化。個體成為一種功能，群體是唯一的關注所在，唯有經統治者規定並宣傳的群眾思想才是正派而可敬的思想。沒有人會將自己視為永恆的靈魂，認為自己是雖然披著肉體這一外衣，卻是至高無上、獨一無二且不可毀滅的存在。甚至沒有人會將自己視為心智、靈魂和身體的和諧整體——我們或許可以「造物主」呼之，但你可以照自己的意思解讀。次於人類的目標和願景，擺在這數百萬名亞洲人面前。這是蜂巢嗎？不，因為那裡必定沒有女王蜂也沒有蜂蜜，至少沒有能提供給他人的蜂蜜。蘇俄有的是一個嘗試效仿蟻群的社會。俄羅斯布爾什維克主義哲學中所有的社會準則或經濟概念，白蟻早在數百萬年前就已發現和執行，並將其刻進不可撼動的律法之中。

但人性比螞蟻的天性更難掌控。人性造成的現象變化多端，不可勝數，白蟻服從的律法與力量無法在人類社會順暢運作。人類易於領導而難以驅使，這既是人類的保護，也是人類的榮耀。因此，布爾什維克主義者雖試圖以暴政和恐怖，建立史上最完整的群體生活與集體主義，卻讓個體失去差異性，甚至也沒能自人民與產業國有化中獲得益處。除了該避免哪些事物，我們從他們身上學到的東西實在不多。

和更加落後而原始的國家相比，在居於領先地位的國家中，群體效應與其反應確實更為明顯。和更貧窮、更弱小、更不自由的國度相比，在大不列顛、美國、德國和法國，個體卓越性的下降更為鮮明。這些強大而開放的國家，對著名領導者與守護者的仰賴程度似乎已大幅下降。這些國家已不再像過往的貧困時代那樣，或者像現今發展較落後的民族那樣，倚賴著英雄、指揮官或師長。這些國家緩慢、輕率、盲目地蹣跚前行，卻又確實且不可自拔地朝著那模糊卻充滿吸引力的目標邁進。那麼，若文明和民主發展足夠成熟，果真就能逐漸擺脫對個體指導的依賴嗎？它們是否打算找到自身的道路，又是否有能力找到正確的道路？或者它們早已走上歧途？它們是否偏離了正軌？它們是否已經離開了那崎嶇而狹窄的主幹道——那通往輝煌未來與生存的唯一路徑？我們現今在這些重要民主國家中看見的，是否僅是過去積累的智慧和財富擴散與揮霍的結果？我們和無數同伴一同笨拙前行的模樣，是否有如成千上萬的大群蝗蟲，一邊發出唧唧聲響，一邊將一切吞吃殆盡，向著大海前進，又或是飛往一座名為假象與謬誤的巨大焚化爐？還是說，我們已經首次抵達了那些高地，在那裡，所有人——哪怕是最普通、最愚蠢的人，也都能和最聰明的人一樣，自己分辨出燈塔的光芒？這種探詢肯定值得花上閒暇的一小時思考。

在人類的所有活動之中，群體效應與壓抑個體的傾向，在現代戰爭中尤為明顯。我們最近經歷的末日之戰，幾乎見不到任何個體指導的事例。這是史上規模最大、最新、最慘烈也最具毀滅性的戰爭，以許多方面來看，更是最殘忍的戰爭。現在戰爭已然結束，我們回首，小心仔細地謹慎搜索，試圖找出戰犯和英雄。他們在哪裡？那些挑起戰爭的惡人在哪裡？那些結束戰爭的拯救者在哪裡？無數的事實、不斷出版的叢書、眾多的當代見證者，以及前人未曾見過、用過的收集與分析證據的方法，都隨我們使用。探尋的目標相當明確。我們應當知道，我們有意知道。我們的傷口隱隱作痛，我們因傷勢而勃然大怒，因偉大的努力與輝煌的功業而吃驚，也意識到自己握有權力。我們要求知道真相，並釐清責任歸屬。我們已經備下充足的絞索和桂冠。

但答案是什麼呢？沒有答案。一方面，強烈的指控一下子落在這個人、這個政府或這個國家頭上，一下子又落在那個人、那個政府或那個國家頭上，而這些指控又在起訴過程中四分五裂。另一方面，渴望認領「真正贏下戰爭」之名的人、政府和國家越來越多，他們的自我倡導越是滔滔不絕、越是刺耳尖銳，我們就越是懷疑，越是無法相信。我們懷著信心向掌管歷史的謬思女神求助，她卻成了一隻斯芬克斯[04]，一抹悲傷而半帶諷刺的微笑掠過她那因戰爭而留下疤痕的石刻面容。我們凝視著她，我們曾為了獲得答案而吵嚷，但現在卻感到知曉答案的那天永遠不會到來。與此同時，絞索腐朽，桂冠凋零。這場最可怕、最近期的塵世鬥爭的起始和勝利，彷彿是眾人通力合作的成果！

英雄或極度專制的人物很難在現代環境中誕生。整體看來，現代環境的條件對裝腔作勢而言相當致命。曾在過去的世紀中強化公眾人物及統治階級的長袍、假髮、典禮和品級，都早已被各國廢棄不用。就算是「受到神祇守護的國王」[05]在純粹的官方場合以外出現，也已然激起格格不入之感。君主因其自由隨和的風格、和各種階層打交道的意願、平凡務實的氣質，以及對盛大典禮和儀式的不喜而受到敬佩。領導龐大業務的部長或總統，時時做出決定許多大事的實際決策，但他們不再是神祕而令人敬畏的人物。相反地，我們只將他看做一個普通人，他也只將自己視作一個普通人，視作一個只是碰巧暫時負責某種大規模特殊工作的人——而這對我們當前的目的來說更加重要。他會和大眾一起擠在公共運輸工具裡，打高爾夫球時會特別換上寬大的燈籠褲，在球場上等待自己的回合。這一切都讓人無比愉快，和其他時代中戴假髮的統治者那可笑的架子相比，又多麼讓人耳目一新。問題是，這種簡單樸實的習慣和心態，是否能產生領導風範以及面對人事的自信與威嚴？更進一步來說，失去這些因自己所受的訓練、出身與能力而認為自己立於眾人之上的領導者後，現在以及未來的公共事務，是否還能順利運作？

一如往常，與和平時期那舒適單調的亮光相比，戰爭那強烈的光芒將這一議題照得更加清晰。我們看見物質條件壓過了現代指揮官的軍事才華，也剝奪了他做為英雄的形

04　編註：獅身人首的神話生物。希臘神話中的斯芬克斯會提出謎語，並將解不出謎語的人殺害、吞食。

05　典出莎士比亞（William Shakespeare）《哈姆雷特》（*Hamlet*）第四幕第五場中克勞狄斯王（Claudius）的臺詞。

象。漢尼拔或凱撒、蒂雷納子爵（Viscount of Turenne）[06]和馬爾博羅公爵[07]、腓特烈大帝和拿破崙，再也不會騎馬親臨戰場，從黎明到日落都以命令和手勢指揮、左右這場大事的進展。他們的名望和身影將不再讓奮鬥的士兵重燃士氣。他們將不再共同承擔危險，不再讓兵士們重燃鬥志，或是讓其軍隊重振旗鼓。他們將不會出現在戰場上。他們已經被驅逐到戰場之外，他們的羽飾、旗幟和胸甲亦然。如雄獅般勇猛無畏、能洞察敵軍戰線弱點、擁有熬過所有戰鬥壓力的決心、只需在關鍵時刻出現便能扭轉戰局的戰士，已然消失無蹤。取而代之的是我們的將軍。在戰鬥的日子裡，我們能在距離前線八、九十公里的辦公室內找到他們，他們會坐在辦公桌前，焦慮而聚精會神地聽著零星的電話鈴聲，和市場動盪時大舉持股的投機客如出一轍。

一切都正確無比，值得稱賞。他們都在自己的崗位上。說真的，不然他們應該在哪兒呢？股票行情自動收錄器吐出紙帶，血色的墨水記述著鐵路股票下跌或公共事業股票走高，記述著這兒有家銀行宣告破產，那兒又有人得了一筆鉅款。將軍冷靜地坐在那裡——他是一位高貴而正直的投機者。他深諳財經之道，他在多場股市崩盤中屹立不倒，他的儲備充足且可靈活運用。他等待著適當的時刻，或適當的一天——因為現在戰事已持續數個月——才投入儲備，發動攻擊。他是個優秀的戰術家，對牛市和熊市[08]的詭計，進攻和防禦的藝術都瞭如指掌。他的命令果斷。賣掉這五萬股。在市場買進那十萬股。唉呀！不對，我們的想法走錯了路。他交易的不是股票，是數以十萬計的人命。看著他在辦公室工作，你壓根兒無法相信他正在指揮一支軍隊戰鬥，而且這支軍隊的規模是拿破崙麾下任何軍隊的十倍，實力更達百倍。若他表現出彩，下了正確的指令，花費正確的部隊，買進最好的位置，我們必須稱讚他。但很難將他視作一個英雄。不，他不是個英雄。他是股票市場或牲畜養殖場的經理。

在戰爭中抹滅個人因素，讓高級指揮官免於經歷戰場所有情況與故事，以及將指揮官最高的職責降為純粹的文書工作，都將對感性和觀點產生深遠的影響。迄今為止，由於堅定的性格、天生的平靜與才略，偉大的領導者得到了應有的尊崇，被視為能夠征服逆境的天才。偉業由他親自完成，而且沒有人能和他做的一樣好。他立即征服。他時常暴露在槍彈和炮火之中，他是祖國的救世主。然而，儘管這似乎不合邏輯甚至並不公平，我們正在講電話的精明指揮官朋友仍不太可能繼承偉大領袖的魅力和榮光。這位可敬的軍官必須獲得獎賞，但那是因為他身為一名有用的公民，以及一名忠誠而具判斷力的公

06　蒂雷納子爵本名亨利・德・拉圖爾多韋涅（Henri de La Tour d'Auvergne），為法國著名將領，是路易十四統治期間最偉大的將領之一，曾參與三十年戰爭、法荷戰爭等戰役，拿破崙評價其為史上最偉大的軍事領袖。

07　約翰・邱吉爾（John Churchill），第一代馬爾博羅公爵，為英國著名將領，曾參加過英荷戰爭、法荷戰爭、西班牙王位繼承戰爭等戰役。他也是邱吉爾的先祖。

08　為股市術語，牛市為走勢看漲的股市，熊市為股價下跌的股市。

僕，而不是因為他是一位英雄。現代戰爭的英雄躺在那遍布彈坑的戰場上，或支離破碎，或是窒息，或是遍布傷疤。英雄的數量實在太多，無法給予獨特的榮耀。這是群體的苦楚、群體的犧牲，也是群體的勝利。灑落在這場大屠殺之上的榮耀彌散開來，勝利的火光再也不會照亮指揮官的頭盔，那裡只有穿透雨中黎明的一絲微光，綿延六十公里的炮臺重新開火，另外二十個師在泥濘與毒氣中掙扎死去。

這就是上一場戰爭。未來的戰爭還將失去更多浪漫元素，也將更加醜陋。那些戰爭將不再屬於軍隊，而是涵蓋全體人民。就我們所知，男人、女人和孩童、長者和弱者、軍人和平民、病人和傷患，全都會暴露在空襲之下——也就是暴露在致命毒氣的大規模毀滅之下。在這些過程中，將軍無法贏得多少榮耀。去年春天，我的園丁消滅了七個黃蜂巢。他乾淨俐落地完成工作。他選了正確的毒藥，他算出準確的劑量，他悄悄地在正確的時間，將毒藥放在正確的位置。整群黃蜂都被消滅了，甚至沒有一隻黃蜂能飛得夠近，螫他一下。那是他的職責，他也做得很好，但我不會將他視為英雄。

因此，在未來那個充滿苦難的世界中，若某個戴著眼鏡和軍帽的人藉著按下按鈕，或以工整的筆跡在一張標準尺寸的文件底部簽名，把類似倫敦、巴黎、東京或舊金山的都市夷為平地，他得等上好一陣子才能獲得名聲和榮譽。即使是國家宣傳部攝影師的鏡頭，也只能算是部分補償。儘管如此，我們的總司令也可能品行端正，以謹慎周延的態度克盡職責。也許他只是做了在所有狀況下必須由某個人做的事。他似乎難以贏得任何榮耀，然而若他生在過去，榮耀只是他職務涵蓋的一項特質，以及他成功帶來的結果。但這就是現代生活和科學帶來的一種群體效應。他必須忍受這件事。

不過這也會引發令人高興的反應。人類將會憎恨戰爭這種想法，軍事領袖將不再是浪漫和名望的象徵，年輕人再也不會受這種職業吸引。詩人再也不會歌頌征服者的行為，雕刻家也不會再刻畫他們的事蹟。化學家很可能會贏得其他能找到的聲譽。將要一展雄才的拿破崙們會投身商業，世界文明將會立足於更穩固的基礎之上。我們不需要把眼淚浪費在戰爭的群體效應上。讓我們回到和平帶來的群體效應吧。

現代社會能夠不仰賴偉人嗎？現代社會能廢棄英雄崇拜嗎？現代社會是否能藉由集體過程，提供比巨擘曾經給予的更淵博的智慧、更高貴的情操，以及更有力的行動？在這個電影演員成了最耀眼的明星，神祇端坐於觀眾席的世界裡，國家是否能維持繁榮，所有國家是否能團結一心？人的精神是否能透過機械擦出充滿生命力的火花？後代面臨的新問題，是否能成功由「大多數人的常識」、黨團以及不再被重視的議會解決？或者，人類將在行進時遭遇某種巨大的障礙，暫時阻擋我們前進的腳步，並遭遇讓人難以忍受的交通阻塞，或是在荒野中徒勞地徘徊？到了那時，難道大眾不會渴望一位首領嗎？

我們能在周遭感知到一種焦躁。「我們要措施，不要依賴人」的呼聲[09]，再也無法得到普遍的贊同。我們感到空虛、愚昧、不完整。我們想念我們的偉人。我們很遺憾他們的年代已成過去。智力和知識的平均水準已經提升。我們身在高聳的高原上，幾乎難以注意到海拔三千公尺的山峰，這種高度的山峰還有許多，但我們幾乎毫不在意。這座高原看似富饒，風景卻平平無奇。我們哀悼那曾經環繞我們、鼓勵我們完成漫長而痛苦的攀登的巍峨山景。啊！如果我們能在這片高原上，找到一座嶄新而聳入雲霄的巨大冰山，一如以前那些屹立於下方平原和沼澤之中的山脈，該有多麼美好！我們想要一座壯麗高聳、有如帝王的山，它的山腳如此寬廣，山峰高聳入雲，自峭壁奔流而下的大瀑布波光粼粼，發出如雷水聲。不幸的是，民主的高原或地臺上並沒有這樣的東西。也許將聚光燈打在一柱煙霧或氣體上，再配合擴音器，可以做出類似的東西，但我們很快就會看透這些假象。

不，我們必得同時接受得與失。這片高地上沒有秀麗的山峰，在我們逗留此地時，必須習慣沒有它們的日子。當然，如果我們希望，我們隨時都能再往下走，回到那些我們一路攀爬過來的平原和山谷。我們甚至可能會在不知不覺間往那裡走。我們可能會滑下去，我們可能會被推下去。還有許多強大的國家住在較低海拔之處，有些國家心滿意足，有些甚至心懷驕傲。那些國家時常宣稱，山谷中的生活更為迷人。他們說，那裡更有變化、更美麗、更優雅、更有尊嚴——更具實際的生命力，也比貧瘠的高地更肥沃。他們說，這種中庸狀態更符合人類的天性。藝術在那裡勃發綻放，科學也不必缺席。而且，回頭眺望我們曾經過的平原和沼澤，並在傳統中牢記這段朝聖之旅的偉大歲月，也讓人感到愉快。然後他們指著那座眉頭深鎖的峭壁，那是他們崇敬的「領導者」（El Capitan）與「元首」（Il Duce），雄偉的岩壁在夕陽的暉光中投下威嚴的陰影。他們問：你們住的高地上也有類似的東西嗎？當然沒有。

09 編註：典出英國政治家菲利普·史坦霍普（Philip Stanhope）之書信，指人們懷疑統治者會濫用權力，因此現代遵循法律而非統治者的自由裁量。此一觀點在十八世紀時受到認可，但於十九世紀初遭到批評。

第二十章

今後五十年

Fifty Years Hence

絕大多數的人，都浸淫在生活的艱苦、憂煩與日常活動之中，只些微意識到人類開始前進的速度。我們回首過往百年，看見許多重大的變革；我們回首過往五十年，看見改變的速度持續提升。這個世紀的人們，已然目睹物質生活、科學器械、政治體系、風俗習慣等面向上掀起的重大變革。但在所有改變之中，最巨大的變化恰是個人最難以察覺之事——在所有文明國家中，得以享受生活的人數已大大攀升。迪斯雷利在十九世紀初期寫道：「在那個年代，英國被掌控在少數——極少數人手中。」拜倫（Lord Byron）寫道：「就為了四千人，世界因此誕生。」[01]而這少數人已經為數以百萬的人讓出路來——這些人的生活方式更寬廣、更安全、更多元，也充滿更多希望和選擇。在美國，數千萬人的生活品質已超越基本生活所需與舒適，並渴望著文化——至少是為了他們的後代。儘管世界末日般的大戰讓歐洲陷入愕然與撕裂，但狀況也和美國相差無幾，只是這一進步並非普遍的光景。我們都享用著現代授予我們的便利和設施，卻沒有心懷感激，也沒有因此更加高興。但若自我們手中將它們奪去，我們根本就無法生存。我們假設進步將會持續不止，威爾斯先生（Herbert George Wells）讓他筆下的一個角色說出如下評論：「哎呀，這種進步會繼續下去，這種繼續的過程是多麼不可思議。」[02]這種繼續也是絕大的幸運，因為如果進步停滯或倒退，將會發生難以想像的恐怖災難。人類已經走得太遠，無法回頭，也走得太快，無法停下腳步。對太多人來說，百年前尚未出現的變革不僅能讓他們維持舒適的生活，更可說是生存之所繫，暫時止步都將帶來一場最可怕的災難，遑論一般的挫折。

當我們將視線投向百年以前，回顧悠長的歷史軌跡，我們立刻就能理解身處的時代究竟為何和任何時期都有所不同。人類有時往前邁進，有時退後幾步，有時甚至裹足不前數百年。印度和中國的社會就穩定了數千年。是什麼賦予了人類這種嶄新而異常的進步速度？那就是科學。科學的先鋒部隊曾經虛弱無力，經常受到踐踏，經常在孤絕中消亡，但現在他們已成為一支龐大、有條有理、統一且具有階級意識的軍隊，朝著所有面向上，無人可衡量或定義的目標的前線進軍。這支軍隊志得意滿又野心勃勃，毫不在乎人類定下的律法，毫不在乎人類歷史悠久的習俗，毫不在乎人類最由衷珍視的信仰，或是人類最深沉的本能。正是這種名為科學的力量將我們牢牢掌握於手中，徵召我們成為她軍團與炮兵連的一員，安排我們在她的高速公路和兵工廠裡工作。她因我們的服務給予獎賞，在我們受傷時給予治療，在我們年少時提供訓練，在我們力竭後提供撫卹。過去二、三代之前的人，從不曾被如此對待與支配，不論這將帶來的結果是好是壞。

在最遠古的時代，人類離群索居，因為同等的焦慮與或許相同的理由，躲避鄰人也

01　出自拜倫《唐璜》（*Don Juan*）第十三章。

02　赫伯特．喬治．威爾斯，英國知名作家，以科幻小說聞名於世。此句引自威爾斯作品《空中戰爭》（*The War in the Air*）。

躲避和他共享森林的兇猛肉食性野獸。將野生動物馴化為牲畜後，合作和分工的優勢於焉顯現。新石器時代，穀物生產，農業發展。種子還在土壤中等待萌芽之時，也是蕭瑟而飢餓的時期，其中就包含了某種形式的資本主義，而在我們的法規中，還可見到認可土地所有者這些特殊權利的痕跡。每個時期都涉及新的法律、社會和道德問題。但前行的步伐總是蹣跚緩慢，時常一停就是千年。

位於尼羅河流域與幼發拉底河流域的兩個帶狀國度，創造出的文明壯麗而輝煌，擁有正式的律法，穩定性也勝過任何已知的國家。這兩個文明的專制統治與階級制度奠基於水源和穀物的分配控制權。這些統治者的專制統治效率之高，只有蘇俄可與之比擬。只需截斷運河或限制運河的水量，就能讓叛亂的省分陷入飢餓，或迫使他們屈服。這和他們的糧倉一樣，也賦予了他們絕對且可精密管理的權力，一如蘇聯的人民委員掌控了所有的糧食供應。內亂既已根絕，外患便是唯一的弱點。但這兩個國度的人民，都尚未學會催動自然力量的方法，他們可用的力量總和，就是所有人民的肉體力量。之後那些在歷史長河中興衰交替的帝國，雖然幾乎同樣宏偉，但穩定性卻遠遠不及這兩個文明。以生產方式和通訊方法而言，以獲取食物的模式和交易模式而言，從阿卡德帝國的薩爾貢大帝（Sargon of Akkad）到路易十四（Louis XIV）統治時期的改變，比維多利亞女王（Queen Victoria）即位至今的變化更小。或許大流士一世（Darius I）[03]從蘇薩[04]發往薩第斯[05]的消息，會比腓力二世（Philip II）從馬德里傳到布魯塞爾的命令還要更快抵達。一八四一年，羅伯特．皮爾爵士自羅馬被召回倫敦組建政府，他所花費的時間和羅馬皇帝維斯帕先（Vespasian）[06]趕赴不列顛行省一樣多。米諾斯宮殿[07]的浴室優於凡爾賽宮的浴室。底比斯消失兩千多年後，出身底比斯的祭司在特利騰大公會議[08]上的自在程度，可能會勝過身在現代大學物理學會中的艾薩克．牛頓爵士（Isaac Newton），或是身處電氣工程師協會中的喬治．史蒂芬生（George Stephenson）[09]。轉變如此突然而劇烈，以至於上個世紀和歷史上任何時期都截然不同。我們再也無法回首過去以衡量未來，就連最模糊的預測也無法提出。

03　大流士一世，波斯阿契美尼德帝國的君主，統一波斯，且征服印度和小亞細亞地區等地，建立橫跨歐、亞、非的帝國。

04　位於現今的伊朗，自蘇美時期以來，就是中東最重要的城市之一，大流士一世將此地做為首都，亦在此建造宮殿。

05　位於今日土耳其境內，為在西元前七世紀時繁榮的呂底亞王國的首都，也是第一個鑄造錢幣的城市，其後被波斯占領。

06　維斯帕先為古羅馬帝國皇帝，在位期間為西元六十九至七十九年，在成為皇帝之前，他曾受第四任皇帝克勞狄烏斯之命，於西元四十三年率領軍團入侵不列顛。

07　米諾斯宮位於克里特島的諾索斯，約於西元前一八〇〇年至一五八〇年建成，屬於米洛斯文明的產物。

08　為天主教會第十九次大公會議，會議時間橫跨數十年，從一五四五年十二月十三日至一五六三年十二月四日止，可分為三個階段。此會議正式澄清了天主教引起爭議的教義並改革教會內部，為教會對宗教改革的回應。

09　喬治．史蒂芬生改良火車，使火車發揮更大效能。一八二五年，他成功讓蒸汽火車載著貨物與乘客在鐵軌上運行，訂定了國際標準軌距，此一成功也吸引財團等投入建設鐵路的工作，開啟歐洲鐵路網的建造。

❖

最出色的當代預言，當屬丁尼生（Alfred Tennyson）[10]的〈洛克斯里莊園〉（Locksley Hall）[11]中的此段：

因我窺得未來，至少是人目能所及，
看見世界的幻景與將至的所有奇蹟；
看見空中滿是展開魔法之帆的商船，
紫氣中的飛行員和昂貴貨物同降落；
聽見天空響徹呼喊，降下可怖雨露，
各國空中海軍在蔚藍之中扭打一處；
遠方捎來溫暖南風，呢喃傳遍各方，
在穿越雷雨之時，各國的旌旗驟降；
直到戰鼓復歸平靜，戰旗一一收捲，
在全體人類的議會，那世界的邦聯。
……

一群飢民緩緩靠近，如獅匍匐前行，
怒瞪在將熄之火後點頭眨眼之人影。

這六個對句在八十年前寫成，其中的預言也已全部應驗。征服天空收作貿易與戰爭之用、國際聯盟、共產主義運動——這位偉大的維多利亞時期詩人預見了全部，連事件發生的順序也預測正確，而且上述種種都已載入史冊，影響著我們現在的世界！我們可以搜索《聖經》，試著找到如此精準且能迅速印證的預測，但很可能只是徒勞無功。耶利米（Jeremiah）與以賽亞（Isaiah）兩位先知，都以晦澀難解的預言指涉遙遠未來的事件，不時還能以許多方式解讀。一位審判者、一位先知、一位救贖主將會出現，拯救他的選民。而每個時代的猶太人，都會詢問並爭論道：「那將要來的是你嗎？還是我們等候別人呢？」[12]但是〈洛克斯里莊園〉蘊含的是針對種種偉業的準確預言，而許多與這位詩人相識的人，都活著見證乃至親身經歷了這一切！維多利亞時代的曙光，開展了人

10 丁尼生為維多利亞時期詩人，詩作主題豐富、詞藻瑰麗、想像力豐沛，也具有懷舊情懷，如以亞瑟王傳奇為題材的詩作，顯現出借古諷今的意識。他也是華茲華斯（William Wordsworth）之後最有名的英國桂冠詩人。

11 在此詩中，丁尼生以科學與工業文明入詩，並反思科學進步帶來的價值觀變遷。

12 《路加福音》7：20。

類的新時代，而這位詩人的天才，穿透了未來的面紗。

我們試圖預測未來時，會有意或無意地採用兩種過程。我們可以從過往找出某個條件盡可能和現今相似的時期，並假設當時的結局將再度重複，只有些許細節不同。或者，我們可以綜觀近期的整體發展歷程，並努力將之延伸到不久的將來。第一種方法屬於史家，第二種方法則屬於科學家。現在我們只剩第二種方法可用，但這也只能讓我們窺視冰山一角。藉由觀察現代科學達到的所有成就，以及現今科學掌握的知識和力量，我們可以基於某些確信，預測我們的未來將被發明與發現主宰，但是我們只能猜測這些發現和應用將會對人們的習慣、觀點與看法造成何種影響，這種猜測是如此模糊，彷彿是在昏暗之中端詳鏡中的自己。

從前，人類能引導並控制的最大力量就是一隊馬或一船滿載的奴隸，或者，若他們能充分訓練和馴服奴隸，就能得到像是在埃及服勞役的以色列人那樣成群的勞工，然而，今日我們已能從戰鬥巡洋艦的艦橋上，精準控制數十萬人的力量，或是單指一按，就能引爆一枚威力強大的炸彈，也因為我們擁有了在瞬間摧毀需要千年人力才能完成的功業。

這些改變是因為分子的能量取代了肌肉的力量，也因為我們擁有了能引導、控制這種化學能量的精巧而完美的設備。這些全新且龐大的能量來源，再加上單憑一人就能運用自如的事實，已經讓嶄新的採礦和冶金方法，以及新穎的運輸方式和前所未見的機械成為現實。這種種新奇的方法與事物又回過頭去，擴展了分子能量的來源，提升使用的效率，也推進了古老方法的改良：尼加拉瀑布那些額定容量以十萬千瓦計的渦輪發電機，取代了我們先祖的磨坊水車。每一個發明都和其他發明息息相關、互相應和，在這種不停加快的疾速之中，建立起龐大的科技成果體系，讓現代文明和所有已知的歷史時期有所區隔。

毫無疑問，這種發展的腳步會逐漸加快。我們已經掌握足夠的知識，能夠確定今後五十年的科學進步將遠遠勝過我們已然經歷的這些進展，而且將會更加迅速，也更加驚奇。活臺車床讓我們得以製造精密機械，而蒸汽的力量席捲了整個世界。在蒸汽化作的雲霧之中，又劃過電力產生的炫目閃電。但這僅僅只是一個開始。權威人士告訴我們，我們一定會發現遠比所有已知能源更為重要的嶄新能源。我們現今使用的分子能量遠遠不及核能。一個人一天採得的煤，能輕鬆完成此人工作量五百倍的工作，核能則至少能完成百萬倍的工作。如果我們能「說服」一磅重的水含有的所有氫原子互相結合成氦氣，其能量足夠讓一千匹馬力的引擎運轉一整年。如果電子，即位於原子宇宙中的小小星球，能受到誘導和氫原子的原子核結合，釋放出的能量又將多出一百二十倍。科學家們毫不懷疑這一巨大的能源是否真實存在。缺少的是點燃篝火的火柴，或者說是引爆炸藥的雷管，這正是科學家們正在尋找的事物。

發現和控制這種能量來源，將改變人類的事務，其程度遠遠超過蒸汽引擎在四代之前帶來的改變。宇宙規模的計畫將變得可行，地理和氣候將會服從我們的指令。如果核能真如描述一般，那麼五萬噸的水，相當於貝倫加麗亞號（Berengaria）[13]噸位的水所能產生的能量足以將愛爾蘭移到大西洋中央。葉森賽馬場的年降雨量可產生的能量，足以融化南北兩極的所有冰層。透過改變溫度或壓力等方法，將一種元素轉變成另一種元素，是目前的科技無法企及的目標，但這將會顛覆我們所有的價值標準。比最優秀的鋼鐵還要結實三十倍的材料，會被用來打造能駕馭新型態能源的引擎。陸海空都將出現意想不到的通訊和交通手段。如果原則上可行，我們可以製造一臺重約九公斤、擁有六百匹馬力的引擎，並將能讓其運轉一千小時的燃料，存放在鋼筆大小的槽內。按照目前的發展趨勢，無線電話和電視將能讓持有者和任何裝有相似設備的房間建立聯繫，能讓他們傾聽、參與對話，就像把頭探進窗內。都市中的集會將會顯得多餘。除了最親密的朋友，幾乎沒有必要親自拜訪任何人，但在需要之時，也有非常迅速的溝通方式可用。和鄰人住在同一座城市中，並不比現今和鄰人住在同一棟屋子裡更有意義。都市和鄉村將會難以分辨，每個家庭都會有自己的花園和林間草地。

直到最近，食物生產都還是人類的首要奮鬥目標，我們也在那場戰爭中獲得勝利。文明種族無疑能生產或獲取自己需要的所有食物，而且現在讓我們苦惱的某些問題，其實是因為白人在黃色人種、棕色人種與黑色人種懂得要求並購買優於稻米的主食之前，一直過量生產小麥。但是，現在的食物幾乎完全來自於陽光的能量。陽光讓空氣中的二氧化碳轉化為結構差不多同等複雜的碳化合物，而這些化合物為我們提供了植物和蔬菜。我們利用植物蘊含的化學能量維持體溫，並將其轉化為肌肉運動。我們在複雜的消化過程中，利用這些能量修補、更替身體中的老廢細胞。當然，許多人都更喜愛素食者口中的「二手食物」，也就是植物被肉禽和肉畜消化後轉化而成的肉類。然而，在這所有過程中，每個階段都會浪費百分之九十九的太陽能。

即使沒有新的能量來源，我們也可能在食物方面取得巨幅進展。那些現在將空氣中的氮氣轉換為動物所需蛋白質的微生物，將在受控條件下被培養利用，就如同酵母一般。我們將會開發新的微生物菌株，並用來進行許多化學反應。隨著我們更深入了解賀爾蒙，即我們血液中的化學信使，控制成長也不再是痴人說夢。我們應當能擺脫為了食用雞胸或雞翅而飼養整隻雞的荒謬行為，只需在適合的培養基內分別培養這些部位。當

13 貝倫加麗亞號為英國郵輪，總噸位為五萬五千兩百二十六噸。

然，未來我們也會利用人造合成食物。餐桌上的歡愉無需被放逐，以錠劑為餐的黑暗烏托邦永遠無需入侵現實。從一開始，這些新食物就幾乎和天然產品毫無區別，而且所有改變都將逐漸進行，以至於難以察覺。

如果我們能利用嶄新而龐大的能量來源，食物生產就無需再倚賴日光。產生人造輻射的廣闊地窖，可能會取代世界上的玉米田或馬鈴薯田。公園和花園將覆蓋我們的牧場與耕地，當那個時候到來，城市將會再度獲得許多擴張的空間。

但是，人類繁衍的方式以及型塑人類天性的方法，也將取得同樣教人驚詫的發展，而且只需伸手便能觸及。過去人們常說：「雖然你已經教會這隻狗更多花招，但也沒辦法改變牠的品種。」但現在情況已經改變了。幾年前，倫敦曾因為一齣名為《羅梭的萬能工人》（*Rossum's Universal Robots*）[14]的戲劇而大感驚訝。在五十年內製造出這種東西，或許並非痴人說夢，但他們不會被製造生產，而是在玻璃罩內被悉心培養。幾乎可以肯定，未來我們將能在人工環境中完成整個妊娠週期。我們能干預這些生命的心智發展，在他們幼年時期提供專業建議並以專業模式對待他們，進而製造出專精思考或勞動的生

物。舉例來說，製造出體能優異，心智發展卻受到阻礙的生物，幾乎已是我們伸手可得的力量。我們可能會製造出一種懂得操作機器，卻毫無其他抱負的生物。這種可能發生的嚇人後果，讓我們的心靈退縮躲避，而基督教文明社會的法律也將扼殺其化為現實的可能性。但這種畸形的生物難道不是正符合俄羅斯的共產主義嗎？難道以所有科學力量武裝自己的蘇聯，不會發現創造出一種熟習機械任務，除了服從共產主義國家外便無其他想法的種族，和他們的目標不謀而合嗎？人類現在的天性堅毅且具有彈性。在最黑暗、最意想不到的地方，這樣的天性仍能迸發出天才的火花。但機器人能被打造成符合共產主義那可怕理論的模樣。在共產主義者的哲學中，沒有阻止這種東西降生的道理。

我只簡略帶過這一主題，但目的是指出，在我們的後代可能親眼目睹的未來之中，權力將掌握在一群個性和人類天性背道而馳的人手裡。炸藥的力量、能源、材料和機械都是可供使用的資源，且其規模足以摧毀所有國家。專制和暴政將能以前所未見的方式，規範其臣民的生活乃至願望。如果在這些龐大而惡劣的力量上頭，再加上現今最強大的政府之一所體現的非人邪惡，誰又能說世界不會被毀滅，或者世界確實不應該被毀滅呢？地球有幸和某顆流浪恆星碰撞，化為熾熱的氣體，得到一種仁慈的解脫——這種

14　《羅梭的萬能工人》為捷克劇作家卡雷爾．恰佩克（Karel Čapek）一九二〇年的科幻劇本，一九二一年首次演出，講述名為羅梭的科學家發現製造出擬人機器的方法，並建立工廠大量生產，運送到世界各地服務人類，但最後機器人卻統治了人類。

未來的夢魘的確存在。

❖

思考這些逐漸逼近、巨大且可畏的發現，即將對議會結構造成何種影響，確實稱得上是荒謬之事。我們怎麼能想像，大批群眾都能透過選舉投票，在劇烈的變化中決定該採取的正確方針？即便是現在，各國議會也都證明自己無力處理經濟問題，而這些問題卻又主宰了各國事務以及全世界的事務。在這些問題面前，出現在競選演講與拉票活動中的花言巧語，以及刊登在報紙上的噱頭花招，都只能凋零退去。我們早已知曉，民主在引導或驅使進步這一方面成效甚微，在所有強大的現代國家中，沒有任何立法機構能在普遍參政權方面，展現出社會的一絲力量或智慧。偉大國家的領導人，再也不是有才幹的人，不是最了解當前事務的人，甚至也不是立場從未改變的人。各個民主政府在阻力最小的路線上漂流，它們目光短淺，以小恩小惠和失業救濟金維繫政權，又用動聽的陳腔濫調鋪平道路。這些政府事務中包含的連續性或設計性都史無前例地低落，但政府面對的是劇烈的轉變，無論結果是好是壞，這些改變都將革新世界整體的經濟結構，也將顛覆每個家庭的社會習慣和道德觀念。只有共產主義者擁有計畫和福音，但這個計畫將扼殺個人自由，而這本福音則奠基在仇恨之上。

❖

可以肯定的是，雖然人類以越來越快、無法測量的速度獲取知識和力量，但他們的品德和智慧並沒有隨著世紀流逝而顯著進步。現代人的大腦與數百萬年前在這裡戰鬥、戀愛的人類的大腦在本質上並無不同，且到目前為止，人的天性也沒有特別改變。在足夠的壓力下——無論是飢餓、恐懼、好戰的激情，或甚至是安靜的智性狂熱，我們熟知的現代人將會做出最可怕的行為，而他的現代女性伴侶也會成為他的後盾。現在，不同時代的文明共存於世，來自不同文明的人相遇並對話。英國人、法國人或美國人的思想與二十世紀俱進，而和他們做生意的印度人或中國人，文明在幾千年前便已結晶。我們目睹人類掌握了雄偉的力量與強大的武器，但累積智慧的速度卻遠遠不及；我們目睹人類的智慧進步，但他培養高貴品性的速度卻遠遠落後。我們很可能會發現自己面對的是「毫無慈悲的文明力量」[15]。

15 引用自湯瑪斯・巴賓頓・麥考利（Thomas Babington Macaulay）。麥考利為第一代巴賓頓男爵，英國政治家、歷史學家、文學家，著有《英國歷史》。此為他對十九世紀早期帝國主義的描述。

因此，在這些可畏的科學革新之中，人類和各國的道德哲學與性靈觀念能站穩腳跟，便是首要之務。與其受到我們發明的器材與其主導的力量所主宰，在物質方面停下進步和發現的腳步會好得多。對現階段的人類而言，有太多祕密過於晦澀神祕，不宜探究知曉。一旦這些祕密受到究明，也許就會扼殺人類的幸福和榮光。但科學家忙碌的雙手，已經摸索著通往至今為止人類禁入的所有房間的鑰匙。若仁慈、憐憫、和平與愛並未和科學一同進步，只憑科學自身，便可能摧毀讓人類生活輝煌且可忍受的一切。從未有過這樣的時光，要求人類在日常生活中，以更堅定自信的態度展現與生俱來的美德；從未有過這樣的時光，為了後代的安全，對永生的希望及對塵世權力和功業的輕蔑變得更加必要。

畢竟，這種物質發展雖然如此華美燦爛，卻未能滿足任何人類的真正需要。前幾天，我讀了一本書[16]，講述人類從太陽系誕生到消失期間的歷史。前前後後出現了十五或十六個人類種族，以千萬年為週期興衰起落，最後出現了一個已經進化到能主宰自然的種族。在他們創造出的國家裡，國民能決定自己的壽命長短，享受比我們多樣而豐沛的快樂和情感連結，航行於星際之中，可以綜覽過去，也可以預見未來。但這一切對他們來說有什麼好處？就那些人類獲得理性以後便不停自問的簡單問題而言，他們知道的也不比我們多——為什麼我們身在此處？生命的目的是什麼？我們將要去往何方？就算物質進步以我們現在無法想像的型態呈現，或就算物質進步能如何擴展我們的能力，也沒有任何進步能為人類的靈魂帶來慰藉。正是這一事實，比科學能揭示的所有事物都更加美妙：這給了我們最大的希望，相信將會無事發生。我們的下一代，將會受到過去幾代人做夢也想不到的計畫吸引，他們將掌握恐怖且毀滅性的力量，他們將被舒適、活動、便利與快樂簇擁，但若他們不具備超脫物質的眼光，他們的心將會疼痛，他們的生命將會貧瘠。危險和希望與力量一同前來，而這種危險和人的智力增長、內在的力量或人類組織的效率相比，強大地完全不成比例。又一個選擇出現在我們眼前，一是賜福，一是詛咒。從未有比人類將交出的回應更難預測的答案。

16 編註：指奧拉夫・斯塔普雷頓（Olaf Stapledon）於一九三〇年出版之科幻小說《最後和最先的人》（*Last and First Men*）。

第二十一章

摩西：一個民族的領導者

Moses: The Leader of a People

> 以後以色列中再沒有興起先知像摩西（Moses）的。他是　耶和華面對面所認識的。耶和華打發他在埃及地向法老和他的一切臣僕，並他的全地，行各樣神蹟奇事，又在以色列眾人眼前顯大能的手，行一切大而可畏的事。[01]

《申命記》的這段結尾，恰如其分地展示了這位希伯來人的偉大領袖和解放者，受到後代的高度敬重。他是最偉大的先知，能當面和以色列人的神交談；他是國族英雄，領導神的選民離開受奴役之地，經歷荒野的危險，將他們帶到應許之地的入口；他是至高的立法者，從神那裡獲得卓越的法典，成為以色列宗教、道德和社會生活的堅實基石。傳統最終將摩西視為「五經」（Pentateuch）的作者，圍繞著他死亡的謎團則增加了他的聲望。

讓我們先重新講述這個聖經故事。

約瑟（Joseph）統治埃及的時光已經消逝。一百年過去，一個不認識約瑟的新法老崛起，統治了埃及。在大饑荒發生前幾年的荒年間，身為游牧民族的貝都因人曾到常年豐饒的尼羅河岸尋求庇護，而現在他們的人數已然增長繁茂。他們本是一群外地人，受到這個強盛國家的親切接待，共享其財富與繁榮，然而，現在他們已然成為社會、政治與產業方面的麻煩。他們在「歌珊地」繁茂強盛，每天都將廣泛的影響力與多方的才能伸入埃及的社會。那裡一定發起了一場現代世界也相當熟悉的社會運動。反猶太主義的浪潮席捲了整個國度。漸漸地，一年一年，一點一滴，因著國家的政策與國民的偏見，以色列的後裔從客人淪為僕人，又從僕人落到幾乎如同奴隸的境地。

當時的人熱衷建造，而以色列的後裔正好是強壯、出色又勤奮的建築工人。猶太人被迫建造建築，他們被強制勞動，為法老建造積貨城——也可說是「寶藏城」，因為當時真正的寶藏就是穀物。《出埃及記》中提到比東和蘭塞兩座積貨城，埃及學家奈維爾（Édouard-Henri Naville）已發現比東城，這座城市也的確是在拉美西斯二世（Ramesses II）在位時所建，就位在東北邊境，也就是以色列的後裔定居的歌珊地。只有豐年時堆滿巨大糧倉的糧食，才能供應尼羅河水位不足時的需要。這些糧倉賦予政府權力。當荒年到來，法老將其擁有的糧食分發給人民和牲口，換取完全的服從。藉著這種嚴酷的槓桿平衡，埃及文明崛起了。多麼嚴酷的時光！我們可以想像，以色列人做為國家農奴建造的這些城市，實為巨大的糧倉，是政府維持人民順服與國家命脈的倚仗。

以色列人是吃苦耐勞的民族。他們自食其力，甚至還有盈餘。儘管如此，他們不停增長的人口成了越來越尷尬的問題。所需的倉庫數量有其上限，可用的勞動力很快就遠

01 《申命記》34：10—12。

遠多於勞力任務或經濟就業。埃及王朝只得採取生育控制，他們試著以許多手段遏止以色列男子人數增長，《出埃及記》對這些方法有直白的描述。最後他們決定殺死以色列男嬰。當時，猶太人的生活原則和埃及文明的無情宰制之間，顯然充斥著一觸即發的緊張氛圍。摩西正是在這種時候出生。

律法嚴苛，幾乎不含一絲憐憫。但摩西的母親深愛自己的孩子，決心逃避法律。她千辛萬苦地藏匿著他，直到他三個月大。接著，孩子強烈的求生欲望讓她決心實施一個大膽的計畫。在許多古代的偉人傳說中，都可以看見類似的情節。著名的蘇美國王薩爾貢[02]被母親裝在蘆葦籃中拋棄，之後被一個農民救起並養育，羅穆盧斯（Romulus）[03]和居魯士（Cyrus the Great）[04]幼年時期的遭遇也很類似。但以摩西的情況而言，唯一的希望就是在宮中長大。法老的女兒，即埃及王室的長公主，習慣在尼羅河中沐浴。公主的日常行動受到仔細研究。在她晨泳的河岸邊，一個漂浮著的小蒲草箱吸引了她，她要僕人將箱子拿回來。這個漂浮的箱子裝著一個可愛的嬰兒，而「嬰孩哭了！」[05]公主的心為之融化，她抱起這個小男孩，儘管她父親的命令遍布尼羅河流域，她也發誓絕不會讓這個嬰兒死去。這時，摩西尚且年幼的姊姊走了過來，她相當聰明，早已事先躲在一旁觀看事態。她對公主說：「我知道要去哪裡找乳母。」於是叫來了乳母，也就是摩西的母親。他們便在皇室優渥的經濟環境中，找到了能將這個孩子撫養長大的空間。

時光流轉。摩西在宮殿及其周邊區域被撫養長大，已然是個男人，而他的地位無疑和東方王朝的私生子，或說庶出子女相當。但他並非埃及人，並非尼羅河谷照看的後裔。沙漠的荒蠻之血，尚未和赫人（Hittite）血統混合的以色列之子的剛烈之血，就在摩西的血管中流淌。他走到外頭，他看見發生的一切。他看見自己的族人受到剝削，那已然超過了所有經濟需求或社會正義。他看見自己的族人成了埃及的苦工，耗費自身的強盛生命力和精力維持埃及的榮光，埃及人卻甚至認為他們不配得到微薄的報酬。他看見他們被當成黑勞士（Helots）[06]般對待，他們曾經是荒野中的自由之子，曾以貴客的身分前來，卻無時無刻都在勞動！除了這些整體印象，他還看見一個埃及人毆打一個以色列人，這無疑是家常便飯，已經漸漸成為每天的例行公事之一，但他毫不猶疑，一刻也不

02 根據傳說，薩爾貢的出身寒微，被身為祭司的母親裝在籃子中丟進河裡，後來被一名園丁撫育長大。

03 羅穆盧斯為羅馬傳說中的建國者。阿爾巴隆伽國王努米托（Nimitor）的弟弟阿穆留斯（Amulius）篡位後，強迫努米托的女兒蕾亞·西爾維亞（Rhea Silvia）成為發誓守貞的維斯塔貞女，但她其後仍和戰神馬爾斯生下羅穆盧斯與瑞摩斯（Remus）這對雙胞胎。阿穆留斯下令將兩人淹死於臺伯河，但兩人卻順流而下，漂到羅馬將建國之處，受母狼哺育，其後被牧人發現並收養。

04 居魯士為波斯帝國的創建者。他出生時，曾因祖父阿斯提阿格斯王夢見他長大會推翻自己，因此被下令殺死，但阿斯提阿格斯王的首席顧問偷偷將其交給牧羊人撫養，居魯士十歲時因為傑出的才華，讓阿斯提阿格斯王不顧預言，允許他繼續活著。

05 編註：《出埃及記》2：6。

06 黑勞士為斯巴達的一個階級，為斯巴達人的奴隸，負責耕種等工作，還可被隨意屠殺。

曾猶豫。他知道自己站在哪一邊，宮廷的恩寵與他和統治階級保有的親密關係，都瞬間消失於無形。血脈的召喚在他體內翻湧。他殺了那名埃及人，受到歷代反叛者持續不止的大聲喝采。

藏匿屍體已是困難，但不走漏風聲更是難上加難。似乎才過一時半刻，整個宮廷就都聽聞此事：這個有點平凡無奇、到目前為止都深受寵愛的外籍孩子，反咬了養育他長大的人一口。重現他們的心情是多麼容易！今日文化涵養與文明程度最高的國家和政府，也一定能和法老感同身受，覺得這整件事越來越過火，而埃及的輿論非常有可能將這一暴力行為視作最後的鐵證，證明政府對這些傲慢的外族兼入侵者的軟弱已達極限——哪怕只有一絲文明的表象，輿論就會誕生。無論如何，法老作出了決定（法老這個名號，就像任何時代、任何國家、任何體制下的統治階級該有的名號一樣好）。他下令凶手該以死償命。我們實在不能責怪法老，但也不能指責這個殺人犯的反應。他的行動也符合現今常理：他逃走了。

在那個時候，尼羅河的奇妙氾濫週期與淤泥創造出一座文明小島，糧倉系統則讓其不至於四分五裂——一座漂浮於廣袤的荒涼與饑荒之海上的小小孤島。能在海岸之外生存的人寥寥無幾。當時世界的其他地方，譬如美索不達米亞、克里特、邁錫尼，的確也有類似的小島，但對摩西來說，他面前的所有選擇，即選擇埃及或是荒野，實際上就等同於選擇迅速的處決，或是以所能想像的最艱苦的方式偷生。

摩西逃進西奈半島。那是環境最嚴苛的沙漠，人類幾乎難以在其中生存。還有其他人類根本無法生存的地方，例如廣大的撒拉哈沙漠或極地冰原。儘管如此，總是有極少數人能在嚴峻的西奈半島中勉強度日。現在那裡住著幾百名貝都因人，但當飛機迫降在西奈半島時，飛行員幾乎總是會因飢渴而死。在那嚴酷之地的深處，逃亡的摩西遇見當地的酋長兼祭司葉忒羅（Jethro）。他與葉忒羅同住，盡心為他工作，娶了他的女兒西坡拉（Zipporah），過了好幾年清貧無比的日子。每個先知都必須出自文明社會，但每個先知都必須走入荒野。他必須對複雜的社會及其所有方面留下深刻印象，接著則必須度過與世隔絕和冥想的時期。這就是製造出「心靈炸藥」的過程。

摩西看著瘦骨嶙峋的羊群吃著稀疏乾黃的牧草，過著幾乎和牠們一樣匱乏的生活。他和自己的內心交談，接著有一天，烈日當空，灌木叢中塵暴四起，幻象搖曳，他便看見了焚而不燬的「燃燒的荊棘」。那實在是一幅奇景。荊棘越是被火灼燒，被燒燬的就越少，自我消耗似乎讓它得以恢復。也許那根本就不是一棵荊棘，而是摩西自己被點燃的心靈，而點燃他心靈的火焰，只要大地仍承載著人類，就永遠不會熄滅。

神從燃燒的荊棘中對摩西說話。事實上，神大概是這樣說的：「你必不可讓你的同胞繼續受奴役。要麼死亡，要麼自由！居於曠野好過受人奴役，你必得回去，將他們領出來。讓他們居在這荊棘地，若無法生存，就讓他們死去，但別再讓他們束縛在為奴之家。」神又更進一步說了許多。祂從燃燒的荊棘中說話，現在這話語肯定進入了摩西的身心：「我必賜予你超凡的力量。人若滿懷決心，便沒有他所不能成的事。人是宇宙的縮影，一切行動和存有，都由他堅韌的意志引發，而他的意志即為我的意志。」

摩西只理解了一部分的話語，因此問了許多問題，也討要各種保證。神給了他所有保證。說起來摩西的疑問實在太多，又太過討價還價，以至於聽說他觸怒了耶和華（這是從燃燒的荊棘中發話之神的崇高新名諱）。然而，最後神仍和這個人類立約，摩西也得到自覺相當合理的保證，讓他相信自己能行神蹟。如果他把手杖放在地上，他相信手杖會變成一條蛇，而當他捉住那蛇，蛇又會變回手杖。此外，他明確表示自己非得有個發言人不可。摩西不擅言詞，他是可以推動事情發展，但他一定得有個助手——一個能幹的演說家，一個慣於提出各種事例及處理高階事務的人。不然，他該如何和法老及他唯一知曉的文明的所有大臣和談？神滿足了他所有的請求。神給予他一個名叫亞倫（Aaron）的能幹政治家兼訓練有素的演說家。摩西現在想起了他的兄長亞倫，在他不得不逃離埃及之前，他們曾是好友。他們得立刻行動！葉忒羅得知他的女婿打算展開一場偉大的冒險，也完全同意了這事。驢子裝上鞍，馱著西坡拉、兩個孩子以及他們的財產，穿過飛揚的塵土與熾熱的陽光。史上最微小、最強大、最輝煌的救援部隊就這樣踏上了征途。

我們很容易太過重視摩西和法老那曠日費時的對抗記錄。埃及的十災相當著名，其中絕大多數也是埃及時常發生的災害：尼羅河受汙染與隨之發生的魚群死亡；青蛙過度繁衍，入侵土地；鋪天蓋地的蒼蠅；大量的蝨子（不過有些專家認為是蚊蚋）；牛隻死亡；持續許久的沙塵暴等因素引發的黑暗；尼羅河谷下冰雹的異象；最後則是使所有長子死去的瘟疫。埃及的術士投入全副身心，想盡辦法，一步步堅持到第三輪。但在塵土化作蝨子之後，他們基於專業知識，展現敬畏之情，判斷這是「神的手筆」[07]。

我們也對法老的行為非常感興趣。即使跨越好幾世紀，我們仍能在他的行動中發現某種現代性。起初他保持好奇，也願意相信。相當輕微的災禍說服了他，他準備好讓以色列人離開，進入曠野，為他們強大的神奉獻。這個重大的讓步中止了他所有的建設計畫，極大地擾亂了全國經濟生活，就好比一場大罷工。無疑有人告訴他，停止勞動造成的國家收入損失將會對國家造成毀滅性打擊。所以他狠下心腸，在傍晚收回破曉時的承諾，在早晨收回前夜的承諾。災禍繼續，術士退出。這是耶和華與法老艱苦而激烈的爭鬥。但耶和華不想輕易取勝。解放以色列的後裔，只是神崇高目的的一部分，這次解放

07 編註：《出埃及記》8：19。

必得讓他們相信自己是神的選民，相信只要他們展現信仰，宇宙中的至高力量就會支持他們的特殊利益。因此耶和華一面行災禍，一面使法老的心更加冷硬。

之後的時代也經常發生這種狀況。政府與人民經常是多麼不情願地陷入爭鬥，害怕那微不足道的開端，然而一旦投身激流，便會以意想不到的儲備和力量，不顧一切地勇往直前，希望能以勝利者之姿抵達對岸。因此，法老和埃及政府一旦下定決心，便進入「堅持到底」的心態，這或許就是他們「心裡剛硬」的原因。但是，災禍仍然持續，一個又一個的不幸降臨在這個受苦的國度，直到最終的崩潰。法老決定「容百姓去」。

法老的投降引發了全國性混亂，而在這片混亂之中，神的選民掠奪了埃及人。他們乞求、商借、偷竊所有能碰到的東西，接著整理好隊伍，滿載著金銀財寶、裝備和糧草，從文明之島進入可怕的沙漠。他們最好的機會是橫越連結非洲和亞洲的地峽，前往我們現在稱為巴勒斯坦的地區，但這個計畫受到兩個不可忽視的原因阻礙。首先，非利士人（Philistines）擋住了這條道路。這個強大民族已擁有相當高水準的軍事組織水準，在埃及服了一百五十年勞役的以色列人，對上這些兇殘的荒野戰士毫無勝算。再者，此時耶和華已經曉諭摩西，他必須帶領受解放的人民前往西奈山附近，神將在那裡讓他們明白其他出於祂意志的啟示。

他們便如此行到紅海北方的入口。他們的總數多有爭論，《聖經》的故事說他們共有六十萬名男子，還沒算上婦女與孩童。我們可以心懷謙恭質疑這個數據：這非常有可能是謄寫的錯誤。就算是現在，我們有時也會誤植一、兩個〇，但在〇被發明，成為方便的記數符號之前，人類已度過兩千多年的歲月。和現今的方式相比，更早期的記數方法更容易出錯。除非當時的氣候和我們現在所知的天差地別，否則若沒有超自然的力量相助，要以頗具規模且分明的組織在西奈半島生活，光是六千人就已是相當的難事。

但現在法老又改變心意了。在恐慌時成為大規模洗劫的目標，無疑引起埃及人的憤恨，加上政府失去為數眾多的能幹勞工與人民產生的悔恨，引發了當今只有少數議會能無動於衷的情況。埃及軍隊動員起來，所有戰車都出發追擊。這個逃亡的民族已經抵達名為「蘆葦海」的海岸，他們位處阿卡巴灣的極北端，困在海洋與法老率領的壓倒性遠征大軍之間。他們窮途末路，唯一的生路就是逃亡，但這條道路又被鹽水阻斷。

但耶和華沒有背棄他們。火山劇烈噴發，如今仍可在當地的火山山脈看見留下的痕跡。紅海分開，以色列的後裔跨越入口，腳底一滴水也沒沾。法老和他的大軍猛力追趕，卻被湧回的海水吞噬。此後，白日有雲柱領路，夜晚有火光領路，以色列人抵達了西奈山附近。在這裡，摩西從耶和華那兒得到刻著基本律法的石板，從此以後，雖然偶爾會違背，但最文明的社會都遵循著這些律法。

我們必須在此簡單而全面地檢視神蹟。所有人都知道，河流汙染、蒼蠅、青蛙、蝨子、沙塵暴、瘟疫和牛瘟，都是東方世界眾所周知的災禍。最多疑的人也會輕易相信，當時這些災禍的發生頻率異常密集。據說吹開紅海的強勁北風，可能也受到地震和火山干擾相助。地質學家告訴我們，讓位於巴勒斯坦的死海陷落的斷層，一直延伸到東非大裂谷，也就是我們現在稱作肯亞之處。西奈半島曾是火山區，而《聖經》對西奈山白天與夜晚的敘述，可以直接用火山爆發來解釋，立刻就能說明白天的雲柱與晚上的火光。鵪鶉群常常在遷徙途中以筋疲力盡的狀態抵達埃及，很可能有些鵪鶉及時落在以色列人的營地附近。何南（Ernest Renan）描述西奈半島的某些灌木偶爾會分泌一種白色的膠狀物質，這無疑能提供某種營養。

以上所有完全奠基於理性與科學的解釋，只證明了這個聖經故事的真實性。浪費時間爭執耶和華是否破壞了自己制定的自然法則，以拯救祂的選民，或是祂是否僅讓法則以對自己有利的方式運行，實在相當愚蠢。無論如何，有一個奇蹟毫無疑義。這個流浪的民族，許多方面都和無數遊牧民族別無二致，卻領悟了一個概念，並將其宣之於世——就連希臘的文明和羅馬的力量，都無法企及這個概念。那就是：只有一位神，一位無處不在的神，一位萬國信仰的神，一位公平公義的神，一位將會於死後懲罰死時富有安泰的罪人的神，一位善待謙卑者、弱者和窮人的神。

許多以各國語言寫成的書，都在探討這個問題：這一切到底有幾成可歸功於摩西？

具毀滅性且不可阻止的現代研究和評論已經證明，《摩西五經》是多種敘事與教義的集合，至少經過數個世紀才成書。但是，我們不屑接受這種精心的學術研究成果——聲稱摩西只是傳說人物，是祭司與人民寄託基本的社會、道德和宗教律法的象徵。我們相信，在以字面理解這個聖經故事，以及將這名偉大人物視作人類史上影響最深遠的一大躍進後，最科學的觀點與最先進理性的觀念都能被充分滿足。即使格雷戈林教授（Thomas Gradgrind）與枯燥博士（Jonas Dryasdust）推出許多大部頭的書，我們也會無動於衷[08]。或許我們可以確信，這所有事件發生的景況，都像《聖經》的描述那樣。或許我們可以確信，這些事情發生在和我們不差多少的人身上，而他們對這些事件的印象都被忠實記錄，跨越世紀流傳下來，遠比許多我們讀到記述今日發生之事的電報更為準確。借用格萊斯頓先生被遺忘的著作中的言語，我們可確信「《聖經》乃堅不可摧的磐石」。

不幸的是，出埃及的壓力，以及處在曠野中的漫長四十年——或說是將以色列的後裔從被馴化的種族，打磨成征服四方的戰士所需的時間，讓他們對耶和華產生不當的主張。他們忘了五經奉為圭臬的、更加古老的傳統，他們忘了身為異教徒的法老阿肯那頓

08　格雷戈林為狄更斯（Charles Dickens）小說《艱難時世》（*Hard Times*）中的登場人物，個性看重實際，其後成為唯物主義、追求事實數據之人的代稱。枯燥博士出自華特·史考特（Walter Scott）的作品，為一虛構角色，其後用來代指研究歷史、古物或數據，卻只專注於最枯燥無味的細節的人。

（Akhnaton）提出的開明一神論給埃及留下怎樣的印象。他們把耶和華留給自己。用何南的話來說，他們讓神對其選民產生令人反感的偏袒。面對一個外族人，尤其是擁有以色列人需要的土地與財產的外國人時，所有神聖法律和普通的公平原則就會受到擱置或忽視。

但這些都是承受超絕壓力的人心會犯的自然錯誤。要經過許多世紀，那位從燃燒的荊棘中說話的神才會在新的啟示中顯現，但祂的形象仍然根植於希伯來人最古老的天啟——神不是以色列人的神，而是所有期望侍奉之人的神；神不只公正，也心懷寬容；神不僅教導自保和生存，也教導憐憫、自我犧牲與難以言喻的愛。

讓科學研究者和作學問的人擴展他們的知識，用他們的研究，探明那從文明熹微之時傳承至今的紀錄中的所有細節。他們獲得的所有成果，只會彰顯被記錄的真實是多麼簡明與準確。從古到今，照亮人生旅途的搖曳燈火，正是這些真實的指引。

第二十二章

論嗜好

Hobbies

對那些長期肩負重任、執行遠大職責的人，大眾提出了許多療法，以幫助他們規避憂慮和過度的精神壓力。有人建議運動，有人建議休息；有人提議旅行，有人提議隱居；有人讚頌寧靜的獨處，有人讚頌激昂的歡喜。根據每個人的脾性，上述療法毫無疑問都能或多或少發揮效力，然而，這些療法共享著一種不變的元素：改變。

改變正是關鍵。若持續勞神竭思，我們所使用的那部分精神便可能受到磨損，一如我們穿久了的大衣，肘部會受到磨損。然而，活著的腦細胞和無生命的物品仍有差異：我們無法藉著摩擦袖子或肩頭，來修補磨損的肘部布料，但我們卻能藉著休息及使用其他部分的精神，讓疲憊的心智獲得休憩與增強。僅僅熄滅照射著主要和普通興趣領域的燈光遠遠不夠，必得照亮一個全新的興趣領域才行。對疲憊的「精神肌肉」（Mental muscles）（如果我們能將這兩個單詞組成一個詞彙的話）說：「我會讓你好好休息」、「我會來一場長長的散步」，或「我會躺下來，清空所有思緒」，都毫無用處。你的心仍然纏繞著萬千思緒，無法平靜。如果你的心一直都在權衡和評估狀況，那它仍會繼續權衡和估量；如果你的心時時憂慮，那它就會繼續憂慮。唯有使用其他部位的新腦細胞，唯有讓新星成為上升星座的主宰星，我們才能放鬆、休憩和恢復精神。

一位才華洋溢的美國心理學家曾說：「憂慮是情感的痙攣，心靈緊緊抓住某物且不願放開。」和處於這種狀態的精神爭辯只是徒勞。意志越堅定，成效越稀薄。我們只能溫柔而迂迴地將其他東西，渡進那劇烈收縮的抓握之中。如果我們選擇了正確的東西，如果心靈真的被打向嶄新興趣領域的燈光照亮，那麼，舊有的抓握便會漸漸放鬆，恢復和修復的過程就會開始，而且效率時常相當驚人。

因此，培養嗜好與新興趣，是公眾人物的首要之務。但這絕非能在一天內做到的事，也無法單純靠著意志力，便迅速而即興地完成。新興趣有賴長期培養，我們必須精心挑選種子，種在肥沃的土壤中，孜孜不倦的照料，才能在我們需要時，隨時摘取這些振奮精神的果實。

若我們想要真的感到高興和安全，就應當擁有至少兩或三種嗜好，且必須是真切熱衷之事。直到步入垂暮之年，才說：「我要開始培養這方面或那方面的興趣」毫無用處，這種嘗試只會為心智增添更多壓力。一個人可以具備工作領域以外的淵博知識，卻幾乎沒有從中獲益或因此放鬆。做所愛之事是無用的，喜愛正在做的事才是必須的。廣義而言，人大致可分為三類：勞苦得要命的人，憂慮得要命的人，以及無聊得要命的人。體力勞動者已經因為整整一個禮拜的艱辛工作而筋疲力盡，因此給予他們在星期六下午玩一場足球或棒球的機會只是徒勞；政治家、專家或商人，已經花了整整六天埋首工作或憂慮嚴肅的議題，因此邀請他們在週末處理瑣事毫無意義。

至於那些能夠獲得一切、滿足所有任性、幾乎能將所有渴望之物納入掌心的人——

對這些不幸的人來說，新的喜悅，新的刺激，都只不過是錦上添花的滿足。他們盲目而忙亂地四處奔波，試著以說笑與行動逃離揮之不去的無聊感受，卻仍舊徒勞。對他們來說，某種形式的紀律，才是最有希望的自由之路。

或者我們也可以說，理性、勤奮且有用的人，可分成兩種類型：第一種人，工作和娛樂涇渭分明，第二種人，工作和娛樂融為一體。大多數的人都屬於第一種，但他們也有自己的補償。在辦公室或工廠中長時間工作所帶來的報酬，不僅有維持生計的薪資，還有最簡單、最適度，卻相當強烈的娛樂渴望。但受到幸運鍾愛的孩子卻屬於第二種，他們過著自然和諧的生活。對他們來說，工時總是不夠長，對他們來說，每天都是假日，而普通假日來臨時，他們被迫中斷全神貫注的事業，因此總心生埋怨。但是，對這兩種人而言，轉換觀點、改變氛圍和轉移注意力，也都相當必要。說起來，將工作視為樂趣的人，或許最需要消遣，以不時將工作從腦中抹去。

閱讀是最常見的消遣。在那廣闊而風景各異的閱讀之地，數百萬人都找到了心靈慰藉。沒有什麼比圖書館更能讓一個人變得更加虔敬。根據莫萊子爵的定義，只要少於五千本，都是「寥寥幾本書」，而這數量可能會讓人自我滿足，乃至油然自滿，但就算圖書館的規模不大，只要在館內待上一天，也能迅速驅散這些錯覺。在四處瀏覽，從書架上取下一本又一本的書，思考人類所積累和保存的知識與智慧，是如此浩瀚無邊、種類繁多之時，就算是最無害的驕傲，也會因油然生起的敬畏之情，而從心中煙消雲散。但這種敬畏之情，卻又帶著一絲悲傷。在檢視如天上繁星的那些哲人、聖人、歷史學家、科學家、詩人和哲學家時，想到我們永遠不可能欣賞，遑論享受所有寶藏時，我們短暫的存在，便主導了心靈和精神。

想想那些你永遠不會聽聞，卻精采絕倫、代代傳述的故事；想想那些針對你永遠不會追求的重大議題展開的探討；想想你永遠不會訴諸於口的那些令人欣喜或惱人的想法；想想那些為了你而完成，你卻永遠無法坐享成果的偉大建設。但這種憂傷也會捎來一份寧靜。虔誠的絕望引起苦樂參半的感受，融化成一種讓人愉悅且必需的屈服，讓我們以新的熱情，轉向生活中較為輕鬆的浮華事物。

「我該拿我所有的書怎麼辦？」這是問題，而「閱讀」這個答案，讓提問者冷靜了下來。但是，如果你無法閱讀那些書，至少拿起它們，彷彿在愛撫它們一般。看進它們。隨意翻開一頁，從攫獲你目光的第一個句子開始讀，接著讀你感興趣的下一句。開啟一場發現之旅，調查尚未繪在地圖上的海域。親手將書放回書架上，按照自己的計畫排列書籍，這樣一來，即使你不知道書的內容，至少知道它們的所在。如果書籍無法成為你的好友，至少讓它們成為你的熟人；如果書籍無法融入你的生活，至少也別在相遇時，拒絕它們的點頭致意。

在太年少時閱讀太多好書，實是一個錯誤。曾有一個人告訴我，他已看遍所有重要的書，然而，在經過幾番深入詢問後，我發現他雖然讀過許多書，但他對那些書的印象卻相當淡薄。他理解了多少？有多少已經融入了他的思考？有多少曾在他的思想之砧上錘打鑄造，才收入放滿鋒利武器的軍械庫中，供他隨時使用？

過早讀書是相當可惜的事。因為第一印象重於一切，若第一印象相當淡薄，那麼之後的印象，往往也無法更加深入。這種因過早接觸而僵化的表面印象，可能會讓再次閱讀成為讓人反感之事。年輕人應當小心閱讀，一如老者小心飲食：不應貪多，而該細嚼慢嚥。

由於改變是所有消遣的核心，因此閱讀以外語寫成的書籍，自然能讓心靈更加平靜且煥然一新。習得一種可隨時運用的第二語言，即使程度只夠用以愉快閱讀，仍是一種實際的優勢。我們的教育家往往急於教導孩子們太多種不同語言，以至於他們無法在任何一種語言上取得足夠進展，無法學以致用，或從中獲得任何樂趣。男孩打下一定的拉丁文基礎，剛好夠讓他厭惡這門語言；學習希臘語到一個程度，剛好能通過考試；學會夠多的法文，讓他能從加萊旅行到巴黎；學會足夠的德文，讓他能拿到一張文憑；學會一些西班牙語和義大利語，剛好能辨認出兩種語言的差異。但他對所有語言都不夠熟悉，無法讓他用第二外語閱讀，獲得顯著的好處。

用心選擇，明智選擇，而且只選擇一個。專注在那一個上面。在你能真正享受閱讀之前，都不要自滿。閱讀外語書籍獲得樂趣的過程，讓「精神肌肉」得以休息；以不同順序與側重來思考，則能讓心智更加活躍。單單只是言語的形式，就能刺激個別腦細胞的活動，以最有效的方式緩解處理例行公事的疲勞。我們可以想像，一個以吹奏小喇叭維生的人，會高興地拉小提琴自娛，閱讀外文書籍亦如是。

但是，所有形式的閱讀和對書籍的熱愛，都有一個嚴重的缺陷：對腦力勞動者來說，這和他們的日常工作太過相似，難以提供讓自己真正放鬆所必須的改變和對比。為了恢復心靈的平衡，我們應該使用掌管眼睛和手的那部分精神。許多人都發現，為了自娛而練習手工藝能帶來許多好處。木工、化學、裝訂圖書，甚至是砌磚，如果對上述種種有興趣，技巧也純熟，就能讓疲憊不堪的大腦徹底放鬆。但最美妙且最唾手可得的，就是各種形式的素描和繪畫。我認為自己非常幸運，能在中年培養這種新的愛好與消遣。繪畫在我最難受的時刻解救了我，而我應當冒昧地在文章末尾表達感謝。

繪畫是我們會期望能陪伴自己走過一大段人生之旅的夥伴。

歲月不能讓她的美枯萎，

習慣也不能讓她的萬千姿態流於呆板。[01]

那些需要更多精力的運動、門檻更高的遊戲，會一個又一個地淡出生活。無比的努力，會帶來更加明顯且持續的疲憊。肌肉可能會鬆弛，動作可能會變慢，青春與壯年時期的勇氣可能會不再那麼值得信賴，但繪畫就像是我們的朋友，她不會提出任何過分的要求，也不會刺激我們去追求令人疲憊的目標。就算我們的腳步虛乏無力，她也會緩步跟上，張開她的畫布做為遮蔽，將我們隔絕於時間嫉妒的目光之外，或是阻擋衰老的粗魯腳步。

快樂屬於畫家，因為他們將不會感到寂寞。光與色彩，和平與希望，將會陪伴他們直到最後，或者，至少到一天的最後。

01 出自莎士比亞劇作《安東尼與克麗奧佩脫拉》（*Antony and Cleopatra*，又譯為《埃及豔后》）第二幕第二場。

第二十三章

繪畫做為一種消遣

Painting as a Pastime

長到四十歲，卻從未拿過筆刷，從未玩過鉛筆；以成熟的眼光觀看任何形式的畫作，將其視為神祕難解的事物；站在街頭畫家的粉筆作品面前，因為驚訝而大張著嘴，接著，卻突然發現自己一頭栽進顏料、調色板和畫布的新世界，而且並未因結果而灰心挫敗，這實在是一種教人驚喜的充實經驗。我希望能和其他人分享這種體驗。如若這些文字能誘發其他人嘗試我做過的實驗，而且至少將這種引人入勝、足以自娛、人畜無害的嶄新消遣贈予一些人，那我將甚感欣慰。

我希望這樣的動機足夠謙遜，因為除了繪畫，沒有任何主題能讓我感到更加謙卑且怡然自得。我並不想冒昧地說明繪畫技巧，只想談論如何從繪畫中獲得樂趣。別以居高臨下且挑剔消極的眼光看待這些努力。買個畫具箱，自己試一次。如果你需要某種事物以填滿閒暇時光，讓思緒從日常瑣事的束縛中釋放，為假期增光添彩，那麼就別急著下定論，不要堅信自己無法在繪畫中找到渴望之物。即使已屆四十歲的高齡也一樣！高爾夫、橋牌、閒逛、游手好閒、坐立不安、不知有何事可做——以上述種種消磨閒時或草率浪費光陰，實在是令人悲傷的遺憾。或許這是某些不快樂之人的命運，但與此同時，一個美妙嶄新、屬於思想和工藝的世界其實近在咫尺，一個陽光照耀、流光溢彩的花園的鑰匙就在你的背心口袋裡面！經濟實惠的自處時光，易於攜帶又經久耐用的娛樂工具，嶄新的精神食糧和心智鍛鍊，以完全不同的語言呈現的古老和諧與對稱性，所有常見風景中額外的一抹趣味，每一空閒時分的填補，通往迷人發現的持續之旅——這些都是至高的獎賞。務必確認你不想要這一切。畢竟，如果你試過了，失敗了，那也無妨。托兒所會很樂意取走畫廊回絕的作品，再說，你還是能隨時出門獵捕幾隻動物，在高爾夫球場上讓一些對手出醜，或在牌桌上打劫一些朋友。不管是在哪一方面，你的處境都不會比現在更糟糕，事實上，你的處境還會更好。容我在此引用一個讓人稍感不快的懷舊片語——你將會明白，這「千真萬真」[01]就是你該在休憩時間做的事。

但是，如果情況正好相反，若你雖然已步入生命晚期，仍有心想探勘一個無窮無盡的陌生領域，那麼請相信，大膽是你所需的第一個條件。你真的沒有餘裕可以從容謹慎地循序漸進。花兩年上繪畫課，花三年學木刻版畫，花五年臨摹石膏——這是年輕人的作法。他們有足夠的時間經歷這一切。這種深厚的基礎，適合那些在生命破曉之時便受到召喚，將繪畫視為至高無上的畢生職志的人。真正的藝術家以最細緻的筆觸或筆刷的扭轉，繪製出飽含真實和美麗的線條和形狀，一筆一筆構成圖像，而這必須建立在長期、艱苦、堅持不懈的學徒生涯，以及習以為常、已成本能的實踐之上。我們不可太有野心。我們不能追求曠世巨作，但我們可以滿足於畫具箱中展開的一段歡樂之旅。大膽是你唯

01　編註：一戰結束後，美國總統伍德羅・威爾遜於一九一八年一月在美國國會上發表「十四點和平原則」（Fourteen Points），此一片語出自該場演說。

一所需。

現在我將講述親身經歷。一九一五年五月底，我離開海軍部，但仍在內閣和戰爭委員會中保有一席之地。這個位置讓我獲知所有資訊，手中卻毫無實權[02]。海軍部每天的高壓行政工作成了顧問狹隘的職責，這種轉變讓我喘不過氣，好似被釣起的深海海獸，或是突然被拉起的潛水夫，我的血管因為驟降的壓力而瀕臨爆炸。我憂心如焚，無法緩解；我胸懷慷慨堅定的信念，卻缺乏實踐的力量。我必須眼睜睜看著大好機會被草率拋棄，眼睜睜看著我全心相信、親身推動的計畫，以如此無力的方式執行。我頓時擁有難以習慣的大把閒暇，可以沉思戰爭驚悚的發展。我的每一吋肌膚都因渴望行動而發紅難耐，但我卻被無情地安置在前排座位，被迫繼續旁觀這場悲劇。就在這時，掌管繪畫的謬思女神對我伸出援手——這純粹是出於仁慈和騎士精神的舉動，畢竟我倆確實毫無瓜葛。她問我：「你對這些玩具有興趣嗎？它們為許多人帶來樂趣。」

某個星期日，我在鄉間用兒童畫具箱做了一些嘗試，這讓我在隔天早晨費心弄來一套完整的油畫工具。

買來顏料、畫架和畫布後，下一步便是「動工」。但這是多難跨出的一步！一顆顆珠子般的顏料讓調色板閃著光澤，美麗的白色鋪展在畫布上，未沾染顏色的畫筆木然地懸著，承受著命運的重量，在空中躊躇不決。我的手似乎被沉默的禁令拘著。但這時碧空如洗，是淡淡的藍色，無疑該將混入白色的藍色顏料塗在畫布頂部。不需要受過藝術家的培訓也能看出這一點。這是一切的起點。因此，我小心翼翼地拿著一支非常小的筆刷，在調色板上混合了一點藍色的顏料，又萬分謹慎地在雪白的畫布上，留下冒犯的豆大痕跡。這是一種挑戰，一種蓄意的挑戰，但又如此無力、如此躊躇，這樣的挑戰是如此僵硬，根本不值得回應。就在這時，車道上傳來汽車接近的巨大聲響。踏著輕快而迅速的腳步走下這輛戰車的不是別人，正是約翰．拉沃里爵士（John Lavery）那才華橫溢的夫人[03]。「你在畫畫！但你在猶豫什麼呢？借我一支筆刷，給我那支大的。」她將筆蘸進松節油，狠狠地戳進調色板上的藍色和白色顏料，狂亂的華麗在木板上綻放，現在調色板已不再乾淨了——接著，幾道寬大而強烈的筆觸和線條，便落在那畏畏縮縮的畫布上，任何人都能看出它毫無回擊之力。沒有不幸的命運會報復這洋洋得意的暴行。畫布在我面前露出無助的微笑。咒語被打破了，病懨懨的顧忌消失了。我抓起最大的那支筆刷，以狂暴的憤怒攻擊我的受害者。從此以後，我再也不覺得畫布有任何可敬畏之處。

每個人都知道這兩種感覺：站在跳板上瑟瑟發抖時，一個「友善的敵人」悄然從後面逼近，並將你猛力扔進洪水中的震驚，以及當你氣喘吁吁地浮出水面時，讓你為之震

02　此時的邱吉爾失去了海軍第一大臣的職位，改任蘭開斯特公爵領地大臣，負責該領地的事務，為有名無實的閒缺。

03　約翰．拉沃里爵士為英國知名畫家，主要繪製肖像，其妻海瑟（Hazel Martyn）亦為富有才華的畫家。

顫的強烈喜悅。

大膽無畏的開始，或者說是被丟進其中的開始，可算是占了繪畫這門藝術的一大部分。但這並非全部。

油畫此技藝，
確實大不易。
然其尤美麗，
水彩遠不及。[04]

我並不是為了貶低水彩而寫下這些字句。但真的沒有事物能和油畫相比。這種媒材任你處置。只要你能發現使用方法，就能獲得其真正的力量。而且，和水彩相比，油畫更容易讓你在繪畫之路上走得更遠。首先，修正油畫的錯誤要容易許多。調色刀一刮，一個早晨的血淚努力便自畫布上被「連根拔起」，又是個全新的開始。真要說起來，那被刮除的層層痕跡還會讓畫布顯得更具層次。其次，你可以從任何方向著手處理繪畫主題。你不用笨拙地由白紙開始層層堆疊，直到畫出最深的暗色。你可以隨心所欲地下筆，如果你喜歡，可以先用中間色調畫出中規中矩的中央構圖，等到靈感一來，再猛力揮灑上鮮豔的顏色。最後，把玩顏料也讓人相當愉快（前提是沒有因為顏料的「反擊」而渾身髒兮兮）。若你喜歡，可以堆上一層又一層。你可以不停嘗試。你可以改變計畫，應對當下的變化或驟變的天氣。並且永遠記得，你可以刮掉所有顏料。

僅僅是繪畫本身，便包含無限樂趣。看著顏料讓人愉快，擠出顏料讓人無比歡喜。若混合顏料調出眼前所見景物的色調，即使相似度再怎麼低，也趣味橫生，引人入勝。若你未曾嘗試過繪畫，你至少得在死前試一次。在慢慢擺脫選出正確的顏色、以正確的方式在正確的位置塗上顏料等難題時，更宏觀的考量就會從心中浮現。舉例來說，你會開始意識到，畫一幅畫就好似打一場仗，而試著畫一幅畫，我想，就像是試著打一場仗。如果非得說出不同之處，那就是成功畫出一張畫，比打一場勝仗更激動人心，但兩者的道理別無二致。這是同一種類型的問題，就像發展出一個篇幅極長、曠日持久而環環相扣的論述。這就像是一種主張，無論包含多少部分，其根本都是一個統合的概念。而我們也認為（雖然我無法斷言），繪製一幅偉大的畫，必定需要宏觀的思維。你必得擁有涵蓋一切的映象，橫跨開始與結尾，包含整體與部分——即心靈以記憶留存、永不褪色的瞬間印象。當我們注視著透納（J. M. W. Turner）較大尺寸的作品，那些長寬動輒數公

04　此為邱吉爾以法文寫成的一首小詩。

尺以上的畫作，我們會發現這些作品都一氣呵成，記錄的是一瞬的風景。而且，畫中的無數細節，不論多小、多遠、多枝微末節，都以真實的比例與關聯自然呈現。我們不需多費心力，便能確切感受到其中包含才智的表現，而這種表現的品質與強度，就猶如最優秀的戰略、最完美的法庭辯論、最出彩的科學定論，或是最無懈可擊的哲學論證。

在所有戰鬥中，總司令通常必須做好兩件事：為自己的軍隊制定一個好計畫，以及握有一支強大的後備軍。對畫家而言，這兩者也不可或缺。為了制定計畫，必須徹底偵察將要交戰的地區。那片土地上的田野、山脈、河流、橋梁、樹木、花卉乃至氛圍，都需要以特別的角度仔細觀察，你也將因此得到回報。你會驚訝無比地發現，那道風景中蘊藏了多少事物，那些事物中又含納了多少東西，但你之前卻從未注意。這是一種極大的嶄新樂趣和愛好，賦予每次散步或開車出行額外的目標。山坡上的色彩如此多樣，在光影中又都有所變化；水塘的倒影如此美妙，比真實的景物暗了一階；在物體表面閃爍，或在輪廓鍍上一層滾邊的光線是如此可人，精巧地染上了一層淺色、玫瑰色、橙色、綠色或紫羅蘭色。我發現自己在散步時，已有這樣的本能——我會注意到一片葉子的色澤與特徵，群山那夢幻的紫色光影，冬日樹枝的精巧形狀，以及遠方地平線那朦朧而蒼白的輪廓。而在我人生的前四十幾年裡，我從未看見這一切，我的目光普通而粗淺，就像是一個看著人群的人感嘆道：「人可真多啊！」

我認為這種敏銳的自然觀察力，是我在嘗試繪畫的過程中獲得的主要樂趣之一。毫無疑問，許多藝術愛好者不需實際動筆，便已擁有細緻敏銳的觀察力。但我以為，沒有比必須描繪出所觀察到的事物這一困難，更能讓人迅速且詳細地觀察的動機了。不過，如果你的觀察確實精準，又能以尚稱相似的程度描繪方才看見的事物，那麼畫布上的結果，就會展現出令人驚奇的忠實。就算你只掌握並忠實還原出四、五個主要特徵，這就已將大幅左右最終作品的成敗。在列出幾百個問題的考卷上，正確而出色地回答五個重要的問題，雖然可能無法讓你得獎，但你的分數到底也不會太難看。

然而，為了制訂計畫，將軍不僅必須探查戰場，也必須研究過去那些偉大將領的功業。他必須將他對戰場的觀察，和那些知名將領在相似情況下的做法相比。因此，歐洲的畫廊便油然生出一種新的趣味，對我而言，這也是一種非常實用的樂趣。「所以，這就是某某畫出大瀑布的方法。確實如此，那就是我上禮拜在某地的瀑布看見的相同光線。」諸如此類。你看見了昨日難住你的困難，你也看見一位偉大的畫家，或甚至只是技術純熟的畫家，是如何輕鬆地克服了它。你對自然的觀察力不僅有所長進、持續進步，你也學會如何以分析與理解的眼光觀摩繪畫名作。

整個世界的寶藏都對我們敞開。最簡單的事物也擁有自己的美麗。每一座花園都提供了無數迷人的議題。每一塊土地，每一個教區，都有自己的故事可以訴說。許多地區都和彼此有著無數的不同，各自呈現迷人而獨一無二的色彩、光影、輪廓與清晰度。顯然，若有畫具箱相伴，你就不會感到無聊，就不會感到百無聊賴，就不會「擁有好幾個無所事事的日子」。天哪！有多少值得欣賞的事物，觀賞的時間卻又多麼有限！我們第一次忌妒起瑪土撒拉（Methuselah）[05]。他無疑並未好好利用自己的機會。

然而，偉大的統帥普遍擅長運用和保留後備力量。畢竟，一旦投入最後的儲備，指揮官的任務就結束了。如果這還無法贏下戰爭，他也沒有可以投入的資源，結局只能交由運氣和戰鬥部隊決定。但是，若缺乏高層領導，這些後備軍常常會陷入可悲的混亂，全都混雜一處，毫無章法，絲毫沒有秩序或計畫，因此也無法發揮功效。百萬大軍已經不再有用。最大的筆刷和最明豔的顏色甚至無法讓人留下印象。繪畫的戰場已變成一片泥海，由戰爭的迷霧仁慈地遮掩。這明顯是徹底的失敗。有時候，將軍會親自衝進戰場，沾惹滿身泥濘，但就算如此，他也無法扭轉局面。

以繪畫而言，這種後援就是比例和物體的關係。也是在這裡，畫家的藝術走上了一條和所有最偉大的思想和諧交錯的道路。調色盤的一邊是白色，另一邊是黑色，使用這兩種顏色從來都稱不上「聰明」。所有活動都必須發生在這兩個絕對的邊界之內，一如所有力量都應該在這個範疇內生成。單純並列黑白兩色，無法讓人留下深刻的印象，但是，這卻是你在純粹對比中所能用的最強烈對比。在多次嘗試和失敗之後，看見真正的藝術家是如何輕鬆肯定地以正確的方式處理不同平面和表面的關係，從而產生明暗、陽光與陰影、遠近距離等效果，實在讓人愉快不已。我們認為，上述種種都奠基在比例感之上，這種感覺無疑必須經由練習獲得，但是比例感的本質，是心智力量和心智規模的冷靜具現。我們認為，這種心靈之眼能以全面的角度、基於同領域的知識，正確地觀察、評價和預先定義一幅真正優秀畫作的價值，也能在習得一定程度的特別技巧之後，對其他需要高度智力的人類活動進行明確的判斷。以偉大的義大利畫家來說，這肯定是事實。

我之所以如此寫作，是為了說明那些經過深思熟慮後，滿懷希望走上繪畫之路的人可能會獲得多麼廣泛的樂趣，日常視野將會變得多麼豐富，獨立性將會如何增強，閒暇時光將會多麼愉快。不論你是發現自己的靈魂因和諧的思考和概念而愉悅，或是發現自己的心智受到偉大的問題所刺激，還是發現自己樂於嘗試觀察和描繪眼前所見的有趣事物，都有無窮的可能性等著你探索，唯一的限制便是短暫的生命。每一天，你都可能會有所進步。每一步，你都可能會收穫頗豐。然而，你面前鋪開的那條道路，將會不停延伸、不停往上、不停精進。你知道自己永遠無法走到旅途的終點，但是這一認知絕不會讓人灰心喪志，只會增添攀爬的歡樂和榮耀。

05 瑪土撒拉為聖經人物，諾亞的祖父，活到九百六十九歲，是《聖經》中壽命最長之人，其後成為長壽的象徵。

那麼，就試試看吧，在來不及之前，在你嘲笑我之前。試試看吧，在還有時間克服初期困難的時候。在你最好的年華打下足夠的語言基礎，讓未來的自己得以進入那名為繪畫的嶄新文學世界。在挖掘工作結束後，你便能坐在那裡歇息。那可能只是一個小巧的花園，但你會看見它成長。年復一年，花園將會綻放，也會結果。年復一年，花園會得到更悉心的栽培。雜草會被根絕，果樹會被修剪和整枝。各色繁花將以更美麗的搭配方式綻放。即使在冬季，那裡也會灑落陽光；在六月明媚的日子裡，那裡會有涼爽的陰影，以及在小徑上嬉戲的光影。

我必須承認，我喜歡明亮的色彩。我同意拉斯金（John Ruskin）[06]對某些繪畫流派的譴責：「將滑石筆和粉筆吞吃入腹，並向每個人保證，這些遠比草莓和李子更美味純淨。」我不能假裝自己對顏色公正無私。我因為明亮的顏色而歡喜，也發自內心可憐黯淡的棕色調。進入天堂後，我打算在前一百萬年裡花大量時間畫畫，以窮盡這門技藝。但是，到了那個時候，我會需要一個新的調色盤，和我在塵世的調色盤相比，那些顏色將會更鮮豔可愛。我盼望橘色和朱紅會是最暗、最無趣的顏色，而在這兩個顏色之上，會是一整套全新的美妙色彩，能讓上帝心生歡喜。

機緣讓我在某個秋天來到蔚藍海岸的一個幽靜角落，那個地方在馬賽和土倫之間，我在那兒結識了一、兩位熱衷於現代法國畫派方法的畫家，他們都是塞尚（Paul

Cézanne）[07]的信徒。他們將自然視為閃爍光芒的集合，形狀和表面的重要性相對較低，事實上，根本就無法自其中看見物體的輪廓，但卻散發出美麗的和諧光彩以及對比鮮明的顏色。對我來說，突然接觸到這種截然不同的觀點，的確是無比的趣味。在那之前，我總是用又長又柔的筆觸描摹海洋，也僅用漸層來變化色調，因此海洋看起來相當扁平。現在我必須試著以無數細小而獨立，且通常是純色的菱形色點和色塊來呈現海洋，這會讓畫作看起來更像鑲嵌花紋的路面，而不是一幅海景畫。這聽起來挺不尋常，不過別太快就否定這個方法。退到幾公尺之外，看看結果怎麼樣。現在，每一個小小的色點都在整體效果中發揮了力量。雖然無法看見單獨一個色點，但每個小點都發散出強烈的輻射，讓肉眼看到其波動產生的影像，卻無法捕捉到原因。再看看地中海的藍色。你該怎麼描繪和留存那種藍色？肯定不是用任何生產出來的單一藍色。模擬出這種閃耀無比的藍色的唯一方法，就是以正確的關係排列大量且色彩各異的小色點。這是件難事嗎？這太迷人了！

大自然透過這些獨立的光點，將自己呈現在我們的視線之中，而每個光點都會產生

06　約翰．拉斯金為英國藝評家、散文家與才華橫溢的畫家。

07　塞尚為知名法國畫家，繪畫風格屬於後期印象主義，主張以色彩對比表現繪畫主題，而非使用線條或明暗。

其色彩特有的振動。因此，這些光點在畫布的特定區域出現的頻繁程度，以及光點與彼此的關係，都會影響一幅畫的出色程度。拉斯金已在他的著作《繪畫的元素》（*Elements of Drawing*）中如此論述，我也已經摘錄過這段文字：「就算是透納最大尺寸的油畫作品，就算那些畫作約有兩公尺長，約一．五公尺高，你也無法在其中發現一顆像麥粒那麼大，而沒有漸變色彩的單色色點。」不過，透納的漸層和現代法國藝術流派的漸層不同。透納的漸變溫柔而細微，幾乎感受不到其變化，並不是有形乃至粗暴割裂的兩種色彩；透納的筆觸和他描摹的物體形狀一致，而我們的法國朋友似乎時常以完全相反的方式繪畫，並且引以為傲。例如，在描繪大海時，他們更青睞垂直的筆觸，而非水平的筆觸；在描繪樹幹時，他們更喜愛由右往左畫，而非由上畫到下。我想，這是因為他們愛上了某人的理論，為了表達自己的忠誠和欽佩，便只能犧牲真實。

不過我們確實應該感謝那些讓現代風景畫靈動鮮活、鮮豔明亮而又發人深省的畫家。馬奈（Edouard Manet）和莫內（Claude Monet），塞尚和馬蒂斯（Henri Matisse），他們對繪畫作出的貢獻，難道不是像濟慈（John Keats）和雪萊（Percy Bysshe Shelley）在十八世紀那嚴肅而雕琢的完美文學後，為詩歌作出的貢獻一樣嗎？他們已為圖像藝術注入新一股「生命之歡悅」（Joie de vivre），他們的畫作飽含的美，是漂浮在閃亮空氣中的歡樂本能。

我並不指望這些大師會特別感謝我的辯護，但我必須承認自己越來越受他們的畫作吸引。清晰而準確的表達是法國人心智的一大特徵。法文已經成為這種可貴天賦的傳達媒介。法國人對繪畫的談論和書寫，就像他們以愛情、戰爭、外交或烹飪為主題的論述一樣出色。他們的術語精確又完整，因此非常適合教授上述種種技藝。他們的批判能力發展得如此強大，以至於可能為成就設下限制。但對其他人和他們自己而言，這種批判都是美妙的矯正。

舉例來說，我的法國朋友[08]在看過我一些幼稚的作品後，便帶我參訪巴黎的許多畫廊，期間又不時停下。每當他停下腳步，我總是發現自己特別喜愛面前的那幅畫。他接著解釋道，從我一直嘗試的事情中看出我喜愛的東西其實相當容易。在我嘗試繪畫以前，我從未對畫作展現任何興趣，因此我也沒有任何先入為主的想法。我只是覺得，出於我無法理解的原因，自己喜愛某些作品更甚其他。有人能在草草看過我的作品後，就如此肯定地推測出我從未刻意培養的品味，實在叫我大為吃驚。我的朋友說，對畫作一無所知並不是壞事，這反而會讓人擁有足以應對其他事務的成熟心智，並培養出對繪畫的嶄新、強烈興趣。假以時日，這些元素將在指導之下形成真正的藝術品味，而且過程

08　編註：指查理・蒙塔格（Charles Montag），畫家、藝術仲介商，出生於瑞士，後歸化法國。一九一五年與邱吉爾結識，一九二一年在巴黎為邱吉爾舉辦畫展。至一九五六年過世前，蒙塔格一直是邱吉爾在繪畫上的知音。

中將不會遇見任何阻礙或錯誤的概念。我希望這是真的。最後一部分肯定是真的。

一旦開始深入研究，大自然的一切都同樣有趣，也都同樣充滿美麗。我曾看過塞尚的一幅畫，主題是一棟屋子的一面白牆，他以本能賦予這幅畫最精緻的光線和色彩。現在，當我盯著一面牆或任何東西的平坦表面時，我常以此自愉，試著分辨出其中包含的所有不同顏色和色調，並思考這些顏色是來自光的反射，或是它們原本的色彩。在第一次嘗試時，發現就連最常見的物品也擁有許多美麗的顏色，一定會教你大吃一驚，而且你觀察得越是仔細、越是頻繁，就越能察覺更多的變化。

不過，你不需要將自己限制在最樸素普通的物品和風景之中。單單只有美麗的風景，並非成就一幅美麗畫作所必須。事實上，人造的美麗場所往往會妨礙一幅好畫的誕生。大自然很難承受雙重的美化過程：將一層理想主義堆疊在另一層理想主義之上，反而會適得其反。但是，一個生動的場景、一種燦爛的氛圍、新穎而迷人的光線，以及讓人驚豔的對比，如果上述種種一次躍入眼簾，就會點燃興趣和熱情，而這種熱情將會反映在你試圖創作的繪畫之中，也會讓你覺得創作過程似乎輕鬆了一點。

如果有真的專家仔細研究記憶力在繪畫中扮演何種角色，一定相當有趣。我們先專心致志地凝視物體，接著轉向調色板，最後才是畫布。畫布接收到自然物體發出的訊息，通常已經過了幾秒鐘。但訊息在傳送「途中」卻經過了一座郵局。訊息被編碼後才傳送，從光線變成顏料，以密碼的樣子抵達畫布。只有密碼和畫布上的一切都以正確的關聯排列，密碼才會被破譯，意涵才會浮現，密碼才會再度從單純的顏料轉譯回光線。而這次的光並非自然之光，而是藝術之光。從頭到尾，這一浩大的過程完全仰賴記憶的翅膀，或說是記憶的車輪，才得以實現。在絕大部分的情況下，我們認為記憶力是一雙翅膀——輕盈而靈巧，就像在花朵之中飛舞的蝴蝶。但所有繁忙的交通，以及所有需要長途跋涉的事物，都必須靠車輪前行。

在戶外繪畫時，每個步驟都以急速交替，因此我們幾乎沒有意識到這種雙向轉譯的過程。但是，每一幅最偉大的風景畫都是在室內完成，也通常是在留存第一印象後好一陣子才動工。在燈光幽微的地下室中，荷蘭或義大利的大師重現了荷蘭狂歡節那閃耀的冰雪，或是威尼斯和坎潘涅那璀璨的日光。因此，這需要一種深刻的視覺記憶。我們不只精進了觀察力，也培養了帶走這種印象的能力——在景色或陽光消失的幾個小時後、幾天後，甚至是幾個月後，以外部媒介保存並重現當時場景的能力。

曾經有一位朋友告訴我，惠斯勒（James Whistler）[09]在巴黎開設美術學校時，讓學徒在一樓觀察模特兒，接著跑上樓梯，在樓上一點一滴畫出作品。在他們的畫技更加精

09　詹姆士・惠斯勒，知名畫家，出生於美國，童年曾在俄國度過一段時間，其後又到巴黎和倫敦發展。他的藝術風格受到東方藝術影響，作品優美細膩。

湛後，惠斯勒把他們的畫架再往上移一層樓，直到這些「菁英」必須匆促奔上六層樓梯進入閣樓，同時祈禱自己的繪畫策略不會在途中就被忘得精光。這或許只是個故事，但這充分顯示出，經過訓練、準確且持久的記憶力對藝術家來說至關重要；反過來說，這也充分顯示出，練習繪畫對培養準確而持久的記憶力有極大助益。

對未來的藝術家而言，先研究並全神貫注地觀察一幅畫，再於隔天憑著記憶力嘗試描繪出相同的作品是最好的練習，這無疑也是衡量觀察力和記憶力進步幅度的最佳方法。然而，想從許多各自獨立、深刻鮮明的印象之中，構思出一個嶄新而完整的概念，又是更加困難的事，儘管有速寫和色彩筆記相助也是如此。但是，這是歷來描繪壯麗風景的唯一方式——或者可以說，這也是唯一可行的方式。畫布本身的尺寸難以搬到戶外，稍縱即逝的光線設下了嚴格的時間限制。相同的光亮逝去就不會重返。若日復一日地回到景色之中，畫面就會變得陳舊走味。畫家必得在印象與記憶間做出選擇：瞬間的印象，鮮明而溫暖，生動而栩栩如生，卻很可能在轉瞬間消逝；記憶、知識與意志力孕育的成果，冰冷而深遠，強烈而持久，或許能存在數個禮拜，也唯有這樣的努力，才能誕生出傑作。最好別為了後者而太過憂慮。將構圖和創作的美妙過程，留給那些將畢生奉獻給藝術的大師們吧，你只需要走出屋外，沐浴在陽光之中，因眼前所見而歡喜雀躍。

繪畫是一種全然的消遣。就我所知，這是在不勞累身體的前提下，最讓人渾然忘我的事物。不論當下有何憂慮，未來有何威脅，一旦圖像開始流淌，心靈就不再有容納這些事物的空間，只能任其沒入陰影和黑暗。你當下所有的注意力，全都會聚焦在這項任務上。時間恭敬地退到一旁，而午宴等了又等，最後才掄起拳頭，粗暴地敲著門。當我必須在閱兵時起立觀禮，或甚至是在教堂內一次站上半個小時（我很抱歉說出這種話），我總是覺得，直立並非人類自然的姿勢，只不過是費勁習得的姿態，而且還只能以疲勞和艱難維持。但只要還抱持著興趣，任何喜愛繪畫的人都不會認為連續站立三、四個小時繪畫有絲毫不便之處。

最後，讓我談談繪畫是如何激發旅行的欲望。真的沒有任何事物能和繪畫相比。每一天，整整一天，都能在繪畫的世界中盡情冒險，消磨時間——而且價格低廉、唾手可得、毫無害處、引人入勝，還有助於恢復體力。遊客空虛的喧譁讓位給哲學家平靜的樂趣，令人著迷的行動感與努力感又加強了這一趣味。每個太陽照耀的國家，每個位處其中的地區，都有自己的主題。光影、氛圍、面貌和靈魂都截然不同，但都具備自己天生的魅力。就算你只是個蹩腳的畫家，也會感受到那個場景的影響力引導著你手上的畫筆，挑選著你擠在調色盤上的顏料。就算你無法如實描繪眼前所見，你也能感受它，知道它，而且將會永遠欣賞它。當人們搭著火車，在歐洲匆忙來去，從一個繁華的工作或娛樂中心趕到下一個中心，中途花費鉅款，下榻於一間又一間的奢華旅館，經歷一場又一場吵鬧的狂歡，他們不知道自己錯過了怎樣的事物，也不知道能以多便宜的價格買到無價的珍寶。畫家四處優游，心滿意足地從一個地方閒晃到下一個地方，總是留心尋找著如蝴蝶般絢麗的畫作靈感，捕獲、安放並安全地帶回家。

現在，我正在學習如何在陰暗的日子裡喜愛作畫，但在我年少氣盛時，我總討要陽光。威廉・奧本爵士（William Orpen）[10] 建議我造訪亞維農，因為那裡的光線非常迷人，對自許畫家的人來說，那的確是最讓人心曠神怡的創作中心。接著是埃及，充滿強勢之美，而又光輝燦爛，以尼羅河、沙漠和太陽這樣的三重主題，呈現出無盡的多樣風景。或是巴勒斯坦，一塊充滿稀世之美，如同綠松石和蛋白石一樣美麗的土地，值得一位真正的藝術家關注，但卻從未獲得與其景色相襯的豐富畫作。印度又如何呢？有誰曾經詮釋過印度那豔麗的輝煌？但是說到底，只要太陽照耀大地，我們就無需離開自己的國家。蘇格蘭高地的溪流泛著銀白與金色，沒有更能激盪人心的景象；幾乎每個早晨與傍晚，泰晤士河都為倫敦市民帶來喜悅與美景，只有跋涉遠方，才能找到與其匹敵的景色。

10　奧本爵士為英國知名畫家，在其生活的時代以肖像畫家聞名，他也是英國一戰期間的官方戰爭藝術家。他在一九一六年為邱吉爾繪製過肖像畫，邱吉爾認為這是所有肖像中最神似自己的一幅。

國家圖書館出版品預行編目(CIP)資料

思考與歷險：邱吉爾人生散文集 / 溫斯頓 . 邱吉爾 (Winston Churchill) 著 ; 林芸懋譯 . -- 初版 . -- 臺北市 : 英屬蓋曼群島商網路與書股份有限公司臺灣分公司出版 : 大塊文化出版股份有限公司發行 , 2024.04

360 面 ; 14.8 x 20 公分 . -- (黃金之葉 ; 31)

譯自 : Thoughts and adventures

ISBN 978-626-7063-65-1(平裝)

1. 邱吉爾 (Churchill, Winston, 1874-1965)　2. 學術思想　3. 文集

784.18　113001979

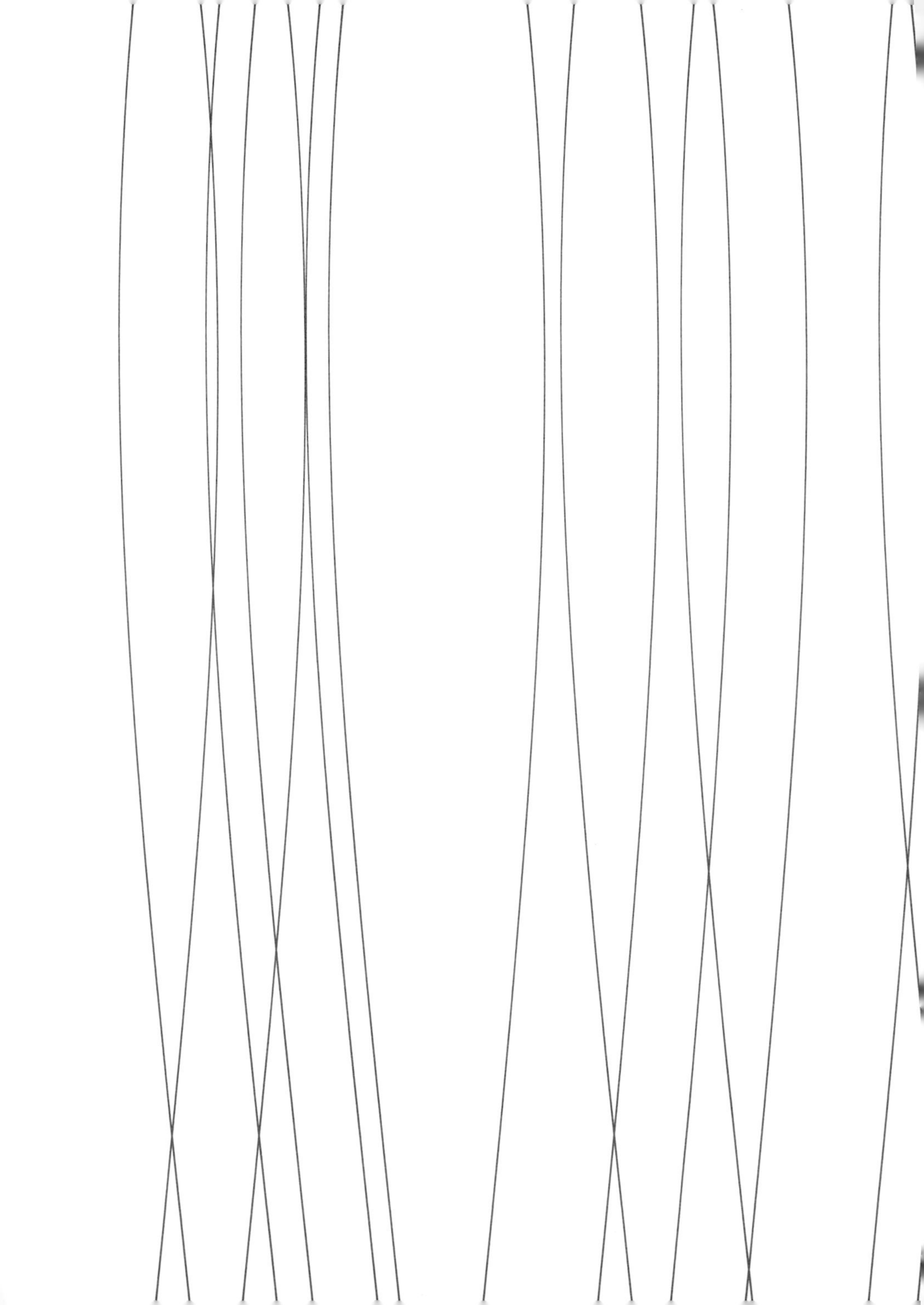

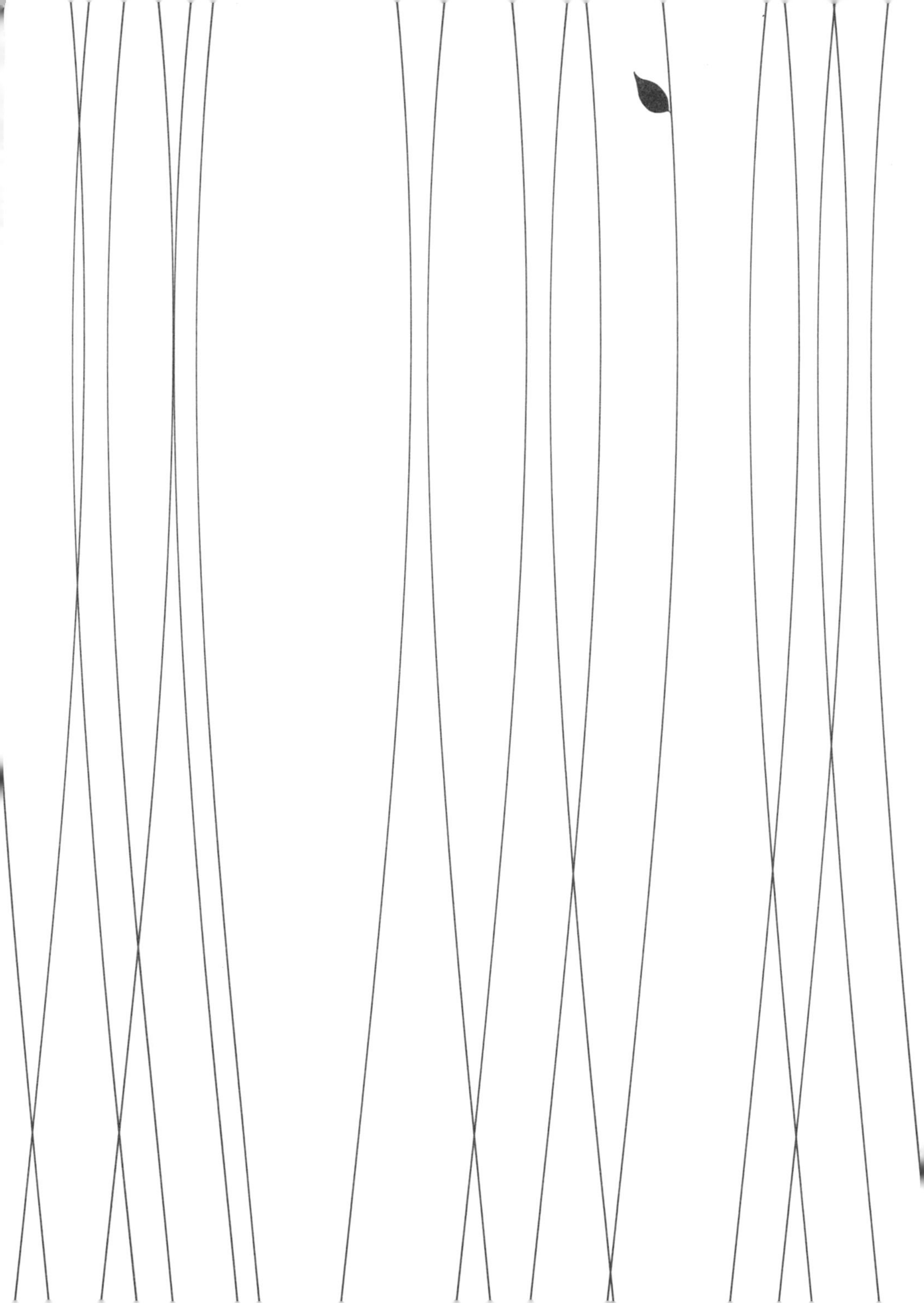